Aktuelle Probleme im Allgemeinen Teil des taiwanesischen, deutschen und japanischen Strafrechts

# Aktuelle Probleme im Allgemeinen Teil des taiwanesischen, deutschen und japanischen Strafrechts

Makoto Takizawa
Jan Grotheer
Arndt Sinn    (Hrsg.)

Veröffentlichungen des Japanischen Instituts
für Rechtsvergleichung

138

Japanisches Institut für Rechtsvergleichung
Chuo Universitätsverlag
Tokyo, 2025

Copyright © 2025 by
Makoto Takizawa
Jan Grotheer
Arndt Sinn  (Hrsg.)

All rights reserved. No part of this publication may be reproduced or transmitted in any form or by any means, electronic or mechanical, including photocopy, recording, or any information storage and retrieval system, without permission in writing from the copyright holder.

Edited by:
The Institute of Comparative Law in Japan

Published by:
Chuo University Press
742-1 Higashinakano, Hachioji-shi,
Tokyo 192-0393, Japan

ISBN 978-4-8057-0838-5

Printed in Japan

# Vorwort

Es ist uns eine besondere Freude, den vorliegenden Sammelband zu präsentieren, der die Ergebnisse des trilateralen Strafrechtskolloquiums über „Aktuelle Probleme im Allgemeinen Teil des taiwanesischen, deutschen und japanischen Strafrechts", das vom 21. bis zum 23. November 2023 an der Chuo-Universität Tokio/Japan stattfand, zusammenführt. Diese Sammlung von Vorträgen ist das Ergebnis intensiver und fruchtbarer Diskussionen der beteiligten Wissenschaftler aus Japan, Taiwan und Deutschland, die sich über verschiedene Aspekte des Strafrechts erstrecken.

Das Kolloquium dient als Plattform für den Austausch von Ideen, Erkenntnissen und Forschungsergebnissen zwischen Strafrechtswissenschaftlern aus Japan, Taiwan und Deutschland. Es ist ein einzigartiges Forum, das die Möglichkeit bietet, unterschiedliche Rechtskulturen und -traditionen zu vergleichen und voneinander zu lernen. Diese internationale Zusammenarbeit fördert nicht nur das gegenseitige Verständnis, sondern trägt auch zur Weiterentwicklung des Strafrechts und der Strafrechtspflege in den beteiligten Ländern bei. Die beteiligten taiwanesischen und japanischen Autoren forschten in Deutschland und ihre Schwerpunkte haben jeweils rechtsvergleichende Schnittstellen mit der deutschen, japanischen und taiwanesischen Strafrechts- und Strafprozessrechtsdogmatik. Umgekehrt sind die beteiligten deutschen Autoren langjährig über Forschungsaufenthalte und Gastprofessuren mit der taiwanesischen und japanischen Rechtskultur vertraut.

Obwohl das deutsche Strafrecht großen Einfluss auf die strafrechtswissenschaftliche Entwicklung, Gesetzgebung und Rechtsprechung in Japan und Taiwan hat, sind die Diskrepanzen zwischen den Strafrechtssystemen trotz ähnlicher gesetzlicher Formulierungen nicht zu übersehen. Das zeigt sich allerdings häufig erst bei der Gesetzesanwendung und im Vergleich der Lösungen konkreter Fallgestaltungen. Aus diesem Grund hatten wir uns bei der Planung des trilateralen Kolloquiums das Ziel gesetzt, konkrete Themen aus dem Allgemeinen Teil des Strafrechts aus der jeweiligen nationalen Perspektive der beteiligten Länder zu beleuchten und in der Diskussion rechtsvergleichend zu vertiefen. Aufgrund der Covid19-Pandemie waren wir allerdings gezwungen,

i

das Kolloquium zweimal zu verschieben, bis wir uns endlich im November 2023 an der Chuo-Universität in Tokio treffen konnten.

An dieser Stelle danken die Herausgeber für die großzügige finanzielle Unterstützung dem Institute of Comparative Law in Japan an der Chuo University, der Deutsch-Japanischen Juristenvereinigung e.V. (DJJV) und der Egusa Foundation for International Cooperation in the Social Science (EFICSS). Darüber hinaus gilt unser Dank auch der Foundation of the Institute of Comparative Law in Japan an der Chuo University sowie der Chuo University Press, ohne deren finanzielle Unterstützung die Veröffentlichung des Tagungsbandes nicht möglich gewesen wäre.

Besonderer Dank gebührt den Organisatoren des Kolloquiums sowie den Autoren, die ihre wertvollen Forschungsergebnisse und Einsichten in diesem Band teilen. Ihr Einsatz und ihre Expertise haben diese Publikation erst möglich gemacht.

Für die sprachliche Überarbeitung danken wir den Mitarbeitern am Lehrstuhl von Prof. Dr. Prof. h.c. Arndt Sinn, *Florian Knoop*, *Lukas Richter* sowie *Moritz Wollert*.

Wir hoffen, dass dieser Sammelband nicht nur den Teilnehmern des Kolloquiums als wertvolle Referenz dient, sondern auch eine interessierte Leserschaft anspricht und inspiriert. Möge er dazu beitragen, das Verständnis für die komplexen und dynamischen Herausforderungen des modernen Strafrechts zu vertiefen und den Dialog zwischen Japan, Taiwan und Deutschland weiter zu fördern.

Tokio, Hamburg und Osnabrück im September 2024

*Makoto Takizawa*
*Jan Grotheer*
*Arndt Sinn*

# Inhaltsverzeichnis

Vorwort

1. Kapitel   Rechtsvergleichung im Straf- und Strafprozessrecht

Rechtsvergleichung in Wissenschaft und Praxis –
ergibt das (noch) Sinn? .................................... *Jan* GROTHEER      3

Geiseljustiz? – Das japanische Strafverfahren aus
rechtsvergleichender Sicht ........................... *Makoto* TAKIZAWA    17

Grundsätze des Strafrechts in Taiwan – eine
rechtsvergleichende Untersuchung ..................... *Jiuan-Yih* WU    27


2. Kapitel   Kausalität und objektive Zurechnung

Zur Rezeption der Lehre von der objektiven Zurechnung
im taiwanesischen Strafrecht ........................... *Heng-da* HSU    43

Zur Entwicklung der Kausalitätslehre im japanischen
Strafrecht ................................................. *Kazushige* DOI    63


3. Kapitel   Vorsatz

Die Lehre von der Vorsatzgefahr: Ein Irrweg aus
der bewussten Fahrlässigkeit? ............................. *Robert* ESSER    85

Neue Entwicklung in Konzept und Anerkennung
von Vorsatz in der Praxis
................................................. *Makoto* TADAKI    104


4. Kapitel   Erfolgsqualifiziertes Delikt

Die erfolgsqualifizierten Delikte im taiwanesischen Strafrecht
................................................. *Hsiao-Wen* WANG    117

iii

Das erfolgsqualifizierte Delikt im deutschen Strafrecht
Struktur – Regelungstechnik – Legitimation
.................................................... *Arndt Sinn* 132

5. Kapitel   Notwehr

Zur Einschränkung des Notwehrrechts durch Provokation
............................................... *Chih-Jen Hsueh* 147

Grenzen der Notwehr: Über den aktuellen Diskussionsstand
in Japan .................................................... *Makoto Ida* 166

6. Kapitel   Beteiligungslehre

Beteiligung durch Unterlassen ........................ *Chen-Chung Ku* 179

Grundlage der Zurechnung bei Mittäterschaft:
Diskussionslage in Japan ................................. *Takuma Sato* 189

Autorenverzeichnis

1. Kapitel    Rechtsvergleichung im Straf-
und Strafprozessrecht

# Rechtsvergleichung in Wissenschaft und Praxis – ergibt das (noch) Sinn?

Jan GROTHEER[*]

## I. Einleitende Worte

Zunächst möchte ich mich herzlich bei dem Rechtsvergleichenden Institut der Chūō Universität und Herrn Direktor Kitai dafür bedanken, dass Sie mich zu diesem Kolloquium eingeladen haben. Mein besonderer Dank gilt Herrn Ida, Herrn Tadaki und Herrn Takizawa, die die meiste Arbeit bei der Vorbereitung dieser Veranstaltung in diesen schönen neuen Räumen der Chūō Universität geleistet haben.

Warum Sie mich eingeladen haben, weiß ich eigentlich nicht so genau. Denn ich bin ja hier das hässliche Entlein unter lauter weißen Schwänen, bin ich doch als einziger Redner kein Professor, kein Wissenschaftler und auch kein Strafrechtler. Meine wissenschaftliche Karriere beschränkt sich auf dreieinhalb Jahre Tätigkeit als halbtags beschäftigter wissenschaftlicher Mitarbeiter im Arbeitsrecht -daneben war ich Referendar. Und meine strafrechtlichen Kenntnisse habe ich erworben als Jugendrichter beim Amtsgericht Hamburg, und da habe ich mehr erzogen -jedenfalls habe ich das versucht- als zu strafen. Bei dieser Tätigkeit spielte der Allgemeine Teil des deutschen Strafrechts jedenfalls keine maßgebliche Rolle.

Aber vielleicht haben Sie mich ja eingeladen, weil ich zum einen alle Redner bei diesem Kolloquium kenne und weil ich eine Rolle gespielt habe bei der Gründung der Deutsch-Japanischen und der Deutsch-Taiwanesischen Juristenvereinigung. Und weil diese Gründungen auch viel mit Rechtsvergleichung zu tun hatten.

---

[*] Dr. iur., Präsident des Finanzgerichtes Hamburg a.D., Mitbegründer und Ehrenpräsident der Deutsch-Japanischen Juristenvereinigung.
Der Autor hielt den Vortrag anlässlich des Trilateralen Taiwanesisch-Deutsch-Japanischen Kolloquium zum Thema „Aktuelle Probleme im Allgemeinen Teil des taiwanesischen, deutschen und japanischen Strafrechts" am 21.-23. November 2023 an der Chūō-Universität, das von der Deutsch-Japanischen Juristenvereinigung unterstützt wurde. Die Vortragsform wurde beibehalten.

1. Kapitel   Rechtsvergleichung im Straf- und Strafprozessrecht

Bitte erwarten Sie von mir keinen wissenschaftlichen Vortrag, aber ich kann Ihnen über meine Erkenntnisse und Erfahrungen berichten, die ich in nunmehr vierzig Jahren ehrenamtlicher Befassung mit rechtsvergleichenden Themen aus der Sicht eines Praktikers gemacht habe. Und bitte verzeihen Sie mir, dass ich dabei notwendigerweise häufig von mir rede, was man ja in Vorträgen eigentlich vermeiden sollte, außer man ist Politiker.

Das mir gestellte Thema lautet: „Rechtsvergleichung in Wissenschaft und Praxis – ergibt das (noch) Sinn?".

Als Praktiker und ehemaliger Richter beantworte ich diese Frage zu Beginn meiner Ausführungen, und zwar mit einem uneingeschränkten ja.

Die Begründung meiner Entscheidung werde ich Ihnen in 3 Abschnitten vortragen und ich werde mich dabei vornehmlich auf die Rechtsvergleichung mit Japan und Taiwan beschränken, denn daher beziehe ich meine Erfahrungen:

Zunächst möchte ich es wagen, die Entwicklung der Rechtsvergleichung zu beschreiben, wie ich sie seit mehr als 55 Jahren sehe und erlebe.

Sodann werde ich Ihnen darstellen, wie ich Rechtsvergleichung in der Praxis verstehe.

Schließlich werde ich Ihnen die Gründe vortragen, warum Rechtsvergleichung nach meiner Auffassung Sinn ergibt.

## II.   Rechtsvergleichung als Kulturvergleich

Rechtsvergleichung ist Kulturvergleichung. Recht ist von Menschen gemacht. Es entsteht in einem Prozess, der an keinem bestimmbaren Zeitpunkt beginnt und nie aufhört.

Das Recht bestimmt sich aus der Erkenntnis der in einem Rechts(kultur)kreis zusammenlebenden Menschen, dass ihr Zusammenleben einen Regelungsbedarf notwendig macht. Geregelt werden müssen Konflikte, aber auch Besitz und Eigentum, Austausch und Ausgleich und vieles mehr. Diese Notwendigkeit von Regeln entsteht schon und zunächst in der Familie und entwickelt sich über die überschaubare bäuerliche Gemeinschaft bis zum hochkomplizierten industriellen Staatswesen und findet heute im Zeitpunkt der Globalisierung ihren vorläufigen Höhepunkt.

Heute kann man in allen Teilen der Welt industrielle Fertigung errichten und es findet ein starker Wettbewerb um industrielle Ansiedlung statt. Geld wandert in Sekunden um den Globus, Kommunikation ist jederzeit mit jedem Menschen möglich, ein weltweites Verkehrsnetz erschließt jeden Ort. Damit wächst der Regelungsbedarf in vorher nicht gekanntem Ausmaß weltweit.

Über die Grenzen hinaus wirkende Regeln werden aber nur anerkannt und durchgesetzt werden, wenn sie von den in den verschiedenen Rechts- und Kulturkreisen lebenden Menschen akzeptiert werden.

Akzeptanz setzt vorrangig Kenntnis voraus. Diese Kenntnis muss zunächst die Rechtsordnung des anderen Kreises erfassen, sie darf aber dort nicht stehenbleiben, sondern muss sich erstrecken auf die Kenntnis und den Vergleich der Kulturen.

Zwar ist die Regelung des menschlichen Zusammenlebens und das Schaffen von Ordnung eine universale Kulturerscheinung. Aber eine einheitliche Entwicklung „des" Rechts ist nicht erkennbar und deckt sich insoweit mit den Entwicklungen von Religion, Sprache oder Kunst.

Allerdings ist angesichts der Globalisierung der Wirtschaft erstmals eine Perspektive einer beginnenden Globalisierung auch rechtlicher Entwicklungen erkennbar geworden, die wir durch Rechts- und Kulturvergleich unterstützen müssen. Ein Beispiel dafür ist die EU. Als ich mein Studium begonnen habe, gab es noch kein europäisches Recht, als ich 25 Jahre später als Richter am Finanzgericht tätig war, war ein großer Teil der Entscheidungen meines Senats unmittelbar durch EU-Richtlinien beeinflusst. Andererseits ist auch nicht zu verkennen, dass überall in Europa und darüber hinaus politische Strömungen Einfluss gewinnen, die sich hinterwäldlerisch wieder rückbesinnen wollen auf ihr ureigenes, nur zu ihrer Kultur passendes Recht. In Europa wird dies erkennbar am Austritt der Briten aus der EU und Austrittsforderungen aus den Reihen nationalistischer Parteien aus weiteren europäischen Ländern, die ich mit großer Sorge sehe.

In den bilateralen Beziehungen zwischen Deutschland und Japan, zu denen ich jetzt kommen möchte, gab es unterschiedliche Einschätzungen zum Sinn und Zweck der Rechtsvergleichung. Konrad Zweigert, ein von mir hochgeschätzter Richter am Bundesverfassungsgericht, später Direktor des Max-Planck-Instituts für ausländisches und internationales Privatrecht in Hamburg (MPI) sowie Professor an der Universität Hamburg, bei dem ich als Student meine ersten Erkenntnisse zur Rechtvergleichung gewonnen habe, hat noch 1978 in dem Standardwerk „Rechtsvergleichung" geschrieben, dass eine wertende Rechtvergleichung mit dem japanischen Recht aufgrund „unterschiedlicher soziokultureller Traditionen" nicht möglich sei[1].

Ein weniger bekannter, in Tōkyō geborener deutscher Wissenschaftler, Günther Grasmann, hat in einem immerhin in 2. Auflage 1988 erschienenen

---

1) *Zweigert*, Rechtsvergleichung, 1978, 406.

1. Kapitel   Rechtsvergleichung im Straf- und Strafprozessrecht

Werk die Auffassung vertreten, dass die Anwendung des modernen Rechts in Japan auf den Widerstand der mystischen Sentimentalität der Japaner stoße, die mehr der Poesie als der Logik hingegeben sei[2]. Mein Freund Harald Baum, langjähriger Leiter des Kompetenzzentrums Japan am eben genannten Hamburger MPI sowie Vizepräsident der Deutsch-Japanischen Juristenvereinigung (DJJV) in Personalunion und Begründer der Zeitschrift für Japanisches Recht (ZJapanR), weist demgegenüber mit Recht darauf hin, dass Japan damals immerhin die zweitgrößte Wirtschaftsmacht der Welt war, deren Erfolg weniger auf die Hingabe an die Poesie als vielmehr auf die Fähigkeit zu rationalem und effizientem wirtschaftlichem Handeln zurückzuführen sei[3].

Ebenso wie Baum sind besonders auch Guntram Rahn[4] und Wilhelm Röhl[5], der erste Präsident der DJJV, engagierte Verfechter einer rechts- und kulturvergleichenden Befassung mit Japan.

In jüngerer Zeit hat sich Makoto Ida als Festredner bei dem dreißigjährigen Jubiläum der DJJV 2018 im Hamburger Rathaus unserem heutigen Thema gewidmet[6]. Er beschäftigte sich im Besonderen mit dem, was er das Spannungsverhältnis zwischen dem Universellen und dem Landeseigenen oder zwischen den Universalisten und den Kulturnationalisten nennt. Er tendiert zu den Universalisten, übt aber auch Kritik an deren mangelnder Einbeziehung kultureller Gegebenheiten. Ich teile seine Auffassung, auch was die Kritik angeht. Schon zu Beginn meiner Ausführungen habe ich darauf hingewiesen, dass für mich Rechts- und Kulturvergleichung eine Einheit sind. Das bedeutet für mich, dass wir uns bei unserem Streben nach der Durchsetzung einheitlicher Grundsätze einer allgemeinen Rechtsordnung immer dessen bewusst sein müssen, dass dabei kulturelle Eigenheiten verstanden und berücksichtigt werden müssen, denn nur so können wir die Akzeptanz der Bürgerinnen und Bürger erreichen.

Aus meinen kurzen Darlegungen wird deutlich, dass seit Mitte der achtziger Jahre ein gewisser Wandel der Einschätzung deutscher Rechtswissenschaftlerinnen und -wissenschaftler zu Fragen der bilateralen Rechtsvergleichung zwischen Deutschland und Japan festzustellen ist. Die Hinwendung zu Japan, der japanischen Kultur und dem japanischen Recht wird jedenfalls erkennbar.

---

2)  *Grasmann*, Die Rechtsordnungen des Fernen Ostens, in: Einführung in die großen Rechtssysteme der Gegenwart, 566.

3)  *Baum*, Rechtsdenken, Rechtssystem und Rechtswirklichkeit in Japan – Rechtsvergleichung mit Japan, RabelsZ 59 (1995) 258.

4)  *Rahn*, Rechtsdenken und Rechtsauffassung in Japan, 1990.

5)  *Röhl*, History of Law in Japan since 1868, 2005.

6)  *Ida*, Wozu Rechtsvergleichung heute? ZJapanR/J.Japan.L. 46 (2018), 321.

Rechtsvergleichung in Wissenschaft und Praxis – ergibt das (noch) Sinn?

Einen großen Anteil daran hatte das 1979 erschienene Werk „Das japanische Rechtssystem", von Paul Eubel herausgegeben zusammen mit zahlreichen zumeist Rechtswissenschaftlern und einer Rechtswissenschaftlerin, aber auch einigen Praktikern[7]. Zudem gibt es seit 1976 eine Schriftenreihe „Japanisches Recht", der Universität Köln, herausgegeben von Baumgärtel u.a. mithilfe japanischer finanzieller Förderung, die sich zunächst vor allem dadurch auszeichnete, dass das japanische Zivilgesetzbuch in deutscher Sprache vorgelegt wurde (1985[8], 2008[9]), ebenso die japanische Zivilprozessordnung (1978[10], 2006[11]) und das japanische Handelsgesetzbuch (1988[12], 2002[13]).

Zudem war in Japan 1976 die Japanisch-Deutsche Gesellschaft für Rechtswissenschaft (日独法学会 *Nichidoku-hō gakkai*) gegründet worden, deren Mitglieder nahezu ausschließlich Wissenschaftlerinnen und Wissenschaftler waren und sind.

## III.   Rechtsvergleichung aus der Sicht eines Rechtspraktikers

### 1.  *Austausch mit Japan*

Ich komme nun zu dem zweiten Teil meines Vortrags und möchte Ihnen -wie schon angekündigt- meine ganz persönliche Erkenntnisse zur Rechtsvergleichung als Rechtspraktiker mitteilen.

Erlauben Sie mir einige Hinweise darauf, woher meine Erkenntnisse kommen. Ich hatte schon früh in meinem Leben Kontakt mit Japan, und zwar nicht als Jurastudent, sondern als Volkswirtschaftstudent. Dieses Fach habe ich neben Jura an der Universität Hamburg studiert und habe 1966 in den Semesterferien ein zweimonatiges Wirtschaftspraktikum in Tōkyō bei TEPCO absolviert. Wie es dazu gekommen ist, ist eine eigene Geschichte, die mit dem heutigen Thema nichts zu tun hat.

Ich habe bei TEPCO eine außerordentlich gute Ausbildung erfahren und alles Wichtige über wirtschaftliches Handeln in Japan gelernt. Darüber hinaus haben mich meine Ausbilder in Kabuki-, No- und Bunrakutheater eingeladen

---

7)  *Eubel et al.*, Das japanische Rechtssystem, 1979.

8)  Baumgärtel/Meissner/Oehler (Hrsg.), Das japanische BGB in deutscher Sprache, 1985, übersetzt von Ishikawa und Leetsch.

9)  *Kaiser*, Das japanische Zivilgesetzbuch in deutscher Sprache, 2008.

10)  Nakamura (Hrsg.), Die japanische ZPO in deutscher Sprache, 1978, übersetzt von Nakamura und Huber.

11)  Nakamura (Hrsg.), Die japanische ZPO in deutscher Sprache, 2006, übersetzt von Nakamura und Huber.

12)  *Ishikawa*, Das japanische Handelsrecht in deutscher Übersetzung, 1988.

13)  *Kliesow/Eisele/Bälz*, Das japanische Handelsgesetz, 2002.

1. Kapitel   Rechtsvergleichung im Straf- und Strafprozessrecht

und ich habe Sumō- und Kendō-Wettkämpfe gesehen. Als ich nach Hamburg zurückkam, bin ich unverzüglich in die Deutsch-Japanische Gesellschaft Hamburg eingetreten und habe seither den Kontakt mit Japan nie verloren.

Der Kontakt intensivierte sich und bezieht sich seither vornehmlich auf Recht und Justiz, als ich 1984 vom Bundesministerium der Justiz als Austauschrichter an den Japanischen Obersten Gerichtshof entsandt wurde und von dort aus einen intensiven Einblick in die japanische Justiz und das japanische Recht erhielt.

Die Situation der japanisch-deutschen Rechtsvergleichung durch die Praxis Anfang der achtziger Jahre war wenig erfreulich: Einen wirklichen Austausch gab es nicht. Vorhanden waren regelmäßige einjährige Hospitationen japanischer Richterinnen und Richter an deutschen Gerichten sowie weniger regelmäßige fünfmonatige Hospitationen japanischer Staatsanwältinnen und Staatsanwälte bei deutschen Staatsanwaltschaften. Der erste Richter war 1972 Katsumi Shinohara, der später Präsident des neu geschaffenen Patentobergerichtes in Tōkyō war, der erste Staatsanwalt war Akio Harada, der später Vizeminister und Generalstaatsanwalt wurde. Das macht deutlich, dass aus Japan Personen entsandt wurden, die sozusagen den Marschallstab mit sich führten.

Die Analyse ergibt, dass die rechtsvergleichenden Beziehungen zwischen Japan und Deutschland damals sowohl in der Wissenschaft als auch in der Praxis eine Einbahnstraße waren. Das deutsche Recht war in Japan gefragt, das japanische Recht in Deutschland hingegen nicht.

Das galt es zu verändern.

Eine erste Bewegung gab es in der Politik: Eine Kleine Anfrage des MdB Dr. Carl Otto Lenz -damals Vorsitzender des Rechtsausschusses des Bundestages- und seiner Fraktion vom 31.05.1978 stellte die Frage: „Was hat die Bundesrepublik Deutschland getan, um die Beziehungen auf dem Gebiet des Rechts mit Japan zu fördern"[14]? Die Bundesregierung hat darauf u.a. folgendes geantwortet: „Der Austausch von Praktikern, insbesondere von jungen Richtern und Staatsanwälten, ist bisher bedauerlicherweise an den fehlenden Mitteln gescheitert"[15].

---

14)   Deutscher Bundestag, Kleine Anfrage der Abgeordneten Dr. Lenz (Bergstraße), Dr. Eyrich, Dr. Marx, Dr. Schröder (Düsseldorf), Josten, Dr. Jobst und Genossen und der Fraktion der CDU/CSU, Beziehungen auf dem Gebiete des Rechts mit Japan, Drucks. 8/1838, 31. Mai 1978, 1.

15)   Deutscher Bundestag Antwort der Bundesregierung auf die Kleine Anfrage der Abgeordneten Dr. Lenz (Bergstraße), Dr. Eyrich, Dr. Marx, Dr. Schröder (Düsseldorf), Josten, Dr. Jobst und Genossen und der Fraktion der CDU/CSU, Beziehungen auf dem Gebiet des Rechts mit Japan, Drucks. 8/1919, 14. Juni 1978, 3.

Aber damit war ein Anstoß erfolgt. Im Haushalt 1980 sind dann die erforderlichen Mittel für den Austausch einer Richterin bzw. eines Richters oder einer Staatsanwältin bzw. eines Staatsanwaltes für allerdings nur 2 Monate Hospitation in Japan eingestellt worden und der erste deutsche Teilnehmer an dem Austausch war ein Staatsanwalt aus Frankfurt im Jahre 1981. Dieser Austausch findet auch heute noch statt. 1984 war ich der entsandte Richter.

Zur Begründung wurde vom BMJ angeführt, dass es für die deutsche Justiz von sehr großem Wert sei zu erfahren, wie das dem deutschen Recht verwandte japanische Recht angewandt und ausgelegt werde. Außerdem könne man von der Gerichtsorganisation und der Ablauforganisation in Japan wertvolle Anregungen erwarten.

Das kann ich nur bestätigen. Ich habe vielfältige Erfahrungen gemacht, die ich sämtlich in meinem damaligen Abschlussbericht an das BMJ dargelegt habe.

Ich bin damals nach Japan gefahren mit der Idee der Gründung einer Deutsch-Japanischen Juristenvereinigung. Ich wollte die Gelegenheit nutzen zu prüfen, ob es in Japan Interesse an einer derartigen Vereinigung gibt. In Hamburg hatte ich dazu schon erfolgversprechende Vorgespräche mit Rechtsanwalt Prof. Dr. Matthias Scheer und Rechtsanwalt Dr. Reinhard Neumann geführt. Das Ziel war es, eine Plattform für den Austausch von rechtsvergleichenden Vorhaben wie Symposien und Vorträgen zu schaffen, die Informationen über das japanische Recht in Deutschland zu stärken und die japanischen Juristen, die zum Zwecke des Rechtsaustausches nach Deutschland kommen, persönlich wie beruflich zu unterstützen. Dabei war uns besonders wichtig, die Zusammenarbeit zwischen Wissenschaftlerinnen und Wissenschaftlern auf der einen Seite und Praktikerinnen und Praktikern auf der anderen Seite zu ermöglichen und zu fördern.

Mit Unterstützung der Deutschen Botschaft, nämlich in Begleitung des damaligen Leiters der Rechts- und Konsularabteilung Graf Wedel, der unser Vorhaben nachdrücklich unterstützte, führte ich in Japan ein erstes Gespräch mit Vorstandsmitgliedern der Japanisch-Deutschen Gesellschaft für Rechtswissenschaft, die aber eine Zusammenarbeit mit Praktikerinnen und Praktikern ablehnten, weil sie der Meinung waren, dass die Wissenschaftlerinnen und Wissenschaftler unter sich bleiben sollten. Diese Einstellung fand ich damals wie heute aus vielerlei Gründen, nicht nur wegen der DJJV, nicht überzeugend. Glücklicherweise war auch der damalige Präsident der Gesellschaft Prof. Akira Mikazuki, später mal Justizminister, nicht dieser Meinung und auch die beiden anderen Vorstandsmitglieder haben vermutlich ihre Meinung geändert, denn sie

1. Kapitel  Rechtsvergleichung im Straf- und Strafprozessrecht

sind einige Jahre später Mitglieder der DJJV geworden. Allerdings ist es –
anders als von mir angestrebt – bedauerlicherweise nie zu einer institutionellen
Zusammenarbeit der beiden Gesellschaften gekommen.

Viele andere meiner damaligen Gesprächspartner haben zustimmend auf
unsere Planungen reagiert. Von den zahlreichen Förderern vor und nach der
Gründung möchte ich hier nur nennen Prof. Dr. Kōichi Miyazawa und Rechtsanwalt Prof. Dr. Tōichirō Kigawa, beide Gründungs- und Kuratoriumsmit-
glieder der DJJV.

Vor diesem – mehrheitlich – positiven Hintergrund verstärkten wir unsere
Planungen und wurden dabei maßgeblich unterstützt von dem damaligen
Justizattachè der Japanischen Botschaft Hiroshi Ozu, später Justizvizeminister
und Generalstaatsanwalt sowie Festredner beim 25. Jubiläum der DJJV[16]. Er
hat u.a. 1985 12 Juristen eingeladen zu einem Gespräch über die künftige
Zusammenarbeit und dabei war die von mir vorgeschlagene und dort vertretene
Gründung einer DJJV das maßgebliche Thema.

Diese Gründung hätten wir eigentlich schon 1986 vornehmen können, haben
das aber auf 1988 verschoben, weil Dr. Dr. Wilhelm Röhl uns zwar zugesagt
hatte, der erste Präsident der DJJV zu werden, dies aber erst nach seiner Pensi-
onierung 1988 übernehmen wollte. Wilhelm Röhl war Jurist und Japanologe
und tätig als Senatsdirektor und damit höchster Beamter in der Justizbehörde
(Justizministerium) Hamburg. Dort habe ich in meiner damaligen Tätigkeit als
Pressesprecher und Parlamentsreferent des Justizsenators (-ministers) zwei
Jahre lang eng mit ihm zusammengearbeitet. Wilhelm Röhl hat 1959–1960 in
Tōkyō das Deutsche Institut, den Vorgänger des Goetheinstitutes, aufgebaut
und daneben Deutsch und deutsches Recht an mehreren Universitäten gelehrt.
Er war einer der ersten nach dem Krieg, der sich rechtsvergleichend mit dem
japanischen Recht befasst hat. Damit war er der ideale Gründungspräsident für
die DJJV.

Wir hatten mit etwa 100 Mitgliedern gerechnet und waren dann sehr über-
rascht, als die Eintritte rasant anstiegen. Jetzt hat die DJJV um die 700
Mitglieder.

Ein ganz wesentlicher Fortschritt für die Deutsch-Japanische Rechtsvergleichung und die DJJV war dann die Herausgabe der Zeitschrift für Japanisches
Recht. Schon kurz nach der Gründung erschien im Dezember 1988 die Vorläu-
ferin, die wir „Mitteilungen" nannten und deren Erstellung nur möglich war
durch eine Anschubfinanzierung des Hamburger Senats in Höhe von 5.000

---

16)  *Ozu*, Gesellschaftlicher Wandel und Modernisierung der Justiz. Grußwort des Vizeministers im Ministerium der Justiz, Japan, ZJapanR/J.Japan.L. 25 (2008), 193–194.

DM. Die 1. Ausgabe umfasste 20 Seiten und war geheftet und so blieb es bis zur 7. Ausgabe im April 1992, die schon 82 Seiten hatte. Seit der 8. Ausgabe vom Oktober 1992 übernahm Prof. Dr. Harald Baum, die Schriftleitung und professionalisierte sie umfassend bis hin zur Gründung der ZJapanR mit ihrer ersten Ausgabe 1996. Sie erscheint jährlich zweimal, wird von der DJJV gemeinsam mit dem MPI herausgegeben und ist die einzige wissenschaftliche Zeitschrift außerhalb Japans, die auf Deutsch, Englisch und gelegentlich Französisch ausschließlich über das japanische Recht berichtet[17].

Seit 1992 gibt die DJJV zudem eine Schriftenreihe heraus, in der 21 Werke erschienen sind und die seit 2009 umgewandelt wurde in eine Reihe „Sonderhefte der ZJapanR", in der inzwischen 15 Werke erschienen sind. Und das nächste Sonderheft wird sein die deutsche Übersetzung des Werkes von Makoto Ida mit dem Titel „Todesstrafe in Japan"[18].

Nach meiner sehr subjektiven, aber hoffentlich trotzdem zutreffenden Auffassung haben die ZJapanR und die Schriftenreihe einen Quantensprung für die Rechtsvergleichung zwischen Japan und Deutschland ergeben, weil sie das erste Medium waren, in denen kontinuierlich über Entwicklungen im japanischen Recht berichtet wurde und die zudem für interessierte Wissenschaftlerinnen und Wissenschaftler sowie Praktikerinnen und Praktiker eine Plattform für rechtsvergleichende Berichte und Meinungsäußerungen geboten haben. Und dies gilt nicht nur für Deutschland, sondern weit darüber hinaus, was unter anderem durch die seit 2004 bestehende Zusammenarbeit mit dem Australien Network for Japanese Law (ANJeL) unterstrichen wird. Die ZJapanR erhalten die Mitglieder der DJJV unentgeltlich. Im Übrigen ist sie im Buchhandel zu erwerben.

Zudem haben wir uns bemüht, die Rechtsvergleichung zwischen Deutschland und Japan durch Symposien und Vorträge zu verstärken. Seit Gründung der DJJV haben wir etwa 100 Symposien als Veranstalterin oder Mitveranstalterin sowie ungezählte Vorträge durchgeführt. Bei der Gründung haben wir geplant, etwa alle 2 Jahre ein Symposium zu veranstalten, ein Jahr vor der Pandemie waren es dann 7 in einem Jahr. Bei der Themenauswahl für diese Symposien haben wir uns vorrangig um Aktualität bemüht. In den letzten Jahren haben wir u.a. Rechtsfragen zum Klimaschutz und zur Künstlichen Intelligenz behandelt und regelhaft sowohl aus japanischer als auch aus deutscher Sicht betrachtet. Darüber hinaus haben wir in unseren Symposien nahezu

---

17) *Michaels*, Baums Zeitschrift, ZJapanR/J.Japan.L. 50 (2020), 11.

18) *Ida*, übersetzt von Scheer Todesstrafe in Japan. Zugleich ein Beitrag zur Straftheorie, Sonderheft Nr. 16, 2024.

## 1. Kapitel Rechtsvergleichung im Straf- und Strafprozessrecht

immer die Auswirkungen auf die wichtigsten Rechtsgebiete wie Zivil-, Öffentliches und Strafrecht erörtert. Diese Symposien haben uns auch immer die Gelegenheit eröffnet, in den Diskussionen und am Rande die persönlichen Kontakte der Teilnehmenden untereinander zu ermöglichen, die aus meiner Sicht ebenso wichtig und wertvoll sind wie die Beschäftigung mit dem Recht. Zudem war es uns ein besonderes Anliegen, sowohl Wissenschaftlerinnen und Wissenschaftler als auch Praktikerinnen und Praktiker als Vortragende wie als Teilnehmende zu gewinnen und damit den Austausch untereinander zu fördern. Das war uns so wichtig, dass wir es sogar in unsere Satzung aufgenommen haben. Denn Praktikerinnen und Praktiker wie ich können erheblich davon profitieren, wenn sie schriftliche und mündliche Erkenntnisse von Wissenschaftlerinnen und Wissenschaftlern zur Kenntnis erhalten, die sich gemeinhin vertieft mit rechtlichen Problemen auseinandersetzen können und wollen. Umgekehrt halte ich es für Forschung und Lehre außerordentlich wichtig, die Bedürfnisse und Notwendigkeiten der Praxis wahrzunehmen und sie in ihre wissenschaftliche Arbeit einfließen zu lassen.

Ein besonders gutes Beispiel für diese Zusammenarbeit und für sinnstiftende Rechtsvergleichung ist die Zusammenarbeit der DJJV mit der Deutschen Richterakademie. Sie ist das bundesweite Fortbildungsinstitut für deutsche Richterinnen und Richter sowie Staatsanwältinnen und Staatsanwälte. Seit etwa 20 Jahren bietet die Richterakademie auf Anregung der DJJV eine Fortbildungsveranstaltung an zum Thema „Japanisches Recht", die von der DJJV organisiert wird und bislang fünfmal stattgefunden hat. Sie werden von jeweils etwa 30‒35 Richterinnen und Richtern, Staatsanwältinnen und Staatsanwälten besucht, die sich eine Woche lang ausschließlich mit japanischem Recht befassen, und dies mit großer Begeisterung, wie die abschließenden Beurteilungen erkennen lassen. Dabei werden die wichtigsten Rechtsgebiete von japanischen und deutschen Wissenschaftlerinnen und Wissenschaftlern sowie Praktikerinnen und Praktikern vorgestellt. Als Beispiel mag dienen das Strafrecht, bei denen das materielle Strafrecht in den früheren Veranstaltungen von Kōichi Miyazawa und danach von Makoto Ida vorgetragen wurde, das Strafprozessrecht immer von den jeweiligen Justiz Attachés der japanischen Botschaft, die bekanntermaßen alles Staatsanwälte sind. Ein besonderer Reiz für die Teilnehmenden liegt auch darin, dass wir zu diesen Veranstaltungen immer die jeweils im Austausch in Deutschland befindlichen japanischen Kolleginnen und Kollegen einladen, mit denen sich die Teilnehmenden sowohl fachlich als auch persönlich austauschen können.

Die Rechtsvergleichung in der Praxis findet ihren Höhepunkt bei dem jährlich stattfindenden Gedankenaustausch zwischen dem japanischen und dem deutschen Justizministerium. Diese Begegnungen finden seit 2006 statt und sind zustande gekommen unter Beteiligung der DJJV. Erster Anlass war 2006 ein von der DJJV geplantes Symposium in Tōkyō zum Thema „Privatisierung von staatlichen Unternehmen in Japan und Deutschland", bei dem der damalige Staatssekretär des BMJ, Lutz Diwell, vortragen wollte[19]. Seinen Besuch in Tōkyō haben dann BMJ und DJJV zum Anlass genommen, Kontakt mit dem japanischen Ministerium der Justiz (MoJ) aufzunehmen mit der Idee, einen Gedankenaustausch auf Staatssekretärsebene zu arrangieren. Vereinbart wurde dann ein offizieller Besuch des Staatssekretärs im MoJ 2006 und die Durchführung eines Rechtssymposiums 2007 in Berlin zum Thema „Gesellschaftlicher Wandel und Modernisierung der Justiz"[20]. Zu den Einzelthemen (Justizreform, Laienrichter und Digitalisierung) gab es jeweils einen Vortrag des japanischen und des deutschen Justizministeriums und Diskussionsrunden, an denen auch 20 Mitglieder der DJJV als geladene Gäste und Vertreter der Zivilgesellschaft beteiligt waren. Ziel der Ministerien war es, neue Erkenntnisse zu gewinnen und Erfahrungen auszutauschen. Das Format fand große Zustimmung und führte dazu, dass der Staatssekretär eine Gegeneinladung für 2007 in Berlin aussprach und einem mitgereisten Referatsleiter mit der Zuständigkeit beauftragte. Seither finden diese Treffen jeweils mit Beteiligung der DJJV jährlich – mit Ausnahme zweier Coronajahre – statt, zuletzt das 15. Treffen am 10. Oktober 2023 hier in Tōkyō. Das BMJ führt einen derartigen regelmäßigen Gedankenaustausch nur mit Japan durch.

Dies ist für mich ein besonders herausragendes Beispiel für einen fruchtbaren Rechtsvergleich unter Praktikerinnen und Praktikern. Der Austausch der jeweils zuständigen Beamtinnen und Beamten der beiden Ministerien über die zuvor ausgehandelten Fragestellungen gibt Anlass zu der Erwartung, dass neue Erkenntnisse gewonnen werden, die in Gesetzgebungsprozesse einfließen können.

## 2. *Austausch mit Taiwan*

Erwähnen möchte ich noch die rechtsvergleichenden Aktivitäten mit Taiwan. Die Vereinigung der Juristen aus der Bundesrepublik Deutschland und der

---

19) *Diwell*, Grußansprache zu „Privatisierung von staatlichen Unternehmen in Japan und Deutschland", ZJapanR/J.Japan.L. 22 (2006), 145‒148.

20) *Diwell*, „Gesellschaftlicher Wandel und Modernisierung der Justiz". Grußansprache des Staatssekretärs des Bundesministeriums der Justiz, ZJapanR/J.Japan.L. 25 (2008), 189‒192; *Ozu*, „Gesellschaftlicher Wandel und Modernisierung der Justiz". Grußwort des Vizeministers im Ministerium der Justiz, Japan, ZJapanR/J.Japan.L. 25 (2008), 193‒194.

1. Kapitel   Rechtsvergleichung im Straf- und Strafprozessrecht

Republik China (Taiwan) e. V. - kurz Deutsch-Taiwanesische Juristenvereinigung (DTJV) - wurde am 14. September 1990 in Hamburg gegründet. Gründungspräsident war der Präsident des Landgerichts Hamburg Dr. Roland Makowka.

Nach ihrer Satzung will die DTJV wechselseitige Kenntnisse über die Rechtsordnung der Republik China (Taiwan) einerseits und der Bundesrepublik Deutschland andererseits vermitteln und vertiefen, also Rechtsvergleichung betreiben. Zudem will sie die Kontakte zwischen den Juristinnen und Juristen beider Staaten auf nationaler und internationaler Ebene verstärken und den fachlichen sowie den persönlichen Gedankenaustausch fördern.

Ferner möchte die Vereinigung zur Lösung rechtlicher Fragen beitragen, die bei den zunehmenden wirtschaftlichen und sonstigen Kontakten zwischen der Republik China (Taiwan) und der Bundesrepublik Deutschland auf allen Gebieten auftreten.

Zur Erreichung dieser Ziele hat die DTJV zahlreiche Aktivitäten unternommen, von denen hier nur einige erwähnt werden können:

Seit der Gründung der DTJV hat sie zahlreiche Gruppen von Richterinnen und Richtern aus der Republik China –insgesamt etwa 200 Personen- zu juristischen Symposien und Vorträgen in Deutschland empfangen. Im Austausch haben etwa 150 deutsche Richterinnen und Richter Taiwan besucht und waren dort ebenfalls zu rechtsvergleichenden Symposien, Vorträgen und Besuchen juristischer Einrichtungen eingeladen. Bei den von der DTJV veranstalteten Symposien und Vorträgen wurden Themen wie z.B. Richterliche Unabhängigkeit und Richterliches Beurteilungswesen behandelt, aber auch Deutsch-Taiwanesische Strafrechtsforen abgehalten sowie u.a. ein Symposium über Laienbeteiligung in Strafverfahren in Taiwan, Japan und Deutschland durchgeführt.

## IV.   Abschließende Worte

Zusammenfassend möchte ich diesen Abschnitt mit folgender These beschließen:

Die rechtsvergleichende Tätigkeit von Praktikerinnen und Praktikern ist mit Japan und Taiwan besonders erfolgreich. Sie bezieht sich weniger auf den Vergleich von abstrakten Rechtsnormen als vielmehr auf den Vergleich von Problemlösungen, wie sie mithilfe von unterschiedlichen Rechtsvorschriften in den verschiedenen Rechtskulturen erarbeitet worden sind. Dabei ist erforderlich, dass zuvor die vorhandenen Normen kritisch geprüft und verglichen werden. Im Ergebnis sollte eine enge Zusammenarbeit zwischen Wissenschaftlerinnen und Wissenschaftlern sowie Praktikerinnen und Praktikern angestrebt werden, für die sich Plattformen wie die von der DJJV und DTJV anbieten.

Abschließend möchte ich einige Bemerkungen hinzufügen, warum aus meiner Sicht die Rechtsvergleichung zwischen Deutschland und besonders Japan Sinn ergibt.

Japan und Deutschland haben als Wertepartner viele Überschneidungen in unseren Verfassungen und bei unseren gesetzgeberischen Zielen: Neben einer langen Tradition als Rechtsstaaten sind wir stabile liberale Demokratien mit parlamentarischen Systemen, die die Vielfalt unserer Gesellschaften widerspiegeln.

Auf internationaler Ebene betrachten wir die regelbasierte internationale Ordnung der Vereinten Nationen und die Beachtung der Menschenrechte als unverzichtbare Grundlage jeder Politik.

Zudem verbinden uns gemeinsame Interessen als führende Wirtschafts- und Exportnationen.

Es ist daher in meinen Augen nicht nur sinnvoll, sondern notwendig, auch auf allen Gebieten des Rechts und der Justiz eng zusammenzuarbeiten, und dafür bietet sich als vorbereitende Maßnahme die Rechtsvergleichung an.

Hinzukommt, dass wir gemeinsame Wurzeln im Recht haben. Sie alle wissen besser als ich, wie intensiv die Zusammenarbeit mit deutschen Wissenschaftlerinnen und Wissenschaftlern sowie Praktikerinnen und Praktikern war, als Japan sich nach der Meiji-Restauration eine neue Rechtsordnung geschaffen hat. Die damals gelegten Grundlagen im Recht dauern bis heute fort und sie mit den heutigen Gegebenheiten zu vergleichen und dabei gemeinsame Lösungen anzustreben und voneinander zu lernen, ergibt sehr viel Sinn, wie dieses Symposium auch erneut beweisen wird.

Im Übrigen war Japan damals in außerordentlich akribischer Art und Weise rechtsvergleichend tätig, wie nicht nur die *Iwakura*-Mission eindrucksvoll belegt. Und das gilt auch heute noch. Ich habe noch in lebhafter Erinnerung, wie intensiv vor der Einführung des Laienrichtersystems in Japan Befragungen von Experten in Deutschland und anderen Ländern durchgeführt und deren Meinungen eingeholt wurden. Erst nach genauer Abwägung der unterschiedlichen Systeme wurde eine Entscheidung getroffen. Wir alle können insoweit von Japan lernen. Ich würde mir wünschen, dass auch in Deutschland vor wichtigen gesetzgeberischen Entscheidungen derartige rechtsvergleichende Untersuchungen durchgeführt werden.

Erwähnen will ich auch, dass Japan in Asien zudem als Rechtsexporteur aufgetreten ist und das japanische Recht im letzten Jahrhundert im Wege der

Kolonialisierung u.a. nach Taiwan und Korea übertragen hat. In den letzten Jahrzehnten hat Japan auch als Entwicklungshilfe Rechtsexport nach u.a. Kambodscha und Vietnam betrieben. Folglich kann eine rechtsvergleichende Befassung mit dem japanischen Recht auch Rückschlüsse in die Rechtsordnungen dieser Länder ermöglichen, was übrigens gerade für Taiwan gilt und bei der Gründung der DTJV eine Rolle gespielt hat.

Mein Fazit lautet: Rechtsvergleichung ist in einer globalisierten Welt unverzichtbar. Sie sollte in enger Zusammenarbeit zwischen Wissenschaftlerinnen und Wissenschaftlern auf der einen Seite und Praktikerinnen und Praktikern auf der anderen Seite betrieben werden, weil das einen umfassenden Blick auf bestmögliche rechtliche Problemlösungen schafft.

Ich bin der Meinung, dass es Aufgabe und Pflicht der intellektuellen Elite unserer Länder ist, Demokratie und Rechtstaatlichkeit zu fördern und zu sichern. Das gilt in besonderem Maße für uns Juristen. Wir sind aufgerufen, die besten rechtlichen Lösungen für eine demokratische und rechtsstaatliche bürgerliche Gesellschaft zu suchen und zu finden. Dabei kann uns der Vergleich zwischen unterschiedlichen Rechtsordnungen und die Suche nach der besten Lösung helfen. Tun wir es!

# Geiseljustiz? – Das japanische Strafverfahren aus rechtsvergleichender Sicht[*]

Makoto TAKIZAWA

## I. Einleitung

Für meinen Beitrag habe ich den Titel „Geiseljustiz" gewählt. Wenn Sie diesen Begriff lesen und sich daran erinnern, dass die japanische Strafjustiz[1] oft als Geiseljustiz bezeichnet wird, könnten Sie – insbesondere als Ausländer – große Bedenken gegenüber der japanischen Strafjustiz haben. Als Wissenschaftler, die häufig rechtsvergleichend arbeiten, sind Sie vermutlich daran interessiert, die japanische Strafjustiz kritisch zu untersuchen und zu bewerten. In Deutschland ist das Interesse daran so groß, dass sogar ein Kommentar eines in Japan bekannten Strafrechtsprofessors in einem Interview in der F.A.Z. zu lesen war[2].

Die Strafjustiz muss einerseits die Verwirklichung der Strafzwecke im Lauf des Strafverfahrens, d.h. im Ermittlungsverfahren bis zur Erhebung der öffentlichen Klage durch die Staatsanwaltschaft und im Hauptverfahren bis hin zum Vollstreckungsverfahren, gewährleisten. Andererseits werden durch strafjustizielle Maßnahmen die garantierten Freiheitsrechte beschränkt und es erfolgen teilweise tiefgehende Eingriffe. Deshalb versuchen die Verfassungen der verschiedenen Staaten sowie internationale Verträge eine Balance zwischen der

---

[*] Die vorliegende Arbeit ist das verbesserte Manuskript des Einführungsvortrags, den der Autor am 21. November 2023 auf dem Trilateral- Kolloquium Taiwanesisch-Deutsch-Japanischen Symposium über „Aktuelle Probleme im Allgemeinen Teil des taiwanesischen, deutschen und japanischen Strafrechts" an der Chuo Law School in Tokio gehalten hat. Der Autor dankt an dieser Stelle seinem Freund, Prof. Dr. Prof. h.c. Arndt Sinn für die sprachliche Korrektur. Am Ende der Arbeit ist eine Darstellung über den Gang des Strafverfahrens und die Behandlung des Täters mit Statistik des Forschungs- und Ausbildungsinstituts des Justizministeriums beigefügt.

[1] Zur systematischen Darstellung des japanischen Strafprozesses von deutsch- oder englischsprachiger neuerschienener Literatur hier begrenzt *Yamanaka*, Einführung in das japanische Strafrecht, 2018; *Schmidt*, Das japanische Saiban'in System und das deutsche Schöffensystem, 2019, S. 89 ff.; *Mitsui et al.*, An Introduction to Japanese Criminal Procedure Law, 2022.

[2] Geiseljustiz, F.A.Z. v. 8.3.2019.

1. Kapitel   Rechtsvergleichung im Straf- und Strafprozessrecht

Funktionsfähigkeit der Strafrechtspflege und den Freiheitsrechten des Beschuldigten herzustellen. Als Beispiele hierfür sind Art. 2 Abs. 1 Grundgesetz für die Bundesrepublik Deutschland, Amendment IV United States Constitution, Art. 8 der Verfassung der Republik China (Taiwan) sowie Art. 5 der Europäischen Menschenrechtskonvention anzuführen.

Die japanische Verfassung vom 3. November 1946 gewährleistet in den Art. 33, 34 und 37 Abs. 1 verschiedene Rechte des Beschuldigten, um diesen Kompromiss für das gesamte Strafverfahren herzustellen. Allerdings ist in Japan die Diskussion darüber erneut entbrannt. Hintergrund sind Fälle, in denen beispielsweise Personen gegen Kaution aus der Untersuchungshaft entlassen wurden und diese dann in den Libanon ausgereist sind oder sich eine verurteilte Person der Vollstreckung der Freiheitsstrafe entzogen hat[3]. Diese Fälle wurden auch im Justizministerium diskutiert und schließlich wurde am 10. Mai 2023 ein entsprechendes Artikelgesetz verabschiedet[4]. Für die ausländischen Leser soll zunächst ein Überblick über die heutige Lage der japanischen Strafjustiz erfolgen. Sodann soll rechtsvergleichend und unter Berücksichtigung von Statistiken der Frage nachgegangen werden, ob es sich bei der japanischen Strafjustiz tatsächlich um eine „Geiseljustiz" handelt.

## II.   Die heutige Lage der japanischen Strafjustiz

Das japanische Strafprozessrecht hat bis vor dem Zweiten Weltkrieg unter starkem Einfluss zuerst des französischen und später des deutschen Rechts gestanden. Die als Mutter der jStPO geltende deutsche StPO sieht zur Erforschung der Wahrheit in § 152 Abs. 1 vor, dass der Staatsanwalt kein Ermessen hinsichtlich der Verfolgung von Verbrechen hat. Außerdem statuiert § 244 Abs. 2 dStPO für das Hauptverfahren eine Beweisaufnahme von Amts wegen.

Nach dem Zweiten Weltkrieg hatte das anglo-amerikanische Recht, insbesondere das U.S.-amerikanische Recht großen Einfluss auf die jStPO vom 10. Juli 1948. In dem vom deutschen Verständnis geprägten Rechtssystem wurden das für das amerikanische Recht charakteristische legitime Ermessen des Staatsanwalts über die Anklage, das Opportunitätsprinzip und das Adversary System eingeführt. Deshalb wird heute die strafprozessuale Diskussion meis-

---

3)   *Shiibashi*, Wagakunino Keijishiho wa Hitojitishihou ka [Ist die japanische Strafjustiz die Geiseljustiz?] Keijiho Journal, Nr. 39, 1.

4)   *Ogiso*, Hikokuninnadono Toboboshisochi [Das neue Instrument der Verhinderung der Früchte des Angeklagten und verurteilter Personen] Yuhikaku Online Law Journal 2023, 1 ff.; *Kawaide*, Reiwa 5 nen Keiho oyobi Keijisoshoho no ichibu kaiseiho [Das Gesetz zur Änderung des StGB und StPO von 2023] Hogaku kyoshitsu 550, 50 ff.

18

tens auf der Grundlage des U.S.-amerikanischen Rechts geführt. Aufgrund dieses historischen Hintergrunds wird das japanische Strafprozessrecht als eine Mischung aus dem kontinentaleuropäischen und dem anglo-amerikanischen Recht bezeichnet[5].

Aber in der Realität setzten sich die Grundideen des U.S.-amerikanischen Rechts in einigen Bereichen nicht immer vollständig durch. Vielmehr ist die Praxis sehr stark mit der japanischen Persönlichkeit, der Rechtskultur und Mentalität verbunden und bildete ein einzigartiges Strafrechtssystem, das sich vom deutschen und amerikanischen Rechtssystem unterscheidet.

Im Ermittlungsverfahren ermittelt die Polizei als primäre Ermittlungsbehörde gründlich den Fall. Die jStPO[6] erlaubt den Ermittlungsbeamten, d.h. dem Staatsanwalt, dem staatsanwaltschaftlichen Hilfsbeamten und dem Polizeibeamten, den Beschuldigten nach Belehrung über sein Schweigerecht oft mit dessen Zustimmung zu vernehmen und seine Aussage zu protokollieren. Die protokollierte Aussage muss vom Beschuldigten bestätigend vorgelesen werden. Wenn er auf etwaige Fehler hinweist und einen entsprechenden Antrag stellt, wird die Aussage sowie der Antrag in das Protokoll aufgenommen. Bestätigt der Beschuldigte, dass das Protokoll keine Fehler enthält, so kann er die Richtigkeit des protokollierten Geständnisses mittels Unterschrift oder dem Stempeln mit einem Finger bestätigen[7]. Manchmal bezeichnet man das Protokoll als eine Zusammenfassung des Ermittlungsbeamten. Außerdem darf der Verteidiger bei der Vernehmung des Mandanten nicht anwesend sein. Die jStPO erkennt die Beweiskraft eines protokollierten Geständnisses an, das von dem Beschuldigten freiwillig abgegeben und bestätigt wurde[8]. Das Geständnis spielt in der japanischen Ermittlungspraxis deshalb eine sehr wichtige Rolle. Diese Praxis wird als „geständnisabhängig Protokoll-Prozess" bezeichnet[9].

In der Praxis wurde das Geständnis traditionell als Ausdruck der Reue oder Entschuldigung des Beschuldigten verstanden. Es wurde dabei praktisch zur Voraussetzung von Festnahme und Untersuchungshaft. Rechtlich sieht die jStPO aber als Voraussetzungen für Festnahme und Untersuchungshaft allein die Verdunkelungsgefahr, Flucht und Fluchtgefahr vor. In der bisherigen Praxis wird das Geständnis jedoch mit diesen Voraussetzungen übermäßig stark verbunden. Im abendländischen Kulturkreis geht man davon aus, dass ein

---

5) *Atsumi*, Zentei Keiji Soshoho [Strafprozessrecht], 2. Aufl. 2009, S. 1 ff.
6) § 198 Abs. 1, 2, 3. jStPO.
7) § 198 Abs. 4, 5 jStPO.
8) § 322 jStPO.
9) *Ida*, Laienbeteiligung im Strafverfahren, in: Esser/Ida (Hrsg.), Menschenrechtsschutz und Zusammenarbeit im Strafrecht als globale Herausforderung, 2018, S. 90 ff.

1. Kapitel    Rechtsvergleichung im Straf- und Strafprozessrecht

Geständnis oder eine Beichte nur vor Gott abgelegt werden kann, aber in Japan ist eine solche Ansicht nicht unbedingt vorherrschend. Es wird angenommen, dass der Beschuldigte im Regelfall ein Geständnis ablegen wird, was auf die japanische Eigenschaft der Harmoniebedürftigkeit zurückzuführen ist. Darüber hinaus wird in der Praxis das Geständnis als Indikator für die Resozialisierung sowie als Ausdruck von Reue und Entschuldigung angesehen[10]. Daraus folgt, dass die Polizei und die Staatsanwaltschaft vor dem Hintergrund der Resozialisierungsbestrebungen versuchen, den Beschuldigten zu einem Geständnis zu bewegen.

Nachdem die Polizei den Sachverhalt ausermittelt hat, wird die Sache an die Staatsanwaltschaft verwiesen. Diese entscheidet gem. § 248 jStPO (Ermessensentscheidung), ob der Fall verfolgt werden soll oder nicht. Diese Entscheidung bemisst sich danach, ob eine Verurteilung sicher erscheint und berücksichtigt dabei die möglichen Schwierigkeiten bei der Resozialisierung des Beschuldigten, falls er vor Gericht freigesprochen wird. In der staatsanwaltschaftlichen Praxis wird vor der Anklageerhebung oder Einstellung die Entscheidung über die Klage von einem Staatsanwalt geprüft. Zusätzlich erfolgt eine organisatorische Prüfung durch einen Abteilungsleiter der Staatsanwaltschaft[11]. Mit der organisatorischen Prüfung übt die Staatsanwaltschaft eine vom Gesetz erlaubte Maßnahme aus.

In der Hauptverhandlung stellt der Staatsanwalt schriftliche Unterlagen und andere Beweise vor, die dann meistens vom Angeklagten bestätigt und durch das Gericht angenommen werden. Der Angeklagte legt im Regelfall in der Hauptverhandlung ein weiteres Mal sein Geständnis ab, um vor dem Richter einen guten Eindruck zu hinterlassen. Der Verteidiger stellt Anträge zur Vernehmung entlastender Zeugen wie die Eltern oder Geschwister des Angeklagten oder legt ein Entschuldigungsschreiben des Mandanten vor. Dies ist relevant für die Strafzumessung Von Bedeutung ist dabei, dass die Strafrahmen im japanischen Strafrecht größer sind als die in Deutschland[12].

Hinzu kommt eine weitere erstaunliche Zahl: Die Verurteilungsquote in Japan beträgt 99,98%. Diese sehr hohe Verurteilungsquote im Jahr 2021 ist im Vergleich zu denen anderer Länder sicherlich herausragend. Sie lässt sich durch

---

10)  *Yoshida*, in: Kawakami et al., Dai Kommentar Keijisoshoho [Großkommentar StPO], S. 62; *Shirai*, in: Itami et al., Jitsumu Keijisoshoho [Praxiskommentar StPO], 2. Aufl., 2018, S. 529.

11)  *Watanabe*, Keijisoshoho Kogi [Strafprozessrecht], 7. Aufl. 2014, S. 171.

12)  Zum Beispiel zur gesetzlichen Strafe bei Mord: § 211 Abs. 1 dStGB statuiert die lebenslange Freiheitsstrafe, während § 199 jStGB die Todesstrafe, lebenslange oder über fünf Jahren Freiheitsstrafe vorsieht.

Geiseljustiz? – Das japanische Strafverfahren aus rechtsvergleichender Sicht

folgende Überlegungen erklären: Die Staatsanwälte üben ihr im Strafgesetzbuch verankertes Ermessen bei der Strafverfolgung dahingehend aus, dass nur
die Fälle ausgewählt und verfolgt werden, in denen die Verdächtigen höchst-
wahrscheinlich schuldig sind. Zusätzlich werden die ausgewählten Fälle ein
weiteres Mal durch ihre Vorgesetzten geprüft. Zudem ist es üblich, dass der
Angeklagte vor Gericht ein Geständnis ablegt und die Verteidigung, außer in
Fällen, in denen seine Unschuld wirklich bestritten wurde, den vom Staatsanwalt beantragten Beweisen zustimmt und für die Schuld des Angeklagten
plädiert. Die Gerichte sind außerdem häufig der Ansicht, dass sie ohne die
Aussage oder das Geständnis des Angeklagten vor Gericht keine Verurteilung
aussprechen können. Dies alles führt dazu, dass das Strafrechtssystem in Japan
für beide Prozessparteien übermäßig von Aussagen abhängig ist. Dies hat zu
der sehr hohen Verurteilungsquote von 99,98% geführt. Vor diesem Hintergrund scheint die Unterscheidung zwischen Recht und Moral zu verschwimmen.
Deutlich wird dies vor dem Hintergrund des besonderen Ermessensspielraums
der Staatsanwaltschaft: Anders als in vielen europäischen Strafrechtsordnungen
entscheiden japanische Staatsanwälte von Fall zu Fall, einen Verdächtigen mit
Rücksicht auf seine Wiedereingliederung in die Gesellschaft nicht zu verfolgen.
Angesichts der genannten Umstände wird die Strafjustiz in Japan auch als
„Präzisionsjustiz" bezeichnet[13].

Die vor ca. 50 Jahren von *Matsuo* gemachte Aussage über die Situation in
Japan ist noch immer gültig. Die übermäßige Abhängigkeit der japanischen
Strafjustiz vom Geständnis des Angeklagten ändert sich jedoch allmählich. Ein
Anlass ist das 2009 in Kraft getretene Saiban-in System[14]. In diesem System
entscheidet ein erkennendes Gericht, das grundsätzlich aus drei Berufsrichters
und sechs von Bürgern gewählten Laienrichtern besteht. Das Saiban-in System
wird immer dann obligatorisch zur erstinstanzlichen Tatsachenfeststellung und
Strafzumessung herangezogen, wenn die Tat mit dem Tod oder lebenslanger
Freiheitsstrafe sanktioniert wird sowie dann, wenn eine vorsätzliche Straftat
den Tod des Opfers verursacht hat[15].

---

13) *Matsuo*, Keiji Sosho Ho [Strafprozessrecht], 1999, S. 15 ff.

14) Zur deutschsprachigen Literatur zum System z.B. Shiibashi, Deutsch-Japanisches Straf-
rechtssymposium, 2016; *Ida*, Das japanische System der Laienbeteiligung am Strafverfahren, Matusche-Beckmann/Sato, Rechtsprobleme der Informationsgesellschaft, 2018, S.
235; *Ida*, a.a.O. (Fn. 9), S. 85; *Yamanaka*, a.a.O. (Fn. 1), S. 97 ff.; *Schmidt*, a.a.O. (Fn. 1),
S. 106 ff.

15) Nach Einführung des Saiban-in Systems gibt es Befürchtungen, dass die Gerichte häufiger
als früher den Beschuldigten zum Tode verurteilen. Der oberste Gerichtshof hat in seiner
Entscheidung klargestellt, dass nach Einführung des Saiban-in Systems das Kriterium für
die Strafe unverändert bleibt. Dazu *Ida*, a.a.O. (Fn. 9), S. 94 ff.

1. Kapitel   Rechtsvergleichung im Straf- und Strafprozessrecht

Im Saiban-in System finden sich, wie auch im japanischen Strafprozessrecht, Elemente aus dem kontinentaleuropäischen und dem anglo-amerikanischen Recht wieder[16]. Das System ähnelt dem deutschen Schöffensystem und dem US-amerikanischen Jury-System insofern, als Bürger an den Strafprozessen beteiligt werden. Das Saiban-in System unterscheidet sich jedoch vom deutschen Schöffensystem dadurch, dass der Saiban-in von den Bürgern, die das Wahlrecht zur Abgeordnetenkammer haben, gewählt wird und die Saiban-in zusammen mit den Berufsrichtern sogar über die Schuld und das Strafmaß entscheiden. Vom Jury-System unterscheidet sich das japanische System dadurch, dass der Saiban-in zusammen mit dem Berufsrichter auch über die Schuld entscheidet. Im Saiban-in System treffen die Richter gemeinsam mit dem Staatsanwalt die Tatsachenfeststellung und die Strafzumessung. Durch die Einführung in den japanischen Strafprozess wurden auch das materielle Unmittelbarkeitsprinzip und das Mündlichkeitsprinzip im Hauptverfahren gestärkt, da den Saiban-in, die keine Juristen sind, die Befähigung gegeben werden soll, Entscheidungen zur Tatsachenfeststellung und Verurteilung zu treffen. Diese Tendenz lässt sich auch in Verhandlungen, die nur durch einen Berufsrichter geführt werden, feststellen: Aus der von Berufsrichtern verfassten Literatur geht hervor, dass sich das Bewusstsein der Richter in Bezug auf Kautionsentscheidungen verändert hat[17].

Darüber hinaus wurde am 10. Mai 2023 ein Artikelgesetz zur Änderung der jStPO erlassen, das Bestimmungen enthält, die das Erscheinen des Angeklagten zum Verhandlungstermin und die Durchführung der Vollstreckung der Strafe sicherzustellen. Zwei wichtige Vorschriften sollen hier besonders herausgestellt werden:

Erstens: § 278-2 jStPO regelt, dass ein aufgrund von Kautionszahlung freier Angeklagter, der nach einer Vorladung ohne hinreichendem Grund nicht zum Verhandlungstermin erscheint, mit einer Freiheitsstrafe von höchstens zwei Jahren bestraft wird.

Zweitens: § 98-12 jStPO regelt ein neues System zur Standortermittlung des gegen Kautionszahlung freigelassenen Angeklagte mit Hilfe eines Ortungssendgeräts (ähnlich § 68b Abs. 1 Nr. 12 dStGB). Dies soll verhindern, dass ein solcher Angeklagte ins Ausland flieht. Dabei ist es ihm untersagt, sich in der

---

16)   *Ida*, a.a.O. (Fn. 9), S. 86.

17)   *Matsumoto*, Saiban in Saiban to Hoshaku no Unyo Jyokyo ni tsuite [Saiban in Saiban und das Instrument der Praxis zur Freilassung gegen Sicherstellung freigelassene Angeklagten] Jurist, 1312, 147 ff.; *Karashima*, Reijyo1 Kinji niokeru Koryu oyobi Hoshaku no Unyo Jyokyo nitsuite [Richterbefehl 1: Untersuchungshaft und Freilassung des Beschuldigten gegen Zahlung einer Kaution in jetziger Zeit] Hanrei Times Nr. 1484, 12 ff.

22

Geiseljustiz? - Das japanische Strafverfahren aus rechtsvergleichender Sicht

Nähe von Flughäfen, Hafenanlagen usw. aufzuhalten. Wird ein Verstoß festgestellt oder entfernt der Angeklagte das Ortungsgeräts vom Körper, so wird er in Haft genommen und es werden strafrechtliche Sanktionen verhängt. Außerdem wurde ein System von Ausreisebeschränkungen für den Angeklagten eingeführt, der zu einer Freiheitsstrafe oder einer höheren Geldstrafe verurteilt wurde. Diese neuen Systeme sollen die Funktionen der Strafjustiz mit der Freiheit des Angeklagten in Einklang bringen. Es sei jedoch darauf hingewiesen, dass es auch in diesem Fall nicht möglich ist, einen gegen Sicherheitsleistung freigelassenen Angeklagten unmittelbar daran zu hindern, Beweise zu verdunkeln oder Zeugen einzuschüchtern.

## III. Die Auswertung der japanischen Strafjustiz

Die bisherige Abhandlung diente dazu, die heutige Lage der japanischen Strafjustiz kurz vorzustellen. Dabei wurde bewusst vermieden, das Wort „Geiseljustiz" zu definieren oder zu verwenden. Der Grund dafür ist, dass der Begriff kein juristisches Fachwort ist. Vielmehr stellt es einen systemkritischen Begriff dar, der die heutige Lage der japanischen Strafjustiz anprangert. Insbesondere wird das Wort gerne von der Strafverteidigung gegenüber den Massenmedien verwendet, wenn der Angeklagte freigesprochen wird, die öffentliche Klage zurückgenommen wird oder der Angeklagte die Anklagepunkte bestreitet. In Fällen, in denen die Verteidigung den Anklagepunkten der Staatsanwaltschaft zustimmt und der Angeklagte verurteilt wird, wird der Begriff hingegen nicht verwendet.

Auf der Website des japanischen Justizministeriums wird zu dem Wort „Geiseljustiz" folgendes erklärt:

*Critics of the Japanese criminal justice system often use the term "hostage justice" to describe the Japanese system based on their claim that the Japanese system seeks to force confessions out of suspects or defendants by detaining them for an extended period of time and by refusing to easily grant bail as long as they deny allegations or remain silent*[18].

Aus der Sicht der Verteidigung ist dies eine nicht unzutreffende Umschreibung für den übermäßigen Rückgriff auf ein Geständnis in der japanischen Strafjustiz, wobei das Geständnis unter Ausnutzung der inhaftierungsbedingten

---

18) https://www.moj.go.jp/EN/hisho/kouhou/20200120enQandA.html#Q3 [zuletzt abgerufen am 17.06.24].

1. Kapitel    Rechtsvergleichung im Straf- und Strafprozessrecht

Zwangslage des Mandanten erlangt werden soll[19]. § 207 jStPO regelt den Grundsatz der Untersuchungshaft, der voraussetzt, dass die Festnahme rechtmäßig sein muss. Nach diesem Grundsatz wird der sich in Gewahrsam befindende Beschuldigte zweimal, nämlich bei der Festnahme und bei Antritt der Untersuchungshaft, richterlich überprüft, es sei denn, dass die Festnahme auf frischer Tat erfolgt. Wenn die entsprechenden Voraussetzungen in den Phasen der Festnahme und Untersuchungshaft erfüllt sind, werden diese auch durchgeführt. Eine Festnahme ist bis zu 72 Stunden pro Straftat möglich, wenn der Beschuldigte durch die Polizei festgenommen wurde. Danach dauert die Untersuchungshaft zehn Tage. Eine einmalige Verlängerung um bis zu zehn weiteren Tagen ist möglich. In besonders schweren Fällen wie der der Begehung von Straftaten im Zusammenhang mit inneren Unruhen (im 2. Abschnitt des 2. Teils jStGB), Straftaten im Zusammenhang mit auswärtigen Angelegenheiten (im 3. Abschnitt des 2. Teils jStGB), Straftaten im Zusammenhang mit diplomatischen Beziehungen (im 4. Abschnitt des 2. Teils jStGB) und Straftaten im Zusammenhang mit Störungen (im 8. Abschnitt des 2. Teils jStGB) erlaubt jStPO die nochmalige Verlängerung um fünf Tage[20]. Mit anderen Worten: Der Gewahrsam des Beschuldigten dauert im japanischen Ermittlungsverfahren für eine Straftat im Regelfall nicht länger als 23 Tage. Im Vergleich zur deutschen Untersuchungshaft, die maxial sechs Monate andauern soll, ist die Haftdauer des Beschuldigten im japanischen Ermittlungsverfahren überraschend kurz

Wie bereits erwähnt, kann man auch sagen, dass die Praxis, auf die sich die Kritik an der Geiseljustiz stützt, darin besteht, dass Verdächtige und Beschuldigte in Gewahrsam verhört und Aussagen von ihnen erlangt werden. Die Tatsache, dass das Gesetz Verdächtige und Beschuldigte zu einem Geständnis zwingt, indem es sie über einen langen Zeitraum in Haft hält, solange sie leugnen oder schweigen, und ihnen nicht ohne Weiteres die Möglichkeit einräumt, auf Kaution freizukommen, ist jedoch eine Folge der Tatsache, dass die Vernehmung nicht unmittelbar mit der Feststellung einer Gefahr der Beweismittelvernichtung oder Flucht verbunden ist, die die eigentliche Grundlage für die Haft bildet. Die Strafprozessordnung verknüpft die Vernehmung nicht unmittelbar mit der Feststellung des Erfordernisses der Furcht vor der Vernichtung von Beweismitteln oder der Flucht. Stattdessen betrachtet sie Festnahme, Inhaftierung und Vernehmung als getrennte Ermittlungsmethoden. Solange das Erfordernis der Flucht- oder Verdunkelungsgefahr erfüllt ist, sind die Voraussetzungen von Festnahme und Inhaftierung gegeben, selbst wenn der Verdäch-

---

19)    Dazu vertiefend *Ida*, a.a.O. (Fn. 9), S. 94 ff.
20)    § 208-2 jStPO.

24

Geiseljustiz? - Das japanische Strafverfahren aus rechtsvergleichender Sicht

tige die Vorwürfe während der Vernehmung bestreitet. Die Anforderungen an die Festnahme und Inhaftierung sind in Japan damit nicht unbedingt strenger als in Deutschland.

Andererseits hat die Untersuchungshaft einen starken übergeordneten Aspekt, nämlich die Sicherstellung des Erscheinens des Angeklagten zum Verhandlungstermin. In einigen Fällen sieht die Strafprozessordnung die vorläufige Freilassung des Beschuldigten gegen Zahlung einer Kaution vor, um eine unnötige Haft zu vermeiden, wenn sich das Ermittlungsverfahren und die Hauptverhandlung in die Länge ziehen. Es gibt drei Arten von Kaution:

(1)  die notwendige Kaution, der auf Antrag und bei Fehlen eines der in § 89 jStPO aufgeführten Gründe stattgegeben wird;

(2)  die freiwillige Freilassung gegen Kaution, die vom Gericht selbstständig gewährt wird[21]; und

(3)  die obligatorische Kaution, der stattgegeben wird, „wenn die Untersuchungshaft unangemessen lang geworden ist"[22].

Das Gericht kann einen Beschuldigten, der sich in Haft befindet, gegen eine Sicherheitsleistung freilassen, es sei denn, es liegen Ausschlussgründe vor, wie z.B. die Gefahr der Vernichtung von Beweismitteln.

Die Tatsache, dass sich Staatsanwaltschaften und Gerichte zu sehr auf Geständnisse verlassen, mag in einigen Punkten überdenkenswert sein. Einer der Gründe für den übermäßigen Rückgriff auf Geständnisse ist jedoch, dass die Ermittlung der subjektiven Tatbestandsmerkmale zu sehr von Geständnissen abhängig ist. Daher sind die Ermittlungsbehörden bestrebt, eine Geständnisaussage so früh wie möglich im Verfahren vorzulegen und zu sichern. In dieser Hinsicht enthält die deutsche Strafprozessordnung eine größere Anzahl verschiedener Ermittlungstechniken (bspw. die Online-Durchsuchung) als die japanische. Der Einsatz dieser Techniken ermöglicht es, Beweise zu sichern und auf dieser Grundlage subjektive Tatbestandsmerkmale zu ermitteln.

## IV.  Fazit

Abschließend lässt sich die heutige Lage der japanischen Strafjustiz wie folgt zusammenfassen:

(1)  Die japanische Strafprozessordnung versucht die Funktionen der Strafjustiz mit der Freiheit der Person in Einklang zu bringen.

(2)  Der herausragende Rückgriff auf Geständnisse in Japan hängt mit

---

21)  § 90 jStPO.
22)  § 91 jStPO.

1. Kapitel   Rechtsvergleichung im Straf- und Strafprozessrecht

der japanischen Mentalität und Kultur zusammen, die begünstigend wirken.

(3) Allmählich ändern sich die traditionell mit dem Geständnis verbundenen strafprozessualen Praktiken[23].

**Outline of treatment of offenders**

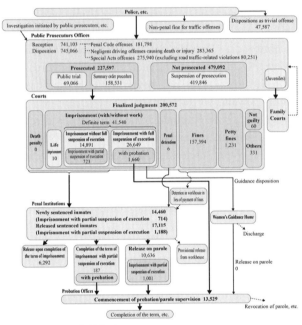

Quelle: https://hakusyo1.moj.go.jp/en/72/image/image/h002001001001e.jpg

---

23) Bei der Einführung neuer Ermittlungsmethoden für die starke Abhängigkeit des Geständnisses sollte auch in Zukunft darauf geachtet werden, dass die Funktionsfähigkeit der Strafjustiz erhalten bleibt, ohne die Freiheit der Person einzuschränken.

# Grundsätze des Strafrechts in Taiwan – eine rechtsvergleichende Untersuchung

### Jiuan-Yih WU

## I.  Vorwort

§ 1 tStGB[1]: „Eine Tat kann nur bestraft werden, wenn die Strafbarkeit gesetzlich bestimmt war, bevor die Tat begangen wurde. Für eine Maßregel der Besserung und Sicherung , die eine Einschränkung der körperlichen Bewegungsfreiheit der Betroffenen auslösen kann, gilt der Satz 1 entsprechend." (行為之處罰，以行為時之法律有明文規定者為限。拘束人身自由之保安處分，亦同。) Für viele Jurastudenten oder Rechtsinteressierte ist diese Vorschrift, die das Prinzip „keine Strafe ohne Gesetz" darstellt, am Anfang ihres Strafrechtsstudiums der erste Eindruck vom Strafrecht. Dann fahren wir unmittelbar mit den Konzepten der Deliktstypen und der Handlungslehre fort. Anschließend wird der dreistufige Deliktsaufbau vorgestellt. Bei der systematischen Darstellung des Strafrechts AT verwenden die meisten Strafrechtslehrer in Taiwan diese didaktische Reihenfolge, um die Fähigkeiten zur Falllösung der Jurastudenten zu trainieren und damit das Staatsexamen effizient vorzubereiten. In jüngster Zeit werden, vermutlich vor diesem Hintergrund, in der taiwanesischen Strafrechtswissenschaft dogmatische Probleme diskutiert, ohne sich allerdings mit den tieferliegenden Ursachen der Probleme auf der Ebene der Grundsätze des Strafrechts zu befassen.

Die Rechtsordnung setzt sich aus den folgenden Rechtsgebieten zusammen: Zivilrecht, Strafrecht sowie Öffentliches Recht. Die entsprechenden Rechtsfolgen sind dabei unterschiedlich, wie beispielsweise die Wiedergutmachung im Zivilrecht, die Strafe im Strafrecht (Todesstrafe, Freiheitsstrafe, Geldstrafe) und Sanktionen im Verwaltungsrecht (Verwaltungsakt, Bußgeld). Das Öffentliche Recht begründet das Verhältnis zwischen dem Staat und dem Einzelnen. Warum brauchen wir dann noch das Strafrecht für die Behandlung der Beziehung zwischen dem Staat und dem Individuum? Wieso gibt es außerdem die

---

1)  tStGB = Strafgesetzbuch der Republik China (Taiwan).

1. Kapitel   Rechtsvergleichung im Straf- und Strafprozessrecht

Unterscheidung zwischen dem Zivilrecht, dem Öffentlichen Recht und dem Strafrecht? Um diese Fragen zu beantworten, wollen wir uns die Grundsätze anschauen, nach welchen das Strafrecht entsteht und existiert und weiter fragen, was genau der Inhalt der sog. Grundsätze des Strafrechts eigentlich ist. Der taiwanesischen Literatur zufolge bestehen diesbezüglich unzählige Problempunkte und die Grundsätze des Strafrechts können deshalb nicht vollständig erfasst werden. Die Grundsätze des Strafrechts ziehen die Leitlinie für die Gesetzgebung, Verbesserung und Anwendung des Strafrechts. Durch ständige Überprüfung dieser Grundsätze lässt sich feststellen, dass die Entwicklung des Strafrechts in die richtige Richtung geht und nicht von der richtigen Spur abweicht.

Da ich an dem diesjährigen Forum teilnehmen darf und zu der Tagung eingeladen wurde, um über die Grundsätze des taiwanesischen Strafrechts zu berichten, habe ich die Gelegenheit, dieses Problem zu erklären.

Ich möchte zunächst den aktuellen Stand der Debatte in der taiwanesischen Literatur darstellen und aufzeigen, ob und inwieweit alle Grundsätze des Strafrechts in Taiwan feststehen und ob diese tiefgreifend erforscht werden. Angesichts der Tatsache, dass das materielle Strafrecht die Strafbarkeit menschlichen Handels und dessen Rechtsfolgen beschreibt, beziehen sich die Grundsätze des Strafrechts inhaltlich auf Fragen wie die einer Rechtfertigung der Existenz des Strafrechts, die der Strafbarkeit menschlichen Verhaltens und darüber hinaus auf die Frage des Sinns und Zwecks der Strafe.

Die Struktur der Diskussion werde ich entsprechend dieses Problemkontextes gestalten. Damit beziehe ich mich in jedem Abschnitt zunächst auf die Forschungs- und Entwicklungserfahrungen anderer Länder in der Welt (insb. Deutschland), um die idealen Ansichten zu den Inhalten der strafrechtlichen Grundsätze mittels rechtsvergleichender Forschung herauszuarbeiten. Dieser Diskussionsstand über alle inhaltlichen Punkte wird dann mit den Grundsätzen des Strafrechts in Taiwan verglichen. Soweit Meinungsunterschiede zwischen taiwanesischen Strafrechtswissenschaftlern und denen anderer Ländern vorliegen, welche Inhalte die Grundsätze des Strafrechts bilden oder wie bestimmte Fragen zu beantworten sind, wird die Ursache dieser unterschiedlichen Auffassungen erforscht. Damit können Anknüpfungspunkte für eine tiefgreifende Recherche zu den Grundsätzen des taiwanesischen Strafrechts in der Zukunft geschaffen und der Blickwinkel auf die Diskussion verändert werden. Gleichzeitig hoffe ich, Ihnen mit dieser Darstellung einen Überblick über die Grundsätze des taiwanesischen Strafrechts geben zu können.

## II. Die Entwicklung in der taiwanesischen Literatur

In einigen taiwanesischen Lehrbüchern ist kein eigenes Kapitel über die Grundsätze des Strafrechts zu finden[2]. Obwohl sie in den meisten Lehrbüchern erwähnt werden, ist der darauf bezogene Inhalt leider unvollständig[3].

Die Abschnitte über die Grundsätze des Strafrechts in taiwanesischen Lehrbüchern sind in der Frühzeit stark von der japanischen Literatur beeinflusst worden. Die meisten Lehrbuchautoren fassen die kriminologischen Ursachen der Kriminalitätsphänomene und die Straftheorien in einem Kapitel unter dem Titel „Theorien des Strafrechts" zusammen[4]. Das Gesetzlichkeitsprinzip, das die Rechtsquelle des Strafrechts und ein Prinzip der Gesetzesinterpretation darstellt, wird in einem eigenen Kapitel behandelt[5]. Es bleibt jedoch unklar, ob das Gesetzlichkeitsprinzip auch als Grundsatz des Strafrechts angesehen wird. Nach einer Auffassung ist das Prinzip „keine Strafe ohne Gesetz" als Grundsatz des Strafrechts einzustufen und wird auch in einem eigenen Kapitel erörtert[6]. Auch andere sind der Meinung, dass das Gesetzlichkeitsprinzip inhaltlich als einer der Grundsätze des Strafrechts zu bezeichnen ist[7].

Die Meinungen über den Inhalt der Grundsätze des Strafrechts sind unterschiedlich. Einige Autoren beziehen sich auf die japanische Literatur und bezeichnen die Ursachen krimineller Phänomene und die Straftheorien weiterhin als Inhalt der Grundsätze des Strafrechts. Andere Strafrechtswissenschaftler beziehen sich auf die deutsche Literatur. Sie nehmen an, dass die Ursachen der Kriminalität nicht Teil der Grundsätze des Strafrechts sind, sondern stattdessen das Gesetzlichkeitsprinzip, das Rechtsstaatsprinzip, das Schuldprinzip sowie die Menschenwürde diese Grundsätze darstellen[8]. Außerdem wird nach einer Ansicht das Prinzip der „Strafe als letztes Mittel" (ultima ratio Prinzip) als Grundsatz des Strafrechts angesehen[9].

---

2) *Huang* StGB AT, 2009 (黃常仁，刑法總則，2009 年).

3) *Zhou* StGB AT, 1972 (周冶平，刑法總論，1972 年); *Chu* StGB AT, 1992 (褚劍鴻，刑法總則論，1992 年); *Gau* StGB AT, 1994 (高仰止，刑法總則之理論與實用，1994 年).

4) *Hang* StGB AT, 1992, S. 13 ff. (韓忠謨，刑法原理，1992 年); *Chen* StGB, 1991, S. 3 ff. (陳樸生，實用刑法，1991 年).

5) *Zhou* StGB AT, S. 20 ff.; *Hang* StGB AT, S. 62 ff.; *Chen* StGB, 1991, S. 2 ff.; *Tsai* StGB AT, 2013, S. 19 ff. (蔡墩銘，刑法總論，2013 年).

6) *Hang* StGB AT, 1992, S. 62 ff.

7) *Su* StGB AT I 1995, S. 4 ff.; *Chen* StGB AT 2017, S. 43 ff. (陳子平，刑法總論，2017 年); *Ko* StGB AT 2014, S. 21 ff. (柯耀程，刑法總則，2014 年).

8) *Lin* StGB AT I, 2008, S. 65 ff. (林山田，刑法通論（上），2008 年).

1. Kapitel   Rechtsvergleichung im Straf- und Strafprozessrecht

Neuerdings werden aufgrund deutscher Literatur bei der systematischen Einführung die Sozialschädlichkeit der Straftat, das Prinzip der Strafe als letztes Mittel sowie die Straftheorien behandelt. Diesen Prinzipien werden jedoch keine eigenen Kapitel mit den Titeln „Grundsätze des Strafrechts" oder „Straftheorien" gewidmet. Das Gesetzlichkeitsprinzip wird im Kapitel „Auslegung des Strafrechts" behandelt[10].

## III.   Der Inhalt der Grundsätze des Strafrechts

Das materielle Strafrecht ordnet die Strafbarkeit menschlichen Verhaltens und die entsprechenden Rechtsfolgen an[11]. Der Inhalt der Grundsätze des Strafrechts bezieht sich auf die Rechtfertigung der Existenz des Strafrechts, die Strafbarkeit des Verhaltens und ihren Ausschluss sowie den Zweck der Strafe.

Bei der Gesetzgebung im Bereich des Strafrechts geben die Grundsätze des Strafrechts den Rahmen vor. Bei der Anwendung der einzelnen Vorschriften auf Einzelfälle können die Grundsätze des Strafrechts auch als Leitprinzipien dienen.

Im Folgenden sind die Inhalte aufgeführt, die zu den Grundsätzen des Strafrechts gezählt werden sollten.

### 1.   Verbot sozialschädlichen Verhaltens

Wenn jemand die Interessen einer anderen Person verletzt, ist er nach dem Zivilrecht zum Schadensersatz verpflichtet. Wegen der persönlichen Umstände des Täters kann der Schadensersatz im Zivilrecht jedoch manchmal nicht vollständig den Bedarf an Rechtsgutschutz decken.

Ein vermögender Täter hat beispielsweise die Fähigkeit, jeden von ihm verursachten Vermögensschaden vollständig wiedergutzumachen. Aber mit der Tat verletzt er bewusst das Interesse der anderen Person. Dies hinterlässt den negativen Eindruck: „solange ein Täter viel Geld hat, kann er tun, was er will"[12].

Ein menschliches Verhalten, das aus dieser seelischen Motivation begangen wird, kann dazu führen, dass die Aufrechterhaltung sozialer Basiswerte und der Frieden der Rechtsordnung erschüttert werden. Das ist für das Zusammenleben

---

9)   *Wang* StGB AT, 2021, S. 58 ff.（王皇玉，刑法總則，2021 年）.

10)   *Lin* StGB AT, 2021, S. 1 ff., 37 ff.（林鈺雄，新刑法總則，2021 年）.

11)   *Lin* StGB AT, 2021, S. 1 ff., 5 ff.; in Form der Maßnahmen der Sicherung und Besserung als Rechtsfolge ist nicht nur die Verletzung, die von einer Handlung ausgelöst wird, sondern auch die Gefährdung im Strafrecht verankert, vgl. *Zhou* StGB AT, S. 2 ff.

12)   *Wessels/Beulke/Satzger* StGB AT, 52. Aufl., 2022, Rn. 4.

der Menschen nicht förderlich, sondern im Gegenteil sozial schädlich[13]. Deshalb ordnet die Rechtsordnung neben der zivilrechtlichen Schadensersatzpflicht auch die Strafe an, um sozialschädliche Verhaltensweisen zu verhindern. Eine solche Reaktion der Rechtsordnung ist für ein wirksames Zusammenleben notwendig, was auch die Rechtfertigung für die Existenz des Strafrechts darstellt[14].

## 2. Strafe als letztes Mittel zum Rechtsgutsschutz

In der taiwanesischen Literatur ist einhellig anerkannt, dass die Funktion des Strafrechts darin besteht, Rechtsgüter zu schützen. Damit kann für das Wohl der Gesellschaft gesorgt und der Rechtsfrieden gewährleistet werden[15]. In Taiwan wird bezüglich der Arten von Rechtsgütern zwischen den persönlichen und denen der Allgemeinheit unterschieden.

In dem Fall, dass die Strafe mit den Instrumenten anderer Rechtsbereiche zusammentreffen kann, beispielsweise mit dem Anspruch auf Schadensersatz nach dem Zivilrecht oder mit den verwaltungsrechtlichen Sanktionen nach dem Öffentlichen Recht, kann nur dann, wenn der bloße Einsatz zivilrechtlicher oder öffentlich-rechtlicher Mittel nicht ausreicht, um die Rechtsgüter wirksam zu schützen, ein Einsatz der Strafe in Erwägung gezogen werden. Die Strafe stellt deshalb das letzte Mittel für den Rechtsgüterschutz dar (ultima ratio)[16].

In Taiwan beispielsweise war das Fahren eines Kraftfahrzeugs nach Alkoholkonsum früher ordnungswidrig und wurde mit Bußgeldern sanktioniert (§ 35 Verordnung über Straßenverkehrsregulierung und Sanktion). Weil allerdings viele schwere Verkehrsunfälle und Todesfälle auf Trunkenheit am Steuer zurückgingen und um das Fahren eines Kraftfahrzeugs nach Alkoholkonsum wirksam zu verhindern und die Rechtsgüter aller Teilnehmer des Straßenverkehrs zu schützen, wurde § 185-3 tStGB im Jahr 1999 ergänzt, in welchem das Fahren von Kraftfahrzeugen nach Konsum von Alkohol nunmehr mit Strafe belegt ist.

Wenn andere Instrumente die Rechtsgüter nicht wirksam schützen, wird in der taiwanesischen Literatur insoweit auch die Ansicht über die Strafe als das letzte Mittel vertreten (sog. „Subsidiaritätsprinzip")[17]. Die Auffassung, dass die

---

13) *Lin* StGB AT, 2021, S. 9 ff.
14) *Wessels/Beulke/Satzger* StGB AT , 52. Aufl., 2022, Rn. 4.
15) *Wessels/Beulke/Satzger* StGB AT , 52. Aufl., 2022, Rn. 6.
16) *Wessels/Beulke/Satzger* StGB AT , 52. Aufl., 2022, Rn. 9; *Chang* StGB AT, 2022, S. 33 （張麗卿，刑法總則理論與運用，2022 年）; *Lin* StGB AT, 2021, S. 11; *Hsu* StGB AT, 2021, S. 6 ff.（許澤天，刑法總則，2021 年）.
17) Als „Abhängigkeitsprinzip" bezeichnet bei（附屬原則）, *Lin* StGB AT, 2021, S. 1 ff.; *Ko*

Strafe erst als letztes Mittel berücksichtigt werden kann, wird auch als „bescheidenes Denken" des Strafrechts bezeichnet[18].

## 3. Die Einheit der Rechtsordnung

Das Strafrecht stellt einen Teil der Rechtsordnung dar. In diesem Bereich lassen sich die Voraussetzungen der Strafbarkeit des Verhaltens, die Elemente der Straftat sowie die Rechtsfolgen Strafe, Maßregeln der Besserung und Sicherung und Einziehung finden.

Es ist vom Staat von Amts wegen festzustellen, ob jemand wegen der Begehung einer bestimmten Tat strafbar ist. Dies beschreibt ein Verhältnis zwischen den Bürgern und dem Staat, weshalb das Strafrecht seinem Wesen nach dem öffentlichen Recht zuzuordnen ist[19].

Ein menschliches Verhalten wird wegen des Verstoßes gegen die Rechtsordnung als rechtswidrig bewertet. Das Unrecht eines rechtswidrigen Verhaltens unterscheidet sich nach dem jeweiligen Rechtsbereich und nimmt dabei stufenweise zu. Der Unrechtsgehalt einer Straftat ist am höchsten. Wenn eine Tat kein zivilrechtliches Unrecht oder nur öffentlich-rechtliches Unrecht darstellt, verwirklicht sie kein strafrechtliches Unrecht. Begeht beispielsweise eine Person eine Tat, ist sie aber aufgrund des Notstandes des § 150 tBGB[20] gerechtfertigt, hat sie den dadurch verursachten Schaden nicht wiedergutzumachen. Diese Tat wird nach dem tStGB ebenfalls nicht als rechtswidrig bewertet und am Ende besteht keine Strafbarkeit der Tat, obwohl der Tatbestand einer Straftat im tStGB verwirklicht wurde. Wenn eine Tat ausschließlich gegen das Verwaltungsrecht verstößt und nach tStGB nicht strafbar ist, ist sie nicht tatbestandsmäßig und rechtswidrig. Aus der Perspektive des Strafrechts ist die Tat nicht strafwürdig und damit wird sie nur wegen öffentlich-rechtlichen Unrechts sanktioniert.

Wenn jedoch – entgegengesetzt – die Frage zu beantworten ist, ob eine Tat nach dem tStGB als rechtswidrig bewertet werden kann und Unrecht darstellt und die Antwort auf diese Frage „Nein" lautet, kann als Folge nicht umgekehrt abgeleitet werden, dass diese Tat öffentlich-rechtliches Unrecht oder zivilrechtliches Unrecht darstellt.

---

StGB AT, 2014, S. 18 (柯耀程，刑法總則，2014 年）; *Lin* StGB 2016, S. 1-4（林東茂，刑法綜覽，2016 年）; *Udo* StGB AT, 2. Aufl., 1993, S. 3.

18) *Ko* StGB AT, S. 37.
19) *Wessels/Beulke/Satzger* StGB AT, 52. Aufl., 2022, Rn. 12.
20) tBGB = Bürgerliches Gesetzbuch der Republik China.

## 4. Erfolgsunwert, Handlungsunwert sowie Gesinnungsunwert

Der im taiwanesischen Strafrecht zugrunde gelegte Aufbau zur Bestimmung der Strafbarkeit einer Tat besteht aus einer dreistufigen Überprüfung: Tatbestandsmäßigkeit, Rechtswidrigkeit und Schuld, welche kumulativ vorliegen müssen. In Bezug auf das Vorliegen einer Tat verwendet der Gesetzgeber des taiwanesischen Strafgesetzbuchs die Terminologie „Verbrechen" und „strafloses Verhalten". Unter Verbrechen soll ein Handeln verstanden werden, das nach dem Strafrecht den Tatbestand einer Straftat verwirklicht und sowohl rechtswidrig als auch schuldhaft begangen wurde.

Ein Verhalten ist hingegen etwa dann „nicht strafbar", wenn das Verhalten nicht tatbestandsmäßig ist, etwa aufgrund § 12 Abs. 1 tStGB: „Handeln ohne Vorsatz oder Fahrlässigkeit ist straflos." Fehlt es also an dem Tatbestandsvorsatz oder der tatbestandlichen Fahrlässigkeit bei Vornahme der Handlung, ist sie mangels Verwirklichung des subjektiven Tatbestandes nicht strafbar.

Eine Tat ist auch dann „nicht strafbar", wenn die materielle Rechtswidrigkeit durch einen gesetzlichen oder übergesetzlichen Rechtfertigungsgrund aufgehoben wird, z.B. nach § 21 tStGB: *„1 Handeln dem Recht oder der Anordnung entsprechend ist straflos. 2 Das zuständige Handeln aufgrund der Anordnung von dem vorgesetzten Beamten ist straflos. Dieser Fall gilt nicht, wenn die Anordnung für ein rechtswidriges Handeln bewusst getroffen wird."*（1 依法令之行為，不罰。2 依所屬上級公務員命令之職務上行為，不罰。但明知命令違法者，不在此限。）§ 22 tStGB: „Das Handeln ist straflos, das zur Durchführung des Dienstes notwendig ist."（業務上之正當行為，不罰）§ 23 tStGB: „Eine Tat ist straflos, die für sich oder einen anderen erforderlich zum Abwenden eines gegenwärtigen rechtswidrigen Angriffs ist. (. . .)" [Notwehr]（對於現在不法之侵害，而出於防衛自己或他人權利之行為，不罰）§ 24 tStGB: „Wer in einer gegenwärtigen, nicht anders abwendbaren Gefahr für Leben, Leib, Freiheit und Eigentum eine Tat begeht, um die Gefahr von sich oder einem anderen abzuwenden, handelt straflos." [Rechtfertigender oder entschuldigender Notstand]（1 因避免自己或他人生命、身體、自由、財產之緊急危難而出於不得已之行為，不罰。(. . .)）

Eine Tat ist darüber hinaus nicht strafbar, wenn jemand ohne Schuld handelt, beispielsweise gemäß § 18 Abs. 1 tStGB: „Wer bei Begehung der Tat noch nicht vierzehn Jahre alt ist, handelt straflos."（未滿14歲人之行為，不罰）Der Täter wird als schuldunfähig angesehen, falls er zur Tatzeit unter 14 Jahren alt ist. Auch nach § 19 Abs. 1 tStGB scheidet die Strafbarkeit aus: „Wer bei Begehung der Tat wegen einer seelischen Hinderung oder wegen Intelligenzmangels

1. Kapitel   Rechtsvergleichung im Straf- und Strafprozessrecht

unfähig ist, das Unrecht der Tat einzusehen oder aufgrund dieser Einsicht zu handeln, handelt straflos." (行為時因精神障礙或其他心智缺陷，致不能辨識其行為違法或欠缺依其辨識而行為之能力者，不罰)

Die im tStGB verankerten Maßregeln der Besserung und Sicherung dienen der Prävention der wiederholten Begehung von Straftaten durch den Täter und damit dem Schutz der Gesellschaft vor der Gefahr weiterer Rechtsgutsverletzungen. Neben einem Täter, gegen den die Maßregel wegen Begehung der Straftat (tatbestandsmäßig, rechtswidrig sowie schuldhaft) angeordnet und vollzogen werden darf, darf die Maßregel der Besserung und Sicherung auch gegen den Täter einer nur rechtswidrigen Tat (tatbestandsmäßig und rechtswidrig) angeordnet und vollgezogen werden. In bestimmten Fällen darf bei der Begehung einer rechtswidrigen Tat z.B. aufgrund des Alters (s.o.) keine Strafe verhängt werden[21]. § 86 Abs. 1 tStGB besagt dann jedoch: „Der Täter, der bei Begehung der Tat unter 14 Jahren alt und deshalb straflos ist, kann in einer Bewährungsanstalt untergebracht werden und es können Erziehungsmaßnahmen gegen ihn durchgeführt werden (...)." In diesem Fall ist die Verhängung und Vollstreckung einer solchen Maßregel der Besserung und Sicherung von einer lediglich rechtswidrigen Tat eines jugendlichen Täters abhängig, um vor der Wiederholung zukünftiger rechtswidriger Taten zu schützen, obwohl der Täter bei Begehung der Tat nicht schuldfähig war. § 87 Abs. 1 tStGB: „Wer nach Abs. 1 straflos ist, darf in einer entsprechenden Anstalt untergebracht werden und es darf Bewährungsaufsicht durchgeführt werden, wenn aufgrund konkreter Tatsachen die Gefahr der Wiederholung der Straftat oder die Gefährdung der allgemeinen Sicherheit ausreichend festzustellen ist (...)." Der Täter handelt ebenfalls nicht schuldhaft, wenn er bei Begehung der Tat kein Einsichts- und Steuerungsvermögen besaß. Aufgrund der Prognose, dass die Gefahr der Wiederholung künftiger rechtswidriger Taten besteht, darf gegen den Täter die Bewährungsaufsicht verhängt und vollstreckt werden. Sonstige Maßregeln der Besserung und Sicherung, wie etwa die Entziehungsmaßnahme wegen Konsums oder Missbrauchs von Alkohol und Betäubungsmitteln, sind allein vom Vorliegen einer rechtswidrigen Tat abhängig (§§ 88, 89 tStGB).

Die dreistufige Überprüfung der Strafbarkeit menschlichen Verhaltens setzt das Unrecht und die Schuld voraus. Beim Unrecht geht es um die Bewertung menschlichen Verhaltens als tatbestandsmäßig und rechtswidrig. Die Schuld ist zuletzt zu prüfen. Die Straftat und die straflose Tat nach dem tStGB beziehen sich auf das Unrecht und die Schuld. Ein Verbrechen verwirklicht das Unrecht

---

21)  *Lin*, Lehre der Strafe, 1992, S. 336 (林山田，刑罰論，1992 年).

und die Schuld. Eine straflose Tat liegt in folgenden Fällen vor: bei Unrecht ohne Schuld (§§ 18 I, 19 I tStGB), fehlender Tatbestandsmäßigkeit (§ 12 I tStGB) sowie beim Ausschluss der Rechtswidrigkeit durch Rechtfertigungsgründe (§§ 21–24 tStGB).

Im Wesentlichen beinhaltet die Straftat nach dem tStGB sowohl die Rechtsgutverletzung als auch die Pflichtverletzung[22]. Ihr Unrechtsgehalt kann durch den Erfolgsunwert, wie etwa den Grad der Verletzung oder der Gefährdung des Schutzobjekts, und den Handlungsunwert, etwa die Art und Weise der Tatbegehung, festgestellt werden. Unabhängig davon, ob ein Delikt allein einen Handlungsunwert oder aber Handlungs- und Erfolgsunwert aufweist, sind für eine Strafbarkeit sowohl die objektiven als auch die subjektiven Elemente vollständig zu verwirklichen[23].

Der Gesinnungsunwert, welcher sich in der Straftat ausdrückt, stellt den Schuldgehalt dar. Der Gesinnungsunwert kann die fehlerhafte Einstellung zu den Verhaltensnormen der Rechtsordnung und die mangelnde Rechtsgesinnung des Täters widerspiegeln[24].

## 5. Schuldprinzip und Gefahrenprävention in der Gemeinschaft

In der taiwanesischen Literatur besteht Einigkeit, dass das Schuldprinzip (nulla poena sine culpa = „keine Strafe ohne Schuld") auch im tStGB seinen Ausdruck gefunden hat[25]. Ob ein Handeln schuldhaft begangen wird, ist auf der letzten Stufe zu überprüfen und wenn ein solches vorliegt, ist es als strafbar zu bezeichnen und damit die Strafe gegen den Täter zu verhängen, siehe § 57 tStGB: „Die Strafzumessung ist auf der Basis der Schuld des Täters durchzuführen (...)." Dem Unrecht und der Schuld der Tat entsprechend darf die Strafe gegen den Täter verhängt und vollstreckt werden[26]. Deshalb ist das „Prinzip schuldangemessenen Strafens" als Ausprägung des Schuldprinzips zu begreifen. Bei der Strafzumessung soll die zu verhängende Strafe dem Unrechtsgehalt und dem Schuldgehalt entsprechen. Vor allem das Prinzip des Übermaßverbots ist dabei einzuhalten[27].

Darüber hinaus ist die rechtswidrige Tat, wenn sie dem Täter nicht als schuldhaft zugerechnet werden kann, straflos. Besteht die Möglichkeit der Wiederholung der Tat durch den Täter, darf in Folge einer Gefahrprognose eine

---

22) *Wessels/Beulke/Satzger* StGB AT, 52. Aufl., 2022, Rn. 15; BGHSt 2, 364, 368.
23) *Wessels/Beulke/Satzger* StGB AT, 52. Aufl., 2022, Rn. 15.
24) *Wessels/Beulke/Satzger* StGB AT, 52. Aufl., 2022, Rn. 15.
25) *Su* StGB AT, S. 7.
26) *Lin* StGB AT I, S. 91 ff.
27) *Lin* StGB AT I, S. 92; *Ko*, StGB AT, S. 35.

Maßregel der Besserung und Sicherung gegen ihn verhängt und vollstreckt werden, auch wenn eine Strafe nicht verhängt werden kann.

Nach dem tStGB darf wegen der Strafbarkeit der Tat einerseits im Sinne des Schuldprinzips, also dem Unrecht und der Schuld der Tat entsprechend, die Strafe gegen den Täter verhängt werden. Anderseits kann eine Maßregel der Besserung und Sicherung aufgrund der Gefahrprognose gegen den Täter zur Prävention einer Wiederholung der Straftat angeordnet werden.

### 6. Sinn und Zweck der Strafe

In der taiwanesischen Literatur werden bezüglich des Sinns und Zwecks der Strafe die auch in Deutschland vorherrschenden Auffassungen vertreten, wie z.B. die absoluten und relativen Strafzwecktheorien.

Nach Ansicht der absoluten Strafzwecktheorien kann die Strafe den Einfluss der Gesellschaft verdeutlichen und wirke damit passiv auf den Täter ein. Der Zweck der Strafe liege darin, dass die soziale Ordnung durch sie wiederaufgebaut werde. Der Staat wende das Recht dem begangenen Übel entsprechend an, um auf die Straftat zu reagieren. Im Rahmen der absoluten Strafzwecktheorien haben sich die Versöhnungstheorie und die Gerechtigkeitstheorie als zwei getrennte Ausprägungen entwickelt. Laut der Versöhnungstheorie hat der Täter für das von ihm begangene Verhalten eine Versöhnung mit der Rechtsordnung zu erreichen. Die Versöhnung solle – allgemein gesagt – eine freiwillige Handlung des Einzelnen sein. Gleichzeitig sei die Strafe jedoch ein Nachteil, den er hinzunehmen gezwungen werde. Aufgrund der Gerechtigkeitstheorie, vor allem wie sie von Kant und Hegel dargestellt wird, soll die Strafe quantitativ dem Unrecht der Tat entsprechen, in der zeitlichen Dauer, der Stärke und nach ihrer Art und Weise, um die Gerechtigkeit zu erhalten[28]. Wegen der Betonung der Versöhnung mit der Rechtsordnung und der Befriedigung des Bedarfs an Gerechtigkeit wird die absolute Strafzwecktheorie jedoch kritisiert. Es wird behauptet, dass sie nur die „Notwendigkeit" der Strafe in den Blick nehme und Zweck und Bedeutung der Strafe nicht aufkläre[29]. Nach dem tStGB kann der Staat außerdem in bestimmten Fällen aufgrund strafrechtspolitischer Überlegungen von der Verhängung und Vollstreckung der Strafe absehen. Dabei spielen Gedanken der Gerechtigkeit und der Versöhnung zwischen dem Täter und der Rechtsordnung keine Rolle. Im Fall des Familiendiebstahls gemäß § 324 tStGB beispielsweise wird der Diebstahl zum Antragsdelikt, weil eine Angehörigenbeziehung zwischen dem Täter und Opfer besteht[30].

---

28) *Wessels/Beulke/Satzger* StGB AT, 52. Aufl., 2022, Rn. 12.
29) *Lin*, Lehre der Strafe, S. 59 ff.

Nach den relativen Strafzwecktheorien dient die Strafe nur präventiven Zwecken. Die Verhängung der Strafe erfolge zum Schutz vor Verbrechen. Abhängig davon, ob sich der Präventionsgedanke nur auf die Wiederholungsgefahr seitens des Täters beschränkt oder auf die Gefahr für die Gesellschaft erstreckt wird, sind die folgenden vier Ansichten abzuschichten: (1) die positive Generalprävention, (2) die negative Generalprävention, (3) die positive Spezialprävention sowie (4) die negative Spezialprävention.

Nach der positiven Generalprävention wird durch Verhängung der Strafe das Vertrauen der Allgemeinheit in den Rechtsgüterschutz und die Rechtsordnung verstärkt. Aufgrund der negativen Generalprävention kann die Verhängung und Vollstreckung einer Strafe eine Warnung oder Drohung gegen potenzielle andere Täter sein. Die Theorie der positiven Spezialprävention besagt, dass die Verhängung und Vollstreckung einer Strafe ausschließlich der Korrektur des Täters dienen soll, also unabhängig von ihren Auswirkungen auf andere Personen ist. Schließlich sind die Anhänger der negativen Spezialprävention der Meinung, dass Verhängung und Vollstreckung einer Strafe die Gesellschaft vor einer Wiederholungsgefahr durch den individuellen Täter schützen könne (die soziale Abwehrfunktion). Kritik an den relativen Strafzwecktheorien besteht dahingehend, dass diesen Auffassungen zufolge auch derjenige bestraft werden kann, der nur eine geringfügige Straftat begeht, sofern eine Wiederholungsgefahr hinsichtlich weiterer Straftaten besteht. Im umgekehrten Fall wäre danach jedoch derjenige, der ein schweres Verbrechen begeht, regelmäßig nicht zu bestrafen, weil eine Wiederholungsgefahr bei solchen schweren Straftaten nicht droht. Bei Begehung schwerer Verbrechen würde danach lediglich aufgrund einer negativen Prognose hinsichtlich der Wiederholungsgefahr weiterer Straftaten keine Bestrafung erfolgen, was dem Bedürfnis der Allgemeinheit nach Gerechtigkeit widersprechen würde.

In der taiwanesischen Literatur werden sowohl die absoluten als auch die relativen Strafzwecktheorien erwähnt[31]. Die Strafe allein mit der Spezialprävention zu verknüpfen, stellt die Mindermeinung dar[32]. Das tStGB, das nicht nur von den absoluten Strafzwecktheorien, sondern auch von den relativen

---

30) *Lin*, Lehre der Strafe, S. 59 ff.; zunächst begeht der Täter in diesem Fall einen normalen Diebstahl oder qualifizierten Diebstahl (§§ 320, 321 tStGB), wobei die Besonderheit darin besteht, dass einerseits der Diebstahl zum Antragsdelikt wird, wenn der Täter ihn gegenüber bestimmten Familienmitgliedern oder dem Lebenspartner begeht (§ 324 II tStGB), andererseits ein solcher Diebstahl als privilegiert anzusehen ist und straflos bleiben kann, selbst wenn der erforderliche Antrag gegen den Täter gestellt wird (§ 324 I tStGB).

31) *Lin*, Lehre der Strafe, S. 45 ff.; *Lin* StGB AT, S. 1 ff.; *Hsu* StGB AT, S. 20 ff.

32) *Wang* StGB AT, S. 14 ff.

1. Kapitel   Rechtsvergleichung im Straf- und Strafprozessrecht

Strafzwecktheorien beeinflusst ist, beschreibt die Strafe (Abschnitt 5.) und die Maßregeln der Besserung und Sicherung (Abschnitt 12.)[33]. Die Maßregeln der Besserung und Sicherung dienen dem Schutz vor einer Wiederholungsgefahr, die vom Täter ausgeht. Gegen den Täter kann eine Maßregel der Besserung und Sicherung wegen Begehung einer nur rechtswidrigen Tat verhängt und vollstreckt werden, die Ahndung des Unrechts und der Schuld der Tat wird dabei hingegen nicht als Zweck verfolgt. Der Gesetzgeber schreibt darüber hinaus im taiwanesischen Strafgesetzbuch Antragsdelikte vor. In diesem Fall wird die Strafe erst verhängt und vollstreckt, wenn das Opfer es beantragt. Das Gericht darf erst aufgrund des gültigen Antrages die Hauptverhandlung eröffnen, um den staatlichen Strafanspruch durchzusetzen, der sich auf die Strafbarkeit der Tat und die Strafe bezieht. Im Fall der Strafaussetzung gemäß tStGB, dem staatsanwaltlichen Absehen von der Verfolgung der Straftat gemäß tStPO[34] sowie der Verjährungsfrist gemäß tStGB wird die Strafe gegen den Täter wegen der Begehung einer Straftat nicht verhängt und vollstreckt. Auf die Ahndung der Straftat wird also verzichtet.

Darüber hinaus ist die Einziehung seit dem Jahr 2016 von der Nebenstrafe getrennt in einem selbständigen Abschnitt verankert und wird als die dritte Spur der Rechtsfolgen im tStGB angesehen (1. Spur: die Strafe; 2. Spur: Maßregeln der Besserung und Sicherung). Die Einziehung wird von dem Gedanken der Vermögensabschöpfung beherrscht. Einerseits soll das Ziel der Ahndung und der Wiedergutmachung durch Einziehung erreicht werden und anderseits darf dem Täter kein illegaler Gewinn bleiben, um eine Reinvestition dieser Gewinne in künftige Straftaten zu verhindern. Darin wird der Gedanke des Schutzes vor einer Wiederholungsgefahr hinsichtlich weiterer Straftaten deutlich.

## IV.   Fazit

1. Die Grundsätze des Strafrechts werden in der taiwanesischen Literatur selten besprochen. In einigen Lehrbüchern des Strafrechts AT wird ihnen kein eigenes Kapitel gewidmet. Auch wenn sie erwähnt werden, werden sie nicht zusammenhängend behandelt, sondern sind über andere Kapitel verteilt, sodass sie nicht vollständig erfasst werden können.

2. Die Ursachen der Kriminalitätsphänomene, die dem Bereich der Kriminologie zuzurechnen sind, und das Gesetzlichkeitsprinzip, das Teil der Rechtsquellen und Interpretationsmethoden des Strafrechts ist, wurden

---

33)   *Wang* StGB AT, S. 19 ff.

34)   tStPO = die Strafprozessordnung der Republik China (Taiwan).

Grundsätze des Strafrechts in Taiwan – eine rechtsvergleichende Untersuchung

in der früheren taiwanesischen Literatur und werden in einigen aktuellen Abhandlungen im Abschnitt „Theorien des Strafrechts" besprochen.

3. Das materielle Strafrecht beinhaltet die Bestimmungen zur Strafbarkeit einer Tat und zu den entsprechenden Rechtsfolgen. Ein Teil der Grundsätze des Strafrechts sind die Rechtfertigung der Existenz des Strafrechts, die Strafbarkeit menschlichen Handelns sowie der Sinn und Zweck der Strafe. Der taiwanesischen h.M. zufolge sind die inhaltlichen Kernfragen beantwortet, wie z.b. bei der Debatte um die Rechtfertigung der Existenz des Strafrechts. In diesem Zusammenhang sind die von der Straftat ausgelöste Rechtsgutverletzung und die Sozialschädlichkeit, das ultima ratio Prinzip und die Subsidiarität des Strafrechts zu diskutieren. Auch das Schuldprinzip wird erwähnt. Darüber hinaus wird überwiegend die Auffassung vertreten, dass die Frage des Sinns und Zwecks der Strafe als Teil der Grundsätze des Strafrechts erfasst werden sollte.

4. In der Zukunft sollten im Rahmen der systematischen Einführung in das Strafrecht die Grundsätze des Strafrechts neben der Rechtfertigung der Existenz des Strafrechts in einem selbständigen Abschnitt, der entsprechend des Verhältnisses von Unrecht und Schuld sowie der Strafe aufzubauen ist, behandelt werden. Dadurch entsteht eine Einführung in die Grundlagen des taiwanesischen Strafrechts, die die Wichtigkeit der Grundsätze des Strafrechts unterstreicht und zu tiefgreifenderer Forschung anregt.

## 2. Kapitel   Kausalität und objektive Zurechnung

# Zur Rezeption der Lehre von der objektiven Zurechnung im taiwanesischen Strafrecht

Heng-da Hsu

## I. Einleitung

Das Strafrecht dient dem Schutz von Rechtsgütern. Jede Straftat setzt die Verletzung oder Gefährdung eines Rechtsgutes voraus. Bei sogenannten Tätigkeitsdelikten wie Hausfriedensbruch oder Meineid liegt der Schwerpunkt nicht auf dem Eintritt eines Erfolgs, da die Ausführung der tatbestandsmäßigen Handlung bereits den Vorwurf der Rechtsgutsverletzung oder -gefährdung in sich trägt, ohne dass der Eintritt eines schädlichen Zustands als Voraussetzung im objektiven Tatbestand hinzugefügt werden müsste. Im Gegensatz dazu gilt bei Erfolgsdelikten der tatbestandsmäßige Erfolg als wesentliches Element für den materiellen Vorwurf des Unrechts, da der Eintritt eines schädlichen Zustandes erst die Verletzung oder Gefährdung des Rechtsgutes begründet.

Trotz eingetretenen Erfolgs ist es in manchen Fällen möglich, dass dieser Erfolg nicht auf das Täterverhalten zurückzuführen ist. In solchen Fällen ist der Täter nicht für den Erfolgseintritt verantwortlich zu machen. Um die Strafbarkeit des Täters festzustellen, erfordern Erfolgsdelikte eine genaue Feststellung des Wirkungszusammenhangs zwischen dem Verhalten des Täters und dem Erfolg. Auf diese Weise kann die durch den Täter herbeigeführte Beeinträchtigung des Rechtsgutes im Sinne des Erfolgsunwerts vollständig beschrieben werden. Es kann kein Zweifel daran bestehen, dass der Wirkungszusammenhang zwischen Täterverhalten und Erfolg – oder genauer: die Zurechnung des Erfolgs zum Täterverhalten – bei der Feststellung des vollendeten Erfolgsdeliktes ohnehin im Mittelpunkt steht. Anschließend drängt sich die Frage auf, nach welchen Kriterien die Erfolgszurechnung zu beurteilen ist.

Die Frage der Erfolgszurechnung ist seit langem ein höchst umstrittenes Thema im Strafrecht. Eine wichtige theoretische Entwicklung in diesem Bereich ist insbesondere in der Lehre der objektiven Zurechnung zu erkennen, die in Deutschland und Taiwan kürzlich zur vorherrschenden Meinung geworden ist[1]. Die Analyse und Reflexion des Begriffs der objektiven Zurech-

2. Kapitel   Kausalität und objektive Zurechnung

nung sind von großer Bedeutung, wenn man in einer internationalen Konferenz ein Thema zum Allgemeinen Teil des Strafrechts behandelt. In der folgenden Diskussion werde ich auf die Entwicklung und die Probleme der Lehre von der objektiven Zurechnung eingehen.

Im zweiten Abschnitt werde ich einen Überblick über die grundlegenden Ansichten und Kernargumente der objektiven Zurechnungslehre geben. Anschließend ist im dritten Abschnitt zu erläutern, wie die Grundprinzipien der objektiven Zurechnung in die taiwanesische Lehre eingeführt wurden und in welchem Kontext sie zur herrschenden Meinung werden konnte. Darüber hinaus werde ich auch ihre Auswirkungen auf die taiwanesische Strafpraxis beleuchten. Im vierten Abschnitt stelle ich meine eigene Meinung dar und setze mich auch mit den Grundlagen der objektiven Zurechnungslehre auseinander.

## II.   Grundgedanken der Lehre von der objektiven Zurechnung

### 1.   Versuche zur Eingrenzung der Bedingungen

Um die Erfolgszurechnung genauer zu begreifen, versuchte die strafrechtliche Lehre seit der Wende des 19. zum 20. Jahrhundert die Probleme auf der Ebene der Kausalität zu lösen. *Ernst Beling* und *Franz v. Liszt* hielten den objektiven Tatbestand des Erfolgsdeliktes für erfüllt, wenn der Täter eine notwendige Bedingung zum Eintritt des tatbestandsmäßigen Erfolges setzte[2]. Diese Auffassung wird als die sogenannte Bedingungs- oder Äquivalenztheorie bezeichnet, die besagt, dass das Handeln für den Erfolg kausal ist, wenn es nicht hinweggedacht werden kann, ohne dass der Erfolg in seiner konkreten Gestalt entfiele, oder genauer gesagt: conditio sine qua non[3].

Jedoch resultiert das Auftreten eines Schadens in der Regel aus der gemeinsamen Wirkung zahlreicher notwendiger Bedingungen. Wenn ausschließlich die Äquivalenztheorie zur Feststellung des Verursachungszusammenhangs zwischen Täterverhalten und Erfolg herangezogen wird, dann würde eine Viel-

---

1)  Vgl. zur Entwicklung in Deutschland z.B. *Goeckenjan*, Revision der Lehre von der objektiven Zurechnung, 2017, S. 63 ff.; *Frisch* JuS 2011, 19 ff.; *Schünemann* GA 1999, 208 ff.; vgl. zur umfassenden Diskussion über die Entwicklung in Taiwan *Yü-Hsiu Hsü* FS Roxin, 2001, S. 240 ff.; vgl. zur Entwicklung in Japan *Keiichi Yamanaka*, Objektive Zurechnung in der japanischen Strafrechtswissenschaft, in: ders. (Hrsg.), Geschichte und Gegenwart der japanischen Strafrechtswissenschaft, 2012, S. 158 ff.

2)  *Liszt/Schmidt*, Lehrbuch des Deutschen Strafrechts, 1932, 161 ff.; *Beling*, Die Lehre vom Verbrechen, 1906, 249 f.

3)  Vgl. dazu nur *Roxin/Greco* AT 1, 5. Aufl. 2020, § 11 Rn. 6 ff.

44

zahl der Handlungen, die den Erfolgseintritt zwar bedingen, jedoch für das Rechtsgut nicht gefährlich sind, den objektiven Tatbestand erfüllen. Es ist nicht zu leugnen, dass die Bedingungstheorie zu einer zu weitreichenden Anerkennung der Ursächlichkeit jedes Kausalbeitrages führt. Beispielsweise werden die Eltern eines Mörders für den Todeserfolg des Opfers kausal und ihr Verhalten würde infolgedessen den Tatbestand des Mordes (!) erfüllen. Die Ursächlichkeit aller kausalen Handlungen im Sinne der Bedingungstheorie ist *uferlos* und erlaubt deshalb für sich genommen nicht die Annahme des objektiven Tatbestandes. Vor diesem Hintergrund ist es selbstverständlich, restriktive Lehren zu entwickeln, die aus allen kausalen Bedingungen diejenigen mit einer bedeutenden Kausalerklärung herausfiltern[4].

Vor diesem Hintergrund wurde die Adäquanztheorie entwickelt, die sich an einer generalisierten Betrachtungsweise orientierte. Das Prinzip der adäquaten Verursachung wurde entwickelt, um die dogmatische Unterscheidung zwischen Kausalität und Adäquanz zur Klärung des genauen Wirkungszusammenhangs zu nutzen. Die Kausalität zwischen Täterverhalten und Erfolg richtet sich nach der Äquivalenztheorie, während die Adäquanz darauf abzielt, zu prüfen, ob das Täterverhalten generell geeignet ist, den Erfolg herbeizuführen. Der Adäquanzzusammenhang ist zu bejahen, wenn der Eintritt des Erfolgs infolge des Täterverhaltens nach allgemeiner Lebenserfahrung vorhersehbar ist. Die Adäquanztheorie verfolgt eine generalisierende Betrachtungsweise, um die Uferlosigkeit der Bedingungstheorie zu korrigieren. Demnach haftet der Täter nur für den tatbestandsmäßigen Erfolg, der aus einem vorhersehbaren Kausalverlauf resultiert. Handelt es sich jedoch um einen Erfolgseintritt aus einem ungewöhnlichen oder atypischen Verlauf, oder – genauer gesagt – um einen Erfolg, der durch unvorhersehbare Interventionsumstände herbeigeführt wird, dann ist der Erfolg im rechtlichen Sinne inadäquat und dem Täter nicht zuzurechnen[5].

Der Begriff des Adäquanzzusammenhangs birgt jedoch erhebliche Widersprüche. Die alleinige Berufung auf die Vorhersehbarkeit des Schadenserfolges reicht oft nicht aus, um präzise zu beurteilen, ob der Täter für den Erfolg verantwortlich gemacht werden sollte. Dies wird in diversen Fällen deutlich, wie etwa bei den in Lehrbüchern oft dargestellten Fällen der Selbstgefährdung des Opfers. Ein Beispiel dafür: Der Täter liefert eine übermäßige Menge Betäubungsmittel an das Opfer, welches sich des potenziell tödlichen Risikos bei

---

4) Vgl. dazu *Frisch* JuS 2011, 20 ff.
5) Vgl. dazu *Ida*, Zum Begriff der „Adäquanz" beim adäquaten Kausalzusammenhang im Strafrecht, in: Hilgendorf/Ida (Hrsg.), Strafrechtswissenschaft als Ordnungsfaktor, 2022, S. 46 ff.

2. Kapitel    Kausalität und objektive Zurechnung

übermäßigem Konsum bewusst ist. Das Opfer spritzt das Mittel selbst und stirbt daran. In diesem Fall ist das Konsumverhalten des Opfers vorhersehbar und es handelt sich nicht um ein ungewöhnliches Interventionsereignis. Es ist unschwer zu erkennen, dass der Tod des Opfers nicht direkt dem Täter, der die Betäubungsmittel lieferte, zugeschrieben werden kann. In dieser Fallkonstellation sollte vielmehr der Verantwortungsbereich des Opfers aus einer Bewertungsperspektive heraus etabliert werden, wobei das freiverantwortlich handelnde Opfer für die selbstgefährdende Handlung und den daraus resultierenden Erfolg verantwortlich ist.

Die Adäquanztheorie legt bei der Beurteilung des Wirkungszusammenhanges ein großes Gewicht auf die Vorhersehbarkeit des konkreten Erfolgseintrittes. Obwohl in der Praxis und in der Literatur diverse Hilfsmittel zur Bestimmung der Reichweite der Vorhersehbarkeit entwickelt wurden, bleibt es oft schwierig, zu entscheiden, ob gewisse Schadensfolgen vorhersehbar waren. Betrachten wir beispielsweise einen Fall, in dem der Täter versucht, das Opfer mit einem Messer zu töten. Das Opfer überlebt zunächst, stirbt aber später im Krankenhaus an einer Infektion. Die Frage, ob die Infektion nach der Einlieferung ins Krankenhaus vorhersehbar war und somit eine adäquate Kausalität vorliegt, ist umstritten und wird von verschiedenen Personen ganz unterschiedlich beantwortet. Es ist daher problematisch, allein auf Basis des vagen und unklaren Kriteriums der Vorhersehbarkeit eines konkreten Erfolgs zu entscheiden, ob der durch die Infektion verursachte Tod dem Täter, der auf das Opfer eingestochen hat, zuzurechnen ist[6]. *Schünemann* hat insofern Recht, wenn er zur Beziehung der Adäquanztheorie zur Erfolgszurechnung ausführt, „dass die Adäquanztheorie für die strafrechtliche Erfolgszurechnung nur eine notwendige, aber keine hinreichende Bedingung formuliert"[7].

Da die Adäquanztheorie viele Beurteilungsschwierigkeiten aufweist, entstand die objektive Zurechnungslehre. Diese stellt nicht die Vorhersehbarkeit des Erfolgseintritts, sondern die Schaffung und Verwirklichung eines rechtlich missbilligten Risikos in Bezug auf das Rechtsgut in den Mittelpunkt. Das Konzept der objektiven Zurechnung im deutschen Strafrecht lässt sich auf die Auffassung von *Richard Honig* zurückführen[8]. Jedoch war es *Claus Roxin*, der der objektiven Zurechnungstheorie wesentliche Bedeutung beimaß[9]. *Roxin*

---

6)    Siehe dazu vor allem *Schünemann* GA 1999, 213 ff.

7)    *Schünemann* GA 1999, 215.

8)    *Honig*, Kausalität und objektive Zurechnung, in: Reinhart Frank-FG Band 1, 1930, S. 182 ff.

9)    Vgl. *Roxin*, Die Lehre von der objektiven Zurechnung Chenchi L. Rev. Vol. 50, 1994, S. 220 ff.

46

grenzte sich einerseits von den früheren naturalistischen Ansätzen *Franz von Liszts* und dem Finalismus von *Hans Welzel* ab. Andererseits betonte er die wichtige Funktion des objektiven Tatbestandes, der sowohl den Schutzbereich des betroffenen Rechtsgutes definiere als auch das vorwerfbare Verhalten bestimme[10]. Für *Roxin* ist die Lehre von der objektiven Zurechnung nicht nur eine Korrektur der Äquivalenztheorie. Richtig ist vielmehr, dass es sich um eine Ansicht handelt, die die Bewertungsfunktion des objektiven Tatbestands anerkennt. Weil der objektive Tatbestand das betroffene Rechtsgut in einer bestimmten Reichweite schützt, kann eine Zurechnung des Schadenserfolges nur dann erfolgen, wenn der Täter die vorbestimmt typisierte Tat ausführt und der nachfolgende Geschehensablauf im vorwerfbaren Rahmen des objektiven Tatbestandes liegt. Die objektive Erfolgszurechnung ist zu verneinen, wenn die vom Täter geschaffene Gefahr und ihre Verwirklichung nicht von der normativ-zweckhaften Reichweite des objektiven Tatbestandes erfasst sind[11]. Damit wird eine materielle Ansicht des objektiven Unrechts formuliert.

## 2. Kernargumente der Lehre von der objektiven Zurechnung

Im Gegensatz zur adäquaten Kausalität, für die es vor allem auf die allgemeine oder täterbezogene Vorhersehbarkeit des Erfolgseintritts im empirischen Sinne ankommt, betont die Lehre von der objektiven Zurechnung die Notwendigkeit einer normativen Korrektur. Sie geht davon aus, dass ein Erfolg aus normativer Perspektive unter Berücksichtigung des schutzwürdigen Rechtsgutes nur dann dem Täterverhalten zugerechnet werden kann, wenn dieses Verhalten ein unerlaubtes Risiko hervorbringt und der tatbestandsmäßige Erfolg durch die Realisierung eben dieses Risikos eintritt. Die Erfüllung des objektiven Tatbestands eines Erfolgsdelikts hängt also davon ab, ob das Täterverhalten durch die Schaffung eines missbilligten Risikos für das Rechtsgut verboten ist und sich dieses Risiko im Erfolg verwirklicht.

Die Lehre von der objektiven Zurechnung hat zwei Hauptkriterien für die Beurteilung der normativen Erfolgszurechnung entwickelt. Unter diesen Hauptkriterien wurden zahlreiche spezifische Fallgruppen gebildet, um die Bearbeitung von Einzelfällen weiter zu konkretisieren[12].

(1) Schaffung eines rechtlich missbilligten Risikos in Bezug auf das

---

10) Vgl. zu den Problemen solcher Grundeinstellungen *Schünemann*, Einführung in das strafrechtliche Systemdenken, in: ders. (Hrsg.), Grundfragen des modernen Strafrechtssystems, 1984, S. 19 ff.

11) *Roxin/Greco* AT, 5. Aufl., 2020, (Fn. 3) § 11 Rn. 47 f.

12) Vgl. z.B. *Kühl* AT, 8. Aufl., 2016, § 4 Rn. 36 ff.; *Heinrich* AT, 7. Aufl., 2022, Rn. 239 ff.; *Gropp/Sinn*, AT, 5. Aufl., 2021, § 4 Rn. 85 ff.; *Mitsch/Eisele* AT, 13. Aufl., § 10 Rn. 56 ff.

2. Kapitel Kausalität und objektive Zurechnung

Rechtsgut

(a) keine erhebliche Gefahr

(b) erlaubtes Risiko

(c) Risikoverringerung

(2) Realisierung des Risikos im Erfolg

(a) atypischer Kausalverlauf

(b) freie Selbstverletzung bzw. -gefährdung des Opfers

(c) Verantwortungsbereich von Dritten

(d) Schutzzweck der Sorgfaltsnorm

(e) Vermeidbarkeit des Erfolges bei rechtmäßigem Alternativverhalten (sog. Pflichtwidrigkeitszusammenhang)

Die Diskussionen zu den relevanten Einzelproblemen bezüglich der objektiven Zurechnung können in Lehrbüchern, Monographien oder Zeitschriftenbeiträgen gefunden werden, daher soll auf eine ist tiefer gehende Darstellung verzichtet werden. Trotzdem lohnt es sich, kurz einige zentrale Thesen der Lehre von der objektiven Zurechnung zu beleuchten, die als Leitlinien für die Lösungsansätze in Einzelfällen dienen können.

Erstens basiert die objektive Zurechnungslehre auf der Annahme, dass der Wirkungszusammenhang zwischen Täterverhalten und Erfolg in zwei separaten Prüfungsschritten zu analysieren ist. Zunächst wird die Kausalität mittels der Äquivalenztheorie festgestellt. Anschließend wird der Zurechnungszusammenhang des Erfolges zur Handlung im Kontext der Schaffung und Realisierung eines unerlaubten Risikos bestimmt.

Zweitens muss das rechtlich missbilligte Risiko dem Täterverhalten anhaften. Sollte das Verhalten keine erhebliche Gefahr für das Rechtsgut schaffen oder das vom Täter geschaffene Risiko als sozialüblich angesehen werden, so wird der Täter von der Erfolgszurechnung entlastet.

Drittens ist es entscheidend, dass sich das rechtlich missbilligte Risiko im Kausalverlauf tatsächlich realisiert. Treten beispielsweise zusätzliche Interventionsumstände auf, die den Einfluss des vom Täter geschaffenen Risikos unterbrechen, kann der Erfolg dem Täter nicht mehr zugerechnet werden. Die Art der Interventionsereignisse und ihr Einfluss auf den konkreten Kausalverlauf spielen stets eine ausschlaggebende Rolle bei der Bestimmung der objektiven Zurechnung.

Viertens hat die objektive Zurechnung zwar ihren systematischen Ursprung im Bereich des fahrlässigen Delikts, jedoch gilt ihre Anwendbarkeit als einheitliches Zurechnungskriterium im objektiven Tatbestand auch für das Vorsatzdelikt.

48

## III.   Einführung in das taiwanesische Strafrecht

### 1.   Lehre und Rechtsprechung vor der Einführung

Bislang habe ich den Ursprung, die Grundformel und den Anwendungsumfang der objektiven Zurechnungslehre dargelegt. Nun möchte ich einen Überblick über die Entwicklung dieser Lehre in Taiwan geben.

Wie bereits erwähnt, war bis in die 1980er Jahre des 20. Jahrhunderts die von *v. Kries* vorgeschlagene und später von *Engisch* weiterentwickelte Adäquanztheorie die vorherrschende Meinung zur Bestimmung des Wirkungszusammenhangs zwischen Handlung und Erfolg. Damals wurde die Bedingungstheorie kritisiert, da sie jede für den Erfolgseintritt notwendige Handlung isoliert als Ursache ansah, wodurch nicht unbedingt auch ihre strafrechtliche Relevanz festgestellt war. Daher wurde die Adäquanztheorie bevorzugt, die eine Bedingung als adäquat-kausal ansieht, wenn der Erfolgseintritt durch die Tatausführung nach den allgemeinen Lebenserfahrungen vorhersehbar ist[13].

Diese Lehrmeinung wurde auch von der taiwanesischen Strafpraxis anerkannt. In einem bedeutenden und später häufig zitierten Urteil stellte der taiwanesische Oberste Gerichtshof (tOGH) fest, dass die Prüfung des adäquaten Zusammenhangs zwischen Handlung und Erfolg einer objektiven und nachträglichen Prognose gleichkomme. Ein Erfolg sei als adäquat durch das Täterverhalten verursacht anzusehen, wenn er unter Berücksichtigung *aller objektiven Umstände zur Zeit der Tat* nach allgemeiner Lebenserfahrung mit hoher Wahrscheinlichkeit eintreten könne. Im Gegensatz dazu sei der Erfolg als inadäquat zu betrachten, wenn das Täterverhalten unter denselben Umständen nach allgemeiner Lebenserfahrung nur mit geringer Wahrscheinlichkeit zu demselben Erfolg führen würde. Obwohl der tOGH in seiner Entscheidung die Vorhersehbarkeit des Erfolgseintritts nicht explizit erwähnte, zielte die Prüfung der Adäquanz letztlich darauf ab, ob der Erfolg durch das Täterverhalten nach einem voraussehbaren Kausalverlauf eingetreten ist. Weicht der Kausalverlauf aufgrund der Intervention eines unvorhersehbaren Ereignisses von dem generell Erwarteten ab, wird der Erfolgseintritt als inadäquat im Sinne der allgemeinen Lebenserfahrung angesehen und der objektive Tatbestand ausgeschlossen.

---

13)   Vgl. *Chen Chao*（趙 琛）AT, 1947, S. 61 ff.; *Jian-Tsai Jheng*（鄭 健才）AT, 1986, S. 146 ff.; *Chung-Mou Han*（韓 忠謨）AT, 2. Aufl., 2002, S. 122 ff.

2. Kapitel   Kausalität und objektive Zurechnung

## 2.   Frühe Entwicklung

Bis Anfang der 90er Jahre des 20. Jahrhunderts war die Adäquanztheorie in der taiwanesischen Strafrechtspraxis und -theorie weit verbreitet. Ab Mitte der 90er Jahre begann die Einführung der in Deutschland zunehmend vorherrschenden Lehre von der objektiven Zurechnung ins taiwanesische Strafrecht. Zwei bedeutende Strafrechtler sind besonders hervorzuheben: Professor Dr. *Shan-Tien Lin* (林 山田) von der National Taiwan University und Professorin Dr. *Yü-Hsiu Hsü* (許 玉秀) von der National Chengchi University.

*Shan-Tien Lin*, der in Tübingen promoviert hatte, trug nach seiner Rückkehr nach Taiwan maßgeblich zur Verbreitung der deutschen Strafrechtsdogmatik bei. Er verfasste das bedeutende Lehrbuch „Allgemeiner Teil des Strafrechts" (刑法通論). In den frühen Auflagen seines Werkes erwähnte er ganz oberflächlich die Lehre von der objektiven Zurechnung. Er vertrat darin allerdings noch nicht die Position, dass der Kausalzusammenhang anhand der objektiven Zurechnungslehre überprüft werden müsse[14]. Doch in den überarbeiteten Auflagen seines Lehrbuches aus den späten 90er Jahren vollzog er einen deutlichen Wandel. Er befürwortete nun die Trennungsthese von Kausal- und Zurechnungszusammenhang, verließ die Adäquanztheorie und orientierte sich allmählich an der Lehre von der objektiven Zurechnung. In der letzten Auflage seines Lehrbuches vertrat er konsequent das aus Deutschland stammende Prüfungsmodell der objektiven Zurechnung[15].

Neben *Lin* hat auch Professorin Dr. *Hsü*, die in Freiburg promoviert wurde, bedeutende Beiträge zur Einführung der objektiven Zurechnung in Taiwan geleistet. Bereits in den frühen 90er Jahren begann sie mit vertieften Forschungen zum Konzept der objektiven Zurechnung und veröffentlichte einschlägige Beiträge[16]. Ein wesentlicher Meilenstein für die Verbreitung des Begriffs im akademischen Kreis in Taiwan war der Besuch von *Claus Roxin*. Auf Einladung von *Hsü* hielt *Roxin* 1994 in Taiwan einen Vortrag zur Lehre der objektiven Zurechnung. Zu dieser Zeit hatte *Roxin* die Theorie bereits entwickelt, jedoch noch keine umfassende Abhandlung dazu verfasst. Glücklicherweise veröffentlichte er für ein Symposium in Taipei einen wichtigen Beitrag, in dem er erstmals eine vollständige Erläuterung zu Begriff und Anwendungsmöglich-

---

14)   Vgl. *Shan-Tien Lin*, AT, 3. Aufl., 1989, S. 90 ff.

15)   Vgl. *Shan-Tien Lin*, AT 1, 10. Aufl., 2008, S. 224 ff.

16)   Vgl. *Yü-Hsiu Hsü*, Zwischen Objektivem und Subjektivem, 1997, S. 14 ff., 219 ff., 314 ff.; *dies.*, Strafrechtliche Problematik und Strategie, 2000, S. 121 ff.; *dies.* FS Roxin, 2001, S. 239 ff.

50

keiten der objektiven Zurechnung gab. Dieser Beitrag, der in einer taiwanesischen Zeitschrift erschien, wurde später weltweit zitiert und bildet einen Grundstein der Lehre von der objektiven Zurechnung[17].

Mit der Einführung der objektiven Zurechnung in die taiwanesische Strafrechtslehre begann sich die herrschende Meinung zum Wirkungszusammenhang zwischen Handlung und Erfolg zu Beginn des 21. Jahrhunderts allmählich von der Adäquanztheorie zur objektiven Zurechnungslehre zu verschieben. Obwohl es weiterhin unterschiedliche Ansichten gibt, die später in diesem Beitrag dargestellt werden, wird die Lehre von der objektiven Zurechnung von der Mehrheit der taiwanesischen Strafrechtler als Standardlösungsmodell akzeptiert. In Lehrbüchern und Zeitschriften wird die Adäquanztheorie zunehmend als unzureichend angesehen und stattdessen die Theorie der objektiven Zurechnung vertreten[18].

## 3. Weitere Entwicklung

Wie bereits erwähnt, fand die objektive Zurechnungslehre erst in den 1990er Jahren Eingang in die taiwanesische Strafrechtslehre. Sie etablierte sich jedoch schnell und wurde seit dem Jahr 2000 zur herrschenden Meinung. Heutzutage wird die objektive Zurechnungstheorie in den meisten taiwanesischen Lehrbüchern und Fachzeitschriften zum Strafrecht akzeptiert, obwohl die Lösungen zu Einzelproblemen von verschiedenen Autoren auf unterschiedliche Weise im Rahmen der objektiven Zurechnung dargestellt werden.

In Taiwan gibt es jedoch noch zwei andere Lehrmeinungen, die der objektiven Zurechnungstheorie skeptisch gegenüberstehen. Die erste wird hauptsächlich von Strafrechtlern vertreten, die in Japan studiert oder promoviert haben, wie z.B. *Chen Tzu-Ping* (陳子平)[19] und Dr. *Yu Chien-Hua* (余振華)[20]. In ihren Lehrbüchern zum Allgemeinen Teil des Strafrechts halten sie weiterhin an der in Japan vorherrschenden Adäquanztheorie fest, allerdings in einer nach der objektiven Zurechnungslehre modifizierten Form. So vertritt beispielsweise Professor *Chen*, ein Absolvent der Waseda University, die Ansicht, dass statt abstrakter Lebenserfahrung die tatsächliche Wirkung der Handlung auf den

---

17) Beispielsweise: MüKoStGB/*Gunnar Duttge*, 4. Aufl., 2020, § 15 Rn. 135 Fn. 696; *Greco*, Das Subjektive an der objektiven Zurechnung: Zum „Problem" des Sonderwissens, ZStW 117 (2005), S. 520 Fn. 6.

18) Vgl. *Huang-Yu Wang*, AT, 9. Aufl., 2023, S. 205 ff.; *Yu-Hsiung Lin*, AT, 10. Aufl., 2022, S. 163 ff.; *Tze-Tien Hsu*, AT, 4. Aufl., 2023, Rn. 81 ff.; *Shu-Kai Lin*, AT, 6. Aufl., 2022, S. 90 ff.; *Jiuun-Shiung Su*, AT, 2. Aufl., 1998, S. 107 ff.

19) Vgl. *Tzu-Ping Chen*, AT, 4. Aufl., 2017, S. 171 ff.

20) Vgl. *Chien-Hua Yu*, AT, 3. Aufl., 2017, S. 167 ff.

konkreten Kausalverlauf berücksichtigt werden sollte. Er stellt außerdem die Frage, ob der Erfolgseintritt durch das Täterverhalten adäquat verursacht wurde, und argumentiert gegen die Theorie der objektiven Zurechnung, indem er auf die Unklarheit der Kriterien für die Falllösungen hinweist[21].

Die zweite Ansicht, vertreten von dem bekannten Seniorprofessor *Rong-Chian Huang* （黃 榮堅）, damals Professor an der National Taiwan University, befürwortet die Beurteilung der Kausalität anhand der Bedingungstheorie[22]. Er argumentiert, dass jede Handlung, die nach der conditio-sine-qua-non-Formel für den Erfolg kausal sei, den objektiven Tatbestand erfülle. Diese Ansicht sieht die Prüfung der Risikoverwirklichung, des atypischen Kausalverlaufs, des Schutzzwecks der Norm oder des Regressverbotes als unnötig an[23]. Stattdessen liegt der Fokus auf der Einschränkung der Kausalität durch subjektive Elemente[24]. Insgesamt ähnelt diese Ansicht der veralteten Auffassung *von Buris*[25]. Obwohl sie nicht als herrschende Lehre in Taiwan gilt, hat sie doch eine bedeutende Rolle in der Entwicklung der taiwanesischen Strafrechtsdogmatik gespielt.

Darüber hinaus hat die Strafrechtspraxis in Taiwan, wie bereits dargestellt, seit langem die Adäquanztheorie vertreten. Der taiwanesische Oberste Gerichtshof (tOGH) hat in seinen Urteilen stets versucht, die mit der Zurechnung verbundenen Probleme mithilfe der Adäquanztheorie zu lösen. Mit der zunehmenden Akzeptanz der objektiven Zurechnungslehre in akademischen Kreisen hat diese auch Einfluss auf die praktische Rechtsprechung genommen. Der tOGH hat in den vergangenen Jahrzehnten auch Urteile gefällt, in denen die Lehre von der objektiven Zurechnung zur Prüfung des Zusammenhangs zwischen Handlung und Erfolg angewendet wurde[26].

## IV.   Eigene Perspektive

Bislang habe ich die Ursprünge und die Entwicklung der objektiven Zurechnungstheorie in Deutschland sowie ihre Einführung in das taiwanesische Strafrecht dargelegt. Trotz ihrer zunehmenden Anerkennung als herrschende Lehr-

---

21)  Vgl. *Tzu-Ping Chen*, AT, 4. Aufl., 2017, S. 174 ff.
22)  Vgl. *Rong-Chian Huang*, AT, 4. Aufl., 2012, S. 265 ff.; *ders.*, Grenze der Strafe, 1999, S. 262 ff.
23)  Vgl. *Rong-Chian Huang*, AT, 4. Aufl., 2012, S. 339 ff.
24)  Vgl. *Rong-Chian Huang*, Grenze der Strafe, 1999, S. 263 ff.
25)  Vgl. *Maximilian v. Buri*, Ueber Causalität und deren Verantwortung, 1873, S. 30 ff.
26)  Z.B. tOGH, Taishang Nr. 5992, 2007; tOGH, Taishang Nr. 310, 2013; tOGH, Taishang Nr. 3063, 2021.

meinung in Taiwan findet die objektive Zurechnungstheorie in der praktischen Strafrechtspflege noch keine vollständige Akzeptanz[27]. Auch wenn mehrere Gerichtsurteile die Erfolgszurechnung bereits auf Grundlage der objektiven Zurechnungstheorie beurteilt haben, finden sich weiterhin signifikante Einschränkungen in ihrer Anwendung. Zudem existieren in der juristischen Diskussion noch gegensätzliche Meinungen, die sich gegen die Anwendung der objektiven Zurechnungstheorie aussprechen. Die Entwicklung in Taiwan liefert daher ausreichend Anlass, eine umfassende Überprüfung und Analyse der objektiven Zurechnungstheorie zu fordern.

Angesichts der begrenzten Zeit und des Umfangs dieses Beitrags werde ich mich jedoch auf einige grundlegende Aspekte der objektiven Zurechnungstheorie konzentrieren. Im Folgenden werde ich zunächst die Gründe erörtern, warum die objektive Zurechnungstheorie bevorzugt werden sollte, und mich anschließend mit den wesentlichen theoretischen Argumenten auseinandersetzen.

## 1. Überblick der theoretischen Grundlegungen

An erster Stelle steht die Frage, ob die Lehre der objektiven Zurechnung einen bedeutenden Beitrag zur Klärung der Erfolgszurechnung im Strafrecht leisten kann. Um diese Frage zu beantworten, erscheint es angebracht, zunächst einen Vergleich zwischen der in der taiwanesischen Strafpraxis vorherrschenden Adäquanztheorie und der Lehre von der objektiven Zurechnung vorzunehmen. Nach der Adäquanztheorie hängt die Zurechnung des Erfolgs zum Täterverhalten davon ab, ob der Erfolgseintritt gemäß generalisierter Lebenserfahrung vorhersehbar war. Das entscheidende Beurteilungskriterium besteht darin, den spezifischen Geschehensverlauf unter Berücksichtigung aller begleitenden Umstände zu ermitteln und zu prüfen, ob dieser Verlauf bis zum Erfolgseintritt mit der abstrahierten Vorhersehbarkeit in Einklang steht. Meiner Meinung nach ist die Adäquanztheorie in zahlreicher Hinsicht Bedenken ausgesetzt. Die Kritik wurde bereits im vorherigen Text erwähnt und wird hier nicht wiederholt[28].

Es lohnt sich jedoch hervorzuheben, dass, selbst wenn Interventionsereignisse vorhersehbar sind, dies nicht automatisch zur Bejahung der Erfolgszurechnung führt. Dieser Grundsatz gilt sowohl für die Adäquanztheorie als auch für die Lehre der objektiven Zurechnung, insbesondere in Fällen, in denen das Opfer sich selbst gefährdet oder ein Dritter in normativer Hinsicht die Verant-

---

27) Vgl. zur deutschen Rechtsprechung *Schladitz*, Normtheoretische Grundlagen der Lehre von der objektiven Zurechnung, 2021, 204 ff.

28) Vgl. die weitere und überzeugende Kritik bei *Ida* (Fn. 5), S. 51 ff.

wortung trägt. Die objektive Zurechnungslehre hat sich weiterentwickelt und fokussiert verstärkt den Realisierungszusammenhang des durch Täterverhalten geschaffenen Risikos. Dieser Ansatz erscheint mir überzeugend.

Weiterhin hat die objektive Zurechnungslehre verschiedene Fallgruppen entwickelt, um die Problematik der Erfolgszurechnung systematisch anzugehen. Daher sollte die Erfolgszurechnung nicht allein anhand eines einzigen Kriteriums beurteilt werden. Jeder Fall erfordert eine umfassende Bewertung unter Berücksichtigung des möglichen Interventionsumstandes, der Intensität seines Einflusses und der normativen Verantwortungsverteilung. Mit anderen Worten: Die Erfolgszurechnung erfordert eine Gesamtbewertung verschiedener Indikatoren, wie sie durch die Bildung von Fallgruppen innerhalb der objektiven Zurechnungstheorie ermöglicht wird. Dieser systematischen Erarbeitung der relevanten Fallkonstellationen ist meines Erachtens zuzustimmen.

Aus beiden Gründen befürworte ich die Anwendung der Theorie der objektiven Zurechnung zur Feststellung der Zurechenbarkeit von Erfolgen. Aber die Problematik um die Beurteilung der Erfolgszurechnung ist noch nicht erschöpft. Im Folgenden stelle ich drei Punkte dar, die für eine vertiefte Betrachtung der objektiven Zurechnung von Bedeutung sind.

## 2. Anmerkung zur „Trennungsthese"

Die Lehre von der objektiven Zurechnung zielt darauf ab, die uferlosen Bedingungen aus der normativen Bewertungsperspektive einzuschränken. Sie basiert auf der notwendigen Unterscheidung zwischen Kausalität und objektiver Zurechnung. Diese Grundeinstellung führt zu einer zweistufigen Prüfungsstruktur, die ich als „Trennungsthese" bezeichne. In der ersten Stufe der Kausalitätsprüfung wird die faktisch-logische Verbindung zwischen Handlung und Erfolg mittels der conditio-sine-qua-non-Formel untersucht. In der zweiten Stufe der objektiven Zurechnung wird bewertet, ob die Handlung in einen normativen Zusammenhang mit dem Erfolg gestellt werden kann. 1. Trotz der erfolgreichen Anwendung dieser doppelten Prüfungsstruktur in vielen Fällen stellt sich die Frage, ob die vorherige Klärung des Kausalzusammenhanges vor der Überprüfung der objektiven Zurechnung unerlässlich ist. Aus theoretischer und praktischer Perspektive sollen zwei Überlegungen zu dieser Trennungsthese angestellt werden[29].

Erstens stellt die sog. Äquivalenztheorie, die bei der Prüfung der Kausalität angewandt wird, fest, dass das Täterverhalten ursächlich für den Erfolg ist,

---

29) Vgl. dazu auch *Goeckenjan* (Fn. 1), S. 124 ff.

wenn es nicht hinweggedacht werden kann, ohne dass der konkrete Erfolg entfiele[30]. Es handelt sich hierbei um eine *hypothetische* Betrachtung, bei der die Verhaltensvariante modifiziert (nämlich „hinweggedacht") wird. Diese hypothetische Betrachtung der Kausalität birgt das in der Literatur seit langem diskutierte Problem, dass man die Frage nach der Verursachung im hypothetischen Ablauf lediglich beantworten kann, wenn man zuvor die Erkenntnis gewonnen hat, dass der Erfolg durch das in Frage stehende Verhalten verursacht wurde[31]. Genauer formuliert: Die Frage der Kausalität, also ob das Täterverhalten eine notwendige Bedingung für den Erfolg darstellt, wird insoweit beantwortet, als man bereits weiß, dass es eine notwendige Bedingung des Erfolgseintritts ist[32]. Daher leistet die Kausalitätsprüfung mittels der Äquivalenztheorie möglicherweise weniger, als angenommen wird.

Zweitens ist die Anwendung der objektiven Zurechnungslehre bei der Fallbearbeitung zu betrachten. Befürworter dieser Lehre betonen oft die Bedeutung der Kausalitätsprüfung vor der objektiven Zurechnung. Aber es gibt in der Tat wenige Fälle, in denen die Kausalität nach der Äquivalenztheorie verneint werden kann. Die Wirksamkeit der Kausalitätsprüfung könnte überschätzt werden.

Eine Ausnahme ist vielleicht im Fall der überholenden Kausalität zu finden[33]. Ein Beispiel hierfür: A gibt dem B eine tödliche Dosis Gift. Bevor das Gift wirkt, tötet C den B mit einem Messerstich, ohne von der Giftgabe des A zu wissen. Gemäß der herrschenden Meinung wird der Kausalbeitrag von A durch die Intervention, die C herbeiführt, überholt. Nach der Bedingungstheorie ist A nicht ursächlich für den Tod des B, da der Tod auch ohne die Handlung des A eingetreten wäre. Der Todeserfolg des B kann dem A nicht zugerechnet werden, weil es an der Kausalität fehlt.

Allerdings könnte man argumentieren, dass bei jener Fallbearbeitung die Kausalitätsprüfung übersprungen und direkt zur objektiven Zurechnung übergegangen werden könnte[34]. A schafft ein unzulässiges Risiko, das sich aufgrund der vorsätzlichen Intervention des C nicht verwirklicht. Der Erfolgseintritt sollte A daher nicht zugerechnet werden. Wenn diese Lösung akzeptabel ist, scheint die Prüfung der Kausalität *vor* der objektiven Zurechnung für die endgültige Feststellung der Verantwortlichkeit des Täters für den tatbestands-

---

30) *Kindhäuser/Zimmermann* AT, 10. Aufl., 2022, § 10 Rn. 10; *Baumann/Weber/Mitsch/Eisele* AT, 13. Aufl., 2021, § 10 Rn. 7.
31) Dazu *Rotsch* FS Roxin, 2011, S. 386 f.
32) *Puppe* GA 2010, S. 551 f.; *Baumann/Weber/Mitsch/Eisele* AT, 13. Aufl., 2021, § 10 Rn. 8.
33) *Kindhäuser/Zimmermann* AT, 10. Aufl., 2022, § 10 Rn. 25–27.
34) Vgl. ähnlich *Koriath*, Kausalität und objektive Zurechnung, 2007, S. 24 ff.

2. Kapitel    Kausalität und objektive Zurechnung

mäßigen Erfolg weniger bedeutend zu sein.

Drittens ist eine kritische Überlegung zu jener Lehrmeinung hinzuzufügen, die besagt, dass die Feststellung der Kausalität für den Unrechtsvorwurf des objektiven Tatbestands ausreichend sei und daher auf die Prüfung der Realisierung des missbilligten Risikos verzichtet werden könne. Diese Auffassung erscheint mir fragwürdig. Denn die Rechtsgutsverletzung, verstanden als eine objektiv nachteilige Änderung des schutzwürdigen Zustands, resultiert nicht aus einem *subjektiven* Schädigungswillen, sondern aus der Ausführung einer *objektiven* Tat. Ein böser Wille kann nicht direkt eine objektive Rechtsgutsverletzung verursachen. Vielmehr muss er sich durch die objektive Tat in eine nachteilige Veränderung der realen Welt umsetzen. Darüber hinaus kann die normative Bedeutung der objektiven Handlung nicht direkt aus der subjektiven Täterabsicht abgeleitet werden, sondern sollte abhängig von der bereits externalisierten, realisierten Handlung des Täters und dem Ausmaß der Gefährdung für die zu schützenden Rechtsgüter sein. Daher ist von entscheidender Bedeutung, ob eine objektive Tat im Kausalverlauf das Risiko einer Beeinträchtigung des Rechtsgutes mit sich bringt. Eine Vereinfachung des Unrechtsvorwurfs im objektiven Tatbestand auf eine bloße Verursachung des Erfolges gemäß der Äquivalenztheorie und die gleichzeitige Vernachlässigung des Risikozusammenhangs zwischen Tat und Erfolg würden zu einer tatbestandsmäßigen Unrechtsbewertung führen, die lediglich auf subjektiv bösem Willen basiert. Die Subjektivierung des tatbestandsmäßigen Unrechts ist aus meiner Sicht jedenfalls abzulehnen.

3.    Anmerkung zur „Schaffung eines rechtlich missbilligten Risikos"

Die Diskussion über die Schaffung unzulässiger Risiken wird nun fortgesetzt. Der Begriff „Schaffung eines rechtlich missbilligten Risikos" hat seine Ursprünge in der von *Engisch* bestimmten „Adäquanz im weiteren Sinne", die zur Beurteilung des adäquaten Zusammenhangs herangezogen wurde[35]. Dieser Begriff hat sich von der „Adäquanz im weiteren Sinne" zur „Schaffung eines unerlaubten Risikos" entwickelt und bildet nun die erste Stufe der Feststellung der objektiven Zurechnung. Die Lehre der objektiven Zurechnung hat sich hierauf aufbauend weiterentwickelt und mehrere Fallgruppen definiert. Obwohl sie von der herrschenden Lehre in Taiwan weitgehend akzeptiert wird, bestehen dennoch Bedenken. Im Folgenden möchte ich die Beziehung zwischen der tatbestandsmäßigen Handlung und dem rechtlich missbilligten Risiko erörtern.

---

35)    *Engisch*, Die Kausalität als Merkmal der strafrechtlichen Tatbestände, 1931, S. 41 ff.

Nach der grundlegenden Auffassung der Lehre der objektiven Zurechnung liegt der erste Schritt für die Beurteilung der Erfolgszurechnung in der Beantwortung der Frage, ob das Verhalten des Täters ein unerlaubtes Risiko geschaffen hat. Da sich diese Frage mehr auf das Täterverhalten selbst als auf den Kausalverlauf nach der Tatausführung bezieht, könnte man argumentieren, dass die Schaffung des rechtlich missbilligten Risikos nicht direkt auf die Zurechenbarkeit des Erfolges abzielt, sondern vielmehr zur materiellen Bestimmung der tatbestandsmäßigen Handlung dient[36].

Einige Auffassungen halten diese Frage für obsolet, da es keinen wesentlichen Unterschied mache, ob sie bei der Erfolgszurechnung oder bei der tatbestandsmäßigen Handlung berücksichtigt werde[37]. Eine andere Ansicht vertritt jedoch, dass die tatbestandsmäßige Handlung in Verbindung mit der Schaffung eines unerlaubten Risikos definiert werden könne[38]. Hier geht es nicht mehr um die Erfolgszurechnung im Sinne des Erfolgsunwertes, sondern um die Bestimmung des Handlungsunwertes[39]. Es ist nicht möglich, an dieser Stelle alle Aspekte der Kontroverse zu behandeln. Ich möchte lediglich auf einige kritische Punkte hinweisen.

Erstens sollte die Schaffung des unerlaubten Risikos nicht zwangsläufig auf die Ebene der Erfolgszurechnung verschoben werden, sondern vielmehr als eine *ex ante* Bewertung des Täterverhaltens angesehen werden. Für die Feststellung der tatbestandsmäßigen Handlung sind klare und präzise Kriterien erforderlich, um zu beurteilen, ob das Rechtsgut durch das Täterverhalten bedroht wird. Erzeugt der Täter keine ausreichende Gefahr für das Rechtsgut oder handelt es sich um ein rechtlich erlaubtes Risiko, sollte der Handlungsunwert des Täterverhaltens verneint werden[40]. Damit verlagert sich die Beurteilung der Erfolgszurechnung auf den Geschehensablauf *nach* der Tatausführung, insbesondere auf spätere Einflüsse der Interventionsereignisse. Genauer formuliert: die Prüfungsgegenstände von Handlungs- und Erfolgsunwert sind damit getrennt zu berücksichtigen. Die separate Betrachtung kann eben zu einem klareren Prüfungsergebnis führen.

Zweitens gewinnt die Frage nach der unerlaubten Risikoschaffung insb. bei verhaltensneutralen Erfolgsdelikten wie Totschlag, Körperverletzung oder

---

36) Vgl. die ähnliche Auffassung von *Frisch*, Tatbestandsmäßiges Verhalten und Zurechnung des Erfolgs, 1988, 62 ff.
37) Vgl. aus dieser Richtung *Wessels/Beulke/Satzger* AT, 53. Aufl., 2023 § 6 Rn. 253 ff.
38) Vgl. zu dieser Problematik *Kühl* AT, 8. Aufl., 2017, § 4 Rn. 40.
39) Vgl. zu jüngsten Diskussionen aus der Perspektive der Normtheorie *Schladitz* (Fn. 27), 237 ff.
40) Vgl. zur weiteren Analyse *Frisch* JZ 2022, 974 ff.

## 2. Kapitel   Kausalität und objektive Zurechnung

Sachbeschädigung an Bedeutung. Bei diesen Delikten fehlen oft klare Indikationen zur Bestimmung der tatbestandsmäßigen Handlung. In manchen Fällen wird argumentiert, dass die tatbestandsmäßige Handlung vorverlagert werden sollte. Ein Beispiel hierfür ist die Behandlung der *actio libera in causa* im Strafrecht. Nach herrschender Lehre wird das Tatbestandsmodell befürwortet, bei dem sich die tatbestandsmäßige Handlung auf das vorangegangene Verhalten bezieht, das den Defekt begründet und an das der Schuldvorwurf anknüpft[41]. Ähnlich verhält es sich bei der Behandlung absichtlicher Notwehrprovokation im Rahmen der *actio illicita in causa*[42]. Hier wird die tatbestandsmäßige Handlung nicht am Verteidigungsverhalten, sondern am *vorangegangenen* „provokativen Verhalten" festgemacht, das die Notwehrlage herbeiführt. Diese Lösungen, die durch Vorverlagerung des fraglichen Verhaltens auf weniger riskantes Vorverhalten wie das Sich-Betrinken oder das Provozieren einer Notwehrlage die Strafbarkeit des Täters begründen, vernachlässigen die Typisierungsfunktion des Tatbestands bei der Feststellung der Tathandlung. Auslegungen, bei denen auf eine bestimmte Unrechtsqualifikation der tatbestandsmäßigen Handlung verzichtet oder sogar eine willkürliche Vorverlagerung für zulässig gehalten wird, widersprechen meiner Ansicht nach dem Gesetzlichkeitsprinzip[43].

Drittens ermöglicht die Fokussierung auf die Wahrscheinlichkeit des durch das Täterverhalten geschaffenen Risikos die Entwicklung sinnvoller Qualifizierungskriterien zur Feststellung der tatbestandsmäßigen Handlung bei unterschiedlichen Deliktarten und Fallkonstellationen. Einige Beispiele können dies verdeutlichen.

Bei der Fallbearbeitung der *actio libera in causa* vertrete ich die Auffassung, dass der Ansatzpunkt für einen vorwerfbaren Sachverhalt nicht im vorbereitenden Verhalten wie dem Sich-Betrinken liegen sollte, das zwar die persönliche Fähigkeit des Täters zur Gefahrkontrolle vermindert, aber keine ausreichende Gefahr für das Rechtsgut darstellt. Stattdessen sollte das im Nachhinein ausgeführte, typisierte Verhalten wie Tötung, Diebstahl usw. als die tatbestandsmäßige Handlung angesehen werden. Die Strafbarkeit des Täters gründet darauf, dass er sich nicht auf seine Schuldunfähigkeit bei der Tatbestandsverwirklichung berufen kann, da er seine Unfähigkeit zu normgemäßer Steuerung durch sein selbst verschuldetes Vorverhalten (Herbeiführen des Defektzu-

---

41) Vgl. dazu *Wessels/Beulke/Satzger* AT, 53. Aufl., 2023, § 13 Rn. 661; *Kühl* AT, 8. Aufl., 2017, § 11 Rn. 12 f.

42) Vgl. nur *Walter Gropp/Arndt Sinn*, AT, 5. Aufl., 2020, § 5 Rn. 178.

43) Vgl. auch *Hruschka* JuS 1968, 556 f.; *Rath* JuS 1995, 409.

stands) zu verantworten hat. Somit erscheint das Ausnahmemodell als eine geeignetere Lösung für die Fälle der *actio libera in causa*. Diese Lösung sollte auch für die Fälle der absichtlichen Notwehrprovokation gelten, bei denen das provozierende Vorverhalten keine ausreichende Gefährdung für das Rechtsgut darstellt und somit nicht als tatbestandsmäßige Handlung gewertet werden sollte[44].

Darüber hinaus argumentiert die Lehre von der objektiven Zurechnung, dass dasselbe Lösungsmodell sowohl auf fahrlässige als auch auf vorsätzliche Straftaten anwendbar ist[45]. Das heißt, dass bei der Prüfung der Erfolgszurechnung bei beiden Deliktsarten dieselben Kriterien gelten sollten. Daraus folgt, dass die tatbestandsmäßige Handlung sowohl bei Vorsatz- als auch bei Fahrlässigkeitsdelikten identisch ist. Allerdings erscheint diese These in der aktuellen Rechtspraxis nicht haltbar. Betrachten wir beispielsweise einen Fall, in dem ein Täter mit seinem PKW auf ein Opfer zufährt und es dadurch zu einem tödlichen Zusammenstoß kommt. Handelt der Täter vorsätzlich, nämlich mit der Absicht, das Opfer zu töten, so ist der Zusammenstoß selbst als tatbestandsmäßige Handlung des vorsätzlichen Totschlags zu bewerten. Handelt er jedoch fahrlässig, verlagert sich der Fokus der objektiven Zurechnung weg vom Zusammenstoß hin zu dem Verhalten *vor* dem Zusammenstoß. Infrage steht hier die rechtliche Zulässigkeit des Täterverhaltens vor dem Zusammenstoß, wie etwa die Überschreitung der Geschwindigkeitsgrenze oder das Einhalten eines ausreichenden Abstands beim Überholen. Bei der Bewertung der Fahrlässigkeit geht es weniger um den Zusammenstoß mit dem Opfer als um das Verhalten davor. Es ist offensichtlich, dass die durch den physischen Zusammenstoß geschaffene Gefahr für das Leben des Opfers weitaus höher ist als die durch das sorgfaltswidrige Vorverhalten hervorgerufene Gefahr. Während die erste unmittelbar zu einer tödlichen körperlichen Verletzung führen kann, könnte letztere nur unter bestimmten Umständen denselben tödlichen Ausgang haben. Dies deutet darauf hin, dass der Vorsatztäter, der einen tödlichen Kausalverlauf wissentlich und willentlich durch sein Verhalten steuert oder beherrscht, eine Handlung ausführt, die eine erheblichere und konkretere Gefahr für das Rechtsgut darstellt und in enger räumlicher und zeitlicher Beziehung zum Schaden steht. Im Gegensatz dazu kann die durch fahrlässiges Handeln geschaffene Gefahr geringer sein und ihr zeitlicher und räumlicher Abstand zum Schadenserfolg größer. Genauer formuliert: Der Vorsatztäter schafft ein größeres

---

44) Dazu *Neumann*, Zurechnung und „Vorverschulden", 1985, 260 ff.; *ders.* ZStW 99 (1987), 574 ff.; *Heng-da Hsu* NTU L. J. Vol. 39-2 2010, 390 ff.

45) Vgl. die Darstellung bei *Goeckenjan* (Fn. 1), 129 f.

Risiko als der Fahrlässigkeitstäter. Diese Differenzierung hat die Lehre von der objektiven Zurechnung bisher nicht ausreichend deutlich gemacht.

## 4. Anmerkung zur „Risikoverwirklichung"

Abschließend kommen wir zur Prüfungsebene der Realisierung des vom Täter geschaffenen Risikos. Dabei sind zahlreiche komplexe Probleme zu berücksichtigen, darunter: (1) die Intervention durch das freiverantwortliche Verhalten des Opfers, durch das Verhalten eines Dritten oder durch Naturereignisse, (2) der Schutzzweckzusammenhang der betroffenen Sorgfaltsnorm sowie (3) die Konstellationen des sog. Pflichtwidrigkeitszusammenhangs bei rechtmäßigem Alternativverhalten. Es ist hier nicht möglich, alle diese Probleme umfassend zu behandeln, jedoch möchte ich drei wesentliche Aspekte im Zusammenhang mit der Realisierung des vom Täter geschaffenen Risikos hervorheben.

Erstens bin ich der Ansicht, dass die Prüfung, ob sich das vom Täter geschaffene Risiko im weiteren Geschehensablauf realisiert hat, eine normative Bewertung erfordert. Es reicht nicht aus, wie von der Adäquanztheorie angenommen, die Erfolgszurechnung zwischen Handlung und Erfolg lediglich auf der Grundlage der abstrahierten Vorhersehbarkeit des Erfolgseintritts zu bestimmen[46]. Dies bedeutet jedoch nicht, dass die allgemeinen Lebenserfahrungen im Sinne eines empirischen Kriteriums für die Beurteilung der Erfolgszurechnung gänzlich irrelevant sind. Betrachten wir beispielsweise die Fallkonstellationen im Hinblick auf den Schutzzweckzusammenhang der Norm, wird deutlich, dass der Zweck der Norm spezifische Geschehensabläufe abdecken kann, weil diese Abläufe empirisch zu den typischen Konsequenzen einer normwidrigen Tat führen. Die vom Normzweck umfassten Abläufe weisen auf Kausalverläufe hin, die nach allgemeiner Lebenserfahrung vorhersehbar sind und deshalb unter den Schutzbereich einer Norm fallen können. Die empirische Vorhersehbarkeit eines Erfolgseintritts in Verbindung mit der normativen Bewertung spielt somit doch eine wichtige Rolle bei der Feststellung der Erfolgszurechnung[47].

Zweitens muss bei der Beurteilung der Risikorealisation zwischen tatsächlichem und hypothetischem Geschehensverlauf unterschieden werden. Im tatsächlichen Verlauf werden das vom Täter geschaffene Risiko und die tatsächlich eintretenden intervenierenden Umstände berücksichtigt. Alle relevanten Faktoren müssen in dieser Betrachtung wirksam verwirklicht werden. Die Analyse der Risikoverwirklichung konzentriert sich darauf, welcher Faktor den

---

46) Vgl. dazu *Hübner*, Die Entwicklung der objektiven Zurechnung, 2004, 146 ff.
47) Vgl. zu einer ähnlichen Meinung *Nestler* JA 2019, 1055 ff.

entscheidenden Beitrag zum Erfolgseintritt leistet. Wesentliche Kriterien für diese Beurteilung sind sowohl die empirische Vorhersehbarkeit der Möglichkeit einer Intervention als auch das Ausmaß des Einflusses des intervenierenden Ereignisses. Es handelt sich hierbei um eine Gesamtbetrachtung nach den empirischen und normativen Maßstäben.

Drittens habe ich eine kurze Anmerkung zum Problem des Pflichtwidrigkeitszusammenhangs bei rechtmäßigem Alternativverhalten[48]. Obwohl ich diesen Ausschlussgrund der Erfolgszurechnung in einigen deutschsprachigen Arbeiten akzeptiert habe[49], hegte ich stets Bedenken bezüglich des *hypothetischen* Charakters dieser Prüfung. Einerseits stehen viele Fälle, die im Rahmen des Pflichtwidrigkeitszusammenhanges diskutiert werden, nicht in direktem Zusammenhang mit der Vermeidbarkeit desselben Erfolgs bei rechtmäßigem Alternativverhalten. Es geht um eine falsche Bezeichnung der betroffenen Problematik[50]. Andererseits hat der Täter bereits ein rechtlich missbilligtes Risiko geschaffen, das sich ohne weitere unvorhersehbare oder bedeutende Intervention realisiert hat. Es bleibt daher fraglich, warum seine strafrechtliche Haftung allein aufgrund der *vermuteten* Unvermeidbarkeit des Erfolgseintritts in einem *hypothetischen* Geschehensablauf ausgeschlossen werden sollte, in welchem das geschaffene Risiko durch ein erlaubtes Verhalten ersetzt wird. Ähnliche Kritik äußerte auch *Günter Spendel*, der darauf hinweist, dass die Unvermeidbarkeit des Erfolgseintritts bei rechtmäßigem Alternativverhalten das Unrecht nicht ausschließen, sondern den Schuldvorwurf vermindern sollte[51]. Daraus lässt sich folgern, dass die Prüfung, ob der Erfolg auch durch ein hypothetisch rechtmäßiges Alternativverhalten herbeigeführt worden wäre, nicht unbedingt auf die objektive Erfolgszurechnung bezogen ist, sondern eher einen Grund für Strafmilderung bei der Strafzumessung darstellt. Zu diesem Thema sind weitere Forschungsbemühungen erforderlich.

# V. Zusammenfassung

Ich habe eine kurze Einführung in die theoretische Entwicklung der Lehre der objektiven Zurechnung, ihre Auswirkungen auf die taiwanesische Straf-

---

48) In Japan wird dieses Problem im Kontext der „normativen Kausalität" behandelt, vgl. *Yu-Wei Hsieh* Taiwan L. J. Vol. 146 2007, 80 ff.

49) *Heng-da Hsu*, Zurechnungsgrundlage und Strafbarkeitsgrenze der Fahrlässigkeitsdelikte in der modernen Industriegesellschaft, 2009, S. 297 ff.; *ders*. ZIS 2021, 106 ff.

50) Ein gutes Beispiel wurde von *Mohamad El-Ghazi* diskutiert, vgl. dazu *El-Ghazi* ZJS 2014, 27 ff.

51) *Spendel* JuS 1964, 16 ff.

## 2. Kapitel   Kausalität und objektive Zurechnung

rechtswissenschaft und die möglichen Probleme gegeben. Insgesamt orientiert sich die Lehre der objektiven Zurechnung daran, den Schutz von objektiven Rechtsgütern zu verstärken, sich auf die tatbestandsmäßigen Handlungen zu konzentrieren und eine materielle Interpretation des objektiven Tatbestands vorzunehmen. Im Mittelpunkt steht immer die Materialisierung der Auslegung des objektiven Tatbestands im Hinblick auf die schutzwürdigen Rechtsgüter.

Obwohl ich nicht allen Lösungen vollständig zustimme, muss ich erneut betonen, dass ich die grundlegende Problemstellung der objektiven Zurechnungslehre sowie die Perspektive, Probleme aus dem Blickwinkel der Risikoerzeugung und Risikorealisation zu analysieren, befürworte.

# Zur Entwicklung der Kausalitätslehre im japanischen Strafrecht[*]

### Kazushige DOI

## I. Einleitung

Es ist gerade die Kausalitätslehre im japanischen Strafrecht, die seit den 2000er Jahren die drastischste Veränderung im allgemeinen Teil erfahren hat. *Makoto Ida* fasste diese Veränderung neulich mit der folgenden Anmerkung zusammen: „Der Niedergang der Adäquanztheorie deutet das Scheitern der früheren Methodik der japanischen Strafrechtswissenschaft an"[1]. Daran anschließend kann man die Entwicklung der Kausalitätslehre im japanischen Strafrecht als symbolisches Ergebnis des „Methodenwechsels vom deduktiven Systemdenken zum induktiven Problemdenken" betrachten, das von *Ryūichi Hirano* seit den 1980er Jahren sehr stark vertreten wurde[2]. Darüber hinaus hat diese Entwicklung insoweit symbolische Bedeutung, als dass sie gerade den Änderungsprozess des Verhältnisses zwischen der Strafrechtspraxis und der Strafrechtswissenschaft darstellt[3].

---

[*]    Besonderer Dank des Autors für das sorgfältige Korrekturlesen und die konstruktiven Vorschläge gilt Frau *Caroline Meyer*, wissenschaftliche Assistentin im Kompetenzzentrum Japan am Max-Planck-Institut für ausländisches und internationales Privatrecht in Hamburg.

1)   *Ida*, „Heisei jidai no keihō gakusetsu" (Strafrechtslehre in der Heisei-Zeit), Keiji-hō journal Nr. 61 (2019), 21. Vgl. auch *ders.*, „Doitsu keihō no genjō to hikaku-hō kenkyū no kon ´ nich-teki igi" (Eine Bestandaufnahme über das deutsche Strafrecht und die gegenwärtige Bedeutung des Strafrechtsvergleichs) Jurist Nr. 1348 (2008), 173; *ders.*, „Keihō ni okeru inga kankei-ron o megutte" (Zur Kausalitätslehre im japanischen Strafrecht), Keiō hōgaku Nr. 40 (2018), 1; *ders.*, GA 2017, 67 ff. (74).

2)   *Hirano*, Keihō no kinō-teki kōsatsu (Funktionale Betrachtung des Strafrechts), 1984, 1 ff.; Zur Auslegungsmethode *Hiranos*, vgl. *Yamanaka*, Geschichte und Gegenwart der japanischen Strafrechtswissenschaft, 2012, 37 ff.; *Ida*, Japanisches Strafrecht und japanische Strafrechtswissenschaft heute, in: Hilgendorf u.a. (Hrsg.), Strafrecht zwischen Ost und West, 2019, 14 ff.

3)   *Ida* (Fn. 1) „Das deutsche Strafrecht", 173; *ders.* (Fn. 2), 15 ff.; *Shimada*, „Sōtō inga kankei kyakkan-teki kizoku o meguru hanrei to gakusetsu" (Rechtsprechung und Lehre zur adäquaten Kausalität bzw. objektiven Zurechnung), Hōgaku kyōshitsu Nr. 387 (2012), 4.

63

Hinsichtlich des Rechtsvergleichs mit dem deutschen Strafrecht ist die Kausalitätslehre in Japan auch insoweit bemerkenswert, als dass sie eine andere Entwicklungslinie aufweist als die deutsche Strafrechtsdogmatik und in der Hinsicht die allgemeine Tendenz in der bisherigen japanischen Strafrechtswissenschaft widerspiegelt. Im japanischen Schrifttum konnte früher beobachtet werden, dass direkt auf die deutschen Strafrechtstheorien verwiesen wurde, so als ob sie die japanischen Strafrechtsdogmatik bestimmen würden: Die Diskussionslage war sogar als „Stellvertreterkrieg" bzw. Stellvertreterstreit zu beschreiben[4]. Aber in Bezug auf die Kausalitätsfrage wurde die Lehre von der objektiven Zurechnung in ihrer Ursprungsform schließlich nicht eingeführt, obwohl sie seit 1960er Jahren überwiegend vertreten und heute auch als integrierter Bestandteil der Tatbestandsmäßigkeitsprüfung in Deutschland angesehen wird. An dieser Stelle deutet sich ein Aspekt des Methodenwechsels in der japanischen Strafrechtslehre auch schon an, was zur Notwendigkeit der Neudefinition des Verhältnisses zu der deutschen Strafrechtsdogmatik und überhaupt der Bedeutung des Rechtsvergleichs in der japanischen Strafrechtswissenschaft führt.

In Japan wurde seit 1999 die Reform der gesamten Justiz betrieben, in deren Folge einerseits die Juristenausbildung in den Law Schools in Jahr 2004 eingeleitet wurde, die auf den Brückenschlag zwischen Praxis und Theorie abzielte[5], und andererseits das Laienrichtersystem im Jahr 2009 eingeführt wurde, in welchem sich die Bürger sowohl an der Verurteilung als auch an der Strafzumessung in schwereren Fällen beteiligen können[6]. Es wäre nicht übertrieben, wenn man hier meinen sollte, dass die Umgebung der japanischen Strafrechtswissenschaft inzwischen eine kopernikanische Wende erlebt. Dieser Beitrag beschreibt nun (1) die Entwicklungsgeschichte der Kausalitätslehre im japanischen Strafrecht und erklärt damit die Veränderung der Beziehung zwischen der Rechtsprechung und der Lehre sowie den Methodenwechsel in der Wissenschaft (im Folgenden, II). Darauf aufbauend wird sich mit den Fragen auseinandergesetzt, welche Einflüsse (2) die deutsche Lehre von der objektiven Zurechnung auf die japanische Strafrechtsdogmatik hat, und weshalb es schließlich bei einer „begrenzten Rezeption" bleibt. Damit werden die Besonderheiten des japanischen Strafrechts im Vergleich zu dem deutschen aufge-

---

4) Dazu vgl. *Ida* GA 2017, 419 ff. (426); *ders.* (Fn. 2), 9.
5) *Ida* (Fn. 1) „Das deutsche Strafrecht", 173; *ders.* (Fn. 1) „Heisei", 20; *ders.* (Fn. 1), 70; *Yamanaka*, Einführung in das japanische Strafrecht, 2018, 79 ff.
6) Vgl. *Schmidt*, Das japanische Saiban'in System und das deutsche Schöffensystem, 2019, 17 ff.; *Yamanaka* (Fn. 5), 97 ff.

zeigt (III-1). Auch in Anbetracht der neuen Aufgabe der Strafrechtsdogmatik im Laienrichterverfahren stellt dieser Beitrag schließlich (3) die Bedeutung der rechtsvergleichenden Überlegungen bezüglich der Kausalitätsfrage in Japan dar (III-2).

# II. Die Entwicklungsgeschichte der Kausalitätslehre im japanischen Strafrecht

## 1. Antagonismus der Bedingungs- und Adäquanztheorie als Rezeption der deutschen Rechtstheorie: Diskrepanz zwischen Praxis und Lehre

Die Kausalität zwischen der Tathandlung und dem Taterfolg wurde in der Rezeption der deutschen Strafrechtstheorie ab Ende des 19 Jahrhunderts erstmals bewusst zum Merkmal des allgemeinen Teils in der japanischen Strafrechtswissenschaft gemacht[7]. Während die Bedingungstheorie und die Lehre von der Unterbrechung der Kausalität nach *v. Liszt* zunächst vertreten wurden, ist die Adäquanztheorie nach *Kries*, *Rümelin* und *Traeger* kurz darauf eingeführt worden. Die letztere wurde schon nach dem Erlass des geltenden Strafgesetztes von 1907 als herrschende Lehre angesehen. Daraus folgt, dass die frühere Entwicklung der Kausalitätslehre in Japan entsprechend der damaligen Diskussionslage in Deutschland vom Antagonismus der Bedingungs- und Adäquanztheorie geprägt war[8].

Nach der Adäquanztheorie ist die strafrechtliche Kausalität dann anzuerkennen, wenn der Erfolgseintritt durch die Handlung nach allgemeiner Lebenserfahrung als generell anzusehen ist. Damit soll ein zufälliger Erfolgseintritt aus der strafrechtlichen Zurechnung ausgeschlossen werden[9]. In Japan ist das Adäquanzurteil von vornherein als Prüfung für die normative Einschränkung des Kausalzusammenhangs durch die objektiv-nachträgliche Prognose angesichts der erfahrungsmäßigen Normalität in der *ex-ante* Betrachtung verstanden

---

7) *Yamanaka*, „Kōsei yōken-ron" (Tatbestandslehre), Jurist Nr. 1348 (2008), 16; *Ōzeki*, „Keihō-jō no inga kankei-ron ni kansuru senzen nihon no gakusetsu to daishinin hanrei (1)" (Rechtsprechung des alten Obersten Gerichtshofs und Lehrmeinungen zur strafrechtlichen Kausalität vor dem zweiten Weltkrieg in Japan-1), Waseda hōgaku Bd. 95 Nr. 2 (2020), 222.

8) Vgl. *Tatsui*, Inga kankei-ron (Kausalitätslehre), 2006, 26; *Ōzeki* (Fn. 7), 201.

9) Statt vieler, *Dandō*, Keihō kōyō sōron (Strafrecht AT), 1990, 174; *Ōtsuka*, Keihō gaisetsu Sōron (Strafrecht AT), 2008, 227; *Kawabata*, Keihō sōron kōgi (Strafrecht AT), 2013, 152; *Ida*, Keihō sōron no riron kōzō (Theoretische Struktur des allgemeinen Teils des Strafrechts), 2005, 55.

## 2. Kapitel   Kausalität und objektive Zurechnung

worden[10].

Hierbei wurde der Adäquanzaspekt für den Kausalzusammenhang grundsätzlich als allgemeingültiger Maßstab angesehen, nach dem sich jeder für die rechtliche Kausalität relevante Fall lösen lässt[11]. In Wahrheit handelt es sich allerdings vor allem um solche Fälle, in denen der Erfolg wegen der Intervention eines völlig unvorhersehbaren Umstands im Kausalverlauf zufällig eingetreten ist, obwohl die der Tatausführung innewohnende Gefahr als solche eigentlich nicht so schwerwiegend gewesen war. Dazu gehört z. B. der Fall, in dem der Täter dem Opfer eine nicht-tödliche Dosis Gift verabreicht, aber das Opfer im Nachhinein wegen eines ärztlichen Behandlungsfehlers ums Leben kommt. Die Vertreter der Adäquanztheorie setzten also ihren Schwerpunkt grundsätzlich darauf, die Erfolgszurechenbarkeit in solchen Fällen verneinen zu können[12].

Ferner wurden der Feststellung der Beurteilungsbasis wie auch deren Maßstab als wesentliche Teile der Adäquanzprüfung großes Gewicht beigemessen. Es wurde hier hervorgehoben, dass eine Begrenzung der Beurteilungsbasis auf gewisse Fakten vor der Adäquanzbeurteilung und das Ignorieren aller weiteren Umstände erforderlich sei, damit diese Beurteilung wirklich als normative Einschränkung fungieren könne[13]. In dieser Hinsicht wurde der Feststellungsmaßstab der Beurteilungsbasis sogar als Kernfrage der Adäquanztheorie angesehen[14]. Das Hauptanliegen in der damaligen japanischen Kausalitätslehre richtete sich schließlich auf den Streit zwischen dem vermittelnden und dem objektiven Ansatz in der Adäquanztheorie: Nach dem Ersteren seien jene Umstände für die Adäquanzprüfung relevant, die ein durchschnittlicher Mensch oder besonders der Täter hätte erkennen oder vorhersehen können; nach dem Letzteren werden alle Umstände in Betracht gezogen, die zum Zeitpunkt der Handlung vorhanden waren, sowie die Umstände nach der Handlung,

---

10) Vgl. *Ida*, Hanzai-ron no genzai to mokuteki-teki kōi-ron (Aktueller Zustand zum Straftatsystem und die finale Handlungslehre in Japan), 1995, 86 (übersetzt in: Hilgendorf/Ida (Hrsg.), Strafrechtswissenschaft als Ordnungsfaktor, 2022, 51); *Yamanaka*, Keihō ni okeru kyakkan-teki kizoku no riron (Die Lehre von der objektiven Zurechnung im Strafrecht), 1997, 25; *Ōzeki*, „Inga kankei-ron no tsūsetsu" (Die herrschende Meinung zur Kausalitätslehre) Hōgaku seminā Nr. 809 (2022), 19.

11) *Ida* (Fn. 1) „Heisei", 21.

12) *Ida* (Fn. 10), 89 (*Hilgendorf/Ida*, 51); *Ōzeki*, „Keihō-jō no inga kankei-ron ni kansuru senzen nihon no gakusetsu to daishinin hanrei (2)" (Rechtsprechung des alten Obersten Gerichtshofs und Lehrmeinungen zur strafrechtlichen Kausalität vor dem zweiten Weltkrieg in Japan-2), Waseda hōgaku Bd. 95 Nr. 4 (2020), 165.

13) *Ida* (Fn. 9), 56.

14) Vgl. *Y. Inoue*, Kōi mukachi-ron to Kashitsu-han-ron (Lehre vom Handlungsunwert und die Lehre von Fahrlässigkeitsdelikten), 1973, 166.

die für einen durchschnittlichen Menschen vorhersehbar gewesen wären[15].

Demgegenüber wurde die folgende Betrachtung über die frühere Rechtsprechung in der Strafrechtslehre weitgehend angenommen: Die Rechtsprechung stütze sich grundsätzlich auf die Bedingungstheorie, aber neigte sich der Adäquanztheorie allmählich zu[16]. Jedoch stellen neue Studien erneut fest, dass der wissenschaftliche Ansatz, nach dem man vielfältige Konstellationen bei der Kausalitätsfrage mit einem einzigen Maßstab bewerten und erklären will, in der Praxis von vornherein nicht geteilt wurde[17]. Dort wurde vielmehr das „Grundsatz-Ausnahme" Denkmodell durchgängig angewandt[18]. Das Gericht hat den Kausalzusammenhang der Tathandlung mit dem Taterfolg zwar immer allein unter Anwendung der *Conditio*-Formel bejaht, wenn eine versteckte Krankheit des Opfers zum Tatzeitpunkt auf die Todesfolge miteingewirkt hatte, da die negative Bewertung bezüglich der Einschränkung der Erfolgszurechnung in solchen Fällen in der Rechtsprechung damals schon festgelegt worden war. Gleichwohl hat es das Vorhandensein oder Nichtvorhandensein des sachlichen Grundes nach dem die Erfolgszurechnung ausnahmsweise verneint werden sollte, nur überprüft, wenn ungewöhnliche Umstände nach der Handlung eingetreten waren. Dabei kam es jeweils auf die Unterbrechung, den Umfang der Wirkungskraft der Handlung oder sogar die Adäquanz des Kausalverlaufs an. Wie von *Satoko Tatsui* darauf hingewiesen, wurden die Diskussionen zur strafrechtlichen Kausalität im früheren Schrifttum von einem Antagonismus der Bedingungs- und Adäquanztheorie beherrscht: In der Folge war eine Tendenz dahingehend zu beobachten, dass versucht wurde, den Leitsatz der Gerichtsentscheidungen entweder unter die Bedingungstheorie oder unter die Adäquanztheorie zu subsumieren, was die intrinsische Betrachtung der Entscheidungen verhindert und zu einer Fehlkommunikation mit der Praxis geführt hat[19].

---

15) *Ida* (Fn. 10), 96 (Hilgendorf/Ida, 61); *Ōzeki*, „Kiken no genjitsu-ka-ron no enkaku to handan kōzō (1)" (Entwicklungsgeschichte und Beurteilungsstruktur bei der Lehre von der Gefahrverwirklichung-1), Waseda hōgaku Bd. 98 Nr. 2 (2023), 69.

16) Vgl. *Ōzeki* (Fn. 15), 73; *Tatsui* (Fn. 8), 14.

17) Dazu vgl. *Tao*, Saikō saiban-sho hanrei kaisetsu keiji-hen: Shōwa 46 nendo (Offizieller Kommentar des Obersten Gerichtshofs zur Entscheidung in Strafsachen im Jahr 1971), 1973, 116.

18) *Tatsui* (Fn. 8), 22 f. Vgl. auch *Yamanaka*, „Kyakkan-teki kizoku-ron no tachiba kara" (Kommentar aus Sicht der Lehre von der objektiven Zurechnung), Keihō zasshi Bd. 37 Nr. 3 (1998), 77; *ders.*, Keihō sōron (Strafrecht AT), 2015, 280.

19) *Tatsui* (Fn. 8), 15, 26.

## 2. Adäquanz im weiteren und im engeren Sinne: „Die Krise der Adäquanztheorie"

In diesem Zusammenhang war es sehr beachtlich, dass der japanische Oberste Gerichtshof (im Folgenden: OGH) den Kausalzusammenhang (1) im „U.S.-Soldaten-Fahrerflucht-Fall" 1967 zum ersten Mal, – und auch zum letzten Mal –, mangels der adäquaten Verursachung des Erfolgs verneint hat[20]. Aber diese Entscheidung hat ironischerweise sogar die Unklarheit der Adäquanzbeurteilung aufgedeckt.

In diesem Fall hatte der Angeklagte den Autounfall verursacht. Das Opfer war zunächst auf das Dach des Autos aufgesprungen, ohne dass der Fahrer dies bemerkt hatte. Nach einer Weiterfahrt bemerkte der Mitfahrer das Opfer und zog dieses während der Fahrt vom Dach des Autos hinunter auf die Fahrbahn, wodurch das Opfer eine Gehirnblutung erlitt infolge derer es ums Leben kam. Dazu verneinte der OGH den Kausalzusammenhang zwischen der fahrlässigen Tat des Angeklagten und der Todesfolge des Opfers mit der Begründung, dass eine solche Handlung des Mitfahrers in der Regel nicht voraussehbar sei und der Erfolgseintritt aufgrund der Handlung des Angeklagten folglich nicht für voraussehbar gehalten werden könne. Das Gericht verurteilte den Angeklagten allein wegen einer fahrlässigen Körperverletzung bei Geschäftstätigkeit nach § 211 StG[21]. Infolgedessen wurde zwar im Schrifttum gemeint, dass die Rechtsprechung die objektive Adäquanztheorie annahm[22]. Allerdings wurde vielmehr die Notwendigkeit der Feststellung der Beurteilungsbasis in Frage gestellt, weil der OGH dazu kein Wort verlor und die Adäquanz des gesamten Kausalverlaufs unmittelbar prüfte[23].

Dementsprechend wurde die Rekonstruktion der Adäquanztheorie intensiv angegangen, wobei die Unterscheidung der Adäquanzbegriffe im weiteren und im engeren Sinne nach *Engisch* herangezogen wurde[24]. Damit wurde klargestellt, dass man bei der Adäquanzbeurteilung nicht nur die der Tathandlung innewohnende Gefahr, sondern auch die Verwirklichung der dadurch geschaf-

---

20) OGH Beschl. v. 24.10.1967, Keishū Bd. 21 Heft 8, 1116.
21) Zum Sachverhalt und zur Begründung, ausführlich vgl. *Yamanaka* (Fn. 2), 149 f.; *Hilgendorf/Ida* (Fn. 10), 44 f.
22) *Nakano*, Hanrei to sono yomi-kata (Rechtsprechung und die Art und Weise der Analyse), 2009, 72.
23) *Inoue* (Fn. 14), 169 f.; *Yamanaka* (Fn. 10), 233; *ders.* (Fn. 2), 150 f.
24) *Engisch*, Kausalität als Merkmal der strafrechtlichen Tatbestände, 1931, 41 ff. Zur Lehre von Engisch, vgl. auch *Kobayashi*, Inga kankei to kyakkan-teki kizoku (Kausalität und objektive Zurechnung), 2003, 115 ff.; *Ōzeki* (Fn. 15), 83 ff.

fenen Gefahr im konkreren Erfolg in Betracht gezogen werden muss. *Yūji Inoue* hob es sogar hervor, dass die Überprüfung der Gefahrverwirklichung nicht zuletzt die Kernfrage der Kausalitätslehre darstelle[25]. Dieser Hinweis deckte darüber hinaus auf, dass sich die Reichweite der Frage nach der Beurteilungsbasis eigentlich auf die Fälle beschränkt, in denen ein Sonderumstand zum Tatzeitpunkt auf den Erfolgseintritt miteingewirkt hat. Der Streit zwischen dem vermittelnden und dem objektiven Ansatz war auch letztlich auf die systematische Frage über die Objektivität des Tatbestands bzw. des Unrechts zurückzuführen und für die konkrete Problemlösung von geringerer Bedeutung[26]. Die Präzisierung der Adäquanzbegriffe machte uns die Lücke im Schrifttum bewusst, dass die Art und Weise der Adäquanzbeurteilung im engeren Sinne in der *ex-post* Betrachtung bislang nur wenig analysiert wurde, während der Fokus auf der Feststellung der Beurteilungsbasis und damit der Voraussehbarkeit des Kausalverlaufs in der *ex-ante* Perspektive gelegen hatte[27].

Dieses Problem wurde (2) im „Osaka-Südhafen-Fall" schließlich zum Vorschein gebracht[28]. Diese Entscheidung löste die sog. „Krise der Adäquanztheorie" in der Lehre aus[29].

In diesem Fall hatte der Angeklagte das Opfer mehrfach an den Kopf geschlagen, wodurch eine Gehirnblutung verursacht worden war. Danach hatte er das Opfer mit dem Auto zu einem Baumaterialienlager im Osaka-Südhafen transportiert und es dort liegen gelassen. Das Opfer war anschließend von einer unbekannt gebliebenen Person mit einem Kantholz einige Male erneut am Kopf geschlagen worden. Der OGH erkannte den Kausalzusammenhang zwischen der Gewalttat des Angeklagten und der Todesfolge des Opfers deshalb an, weil diese Handlung die Körperverletzung herbeiführte, die auch die Todesursache darstellte. Das Gericht stellte klar, dass dieses Ergebnis sich selbst dann nicht ändere, wenn die Todeszeit durch die nachträgliche Gewalttat eines Dritten ein wenig beschleunigt worden sei. Der OGH bestätigte damit die Verurteilung wegen einer Körperverletzung mit Todesfolge gemäß § 205 StG in der Berufungsinstanz[30]. Es handelt sich hierbei um die Konstellation, in der die physi-

---

25) *Inoue* (Fn. 14), 148 f.; *Machino*, „Inga kankei-ron" (Kausalitätslehre), in: Nakayama u.a. (Hrsg.), Gendai keihō kōza dai-1-kan: Keihō no kiso riron, 1977, 333.

26) *Ida* (Fn. 10), 96 (Hilgendorf/Ida, 61); *Kobayashi*, Keihō sōron no riron to jitsumu (Theorie und Praxis zum allgemeinen Teil des Strafrechts), 2018, 142; *Ōzeki* (Fn. 15), 71.

27) *Machino* (Fn. 25), 342; *Yamanaka* (Fn. 10), 230; *ders.* (Fn. 2), 151.

28) OGH Beschl. v. 20. 11. 1990, Keishū Bd. 44 Heft 8, 837.

29) *Ida* (Fn. 10), 79 (Hilgendorf/Ida, 43).

30) Zum Sachverhalt und zur Begründung, ausführlich vgl. *Yamanaka* (Fn. 2), 153 f.; *Hilgendorf/Ida* (Fn. 10), 44 f.

2. Kapitel Kausalität und objektive Zurechnung

sche Wirkungskraft der Tathandlung noch bis zum Erfolgseintritt offensichtlich ununterbrochen weiterwirkte, während die Ungewöhnlichkeit des intervenierenden Umstands auch von besonderer Intensivität war. Dies stellt gerade den „toten Winkel" der gebräuchlichen Adäquanztheorie dar[31].

Darüber hinaus war der Kommentar des sich mit diesem Fall beschäftigenden wissenschaftlichen Mitarbeiters am OGH, *Naoto Ōtani*, für die Krise entscheidend, der nicht zuletzt die bisherige Methodik der japanischen Kausalitätslehre in Frage stellte: Zunächst wurde es erneut festgestellt, dass in der Gerichtspraxis die Leitlinie angenommen werde, die gesammelten Fälle zu typisieren und nach den jeweilige Maßstäbe zu erklären, da die Kausalitätsprüfung von Fall zu Fall sehr unterschiedlich sei[32]. Darauf aufbauend sei es besonders problematisch, dass die gebräuchliche Adäquanztheorie die Voraussehbarkeit des Kausalverlaufs zum Tatzeitpunkt als einzigen Maßstab für die Erfolgszurechnung festlege[33]. In dieser Hinsicht wurde darauf hingewiesen, dass der Umfang des konkreten Beitrags der Tathandlung zum Erfolgseintritt auch unter Berücksichtigung der Einflüsse der intervenierenden Umstände überprüft werden sollte[34]. Gegenüber der Abstraktion des Kausalverlaufs durch die Begrenzung der Beurteilungsbasis wird die Notwendigkeit der Erforschung des Zusammenhangs der Handlung des Angeklagten mit dem Erfolg anhand aller konkreten Tatsachen im vorliegenden Fall angedeutet. Aus diesen Überlegungen ergibt sich, dass die bisherige Beurteilungsstruktur der Adäquanztheorie insgesamt mit der Vorgehensweise bei der Kausalitätsprüfung in der Praxis nicht vereinbar ist[35].

## 3. Die Lehre von der Verwirklichung der Tatgefahr im Erfolg

In den 2000er Jahren sind mehrere bedeutende Entscheidungen zur Kausalitätsfrage erschienen. In den Kommentaren der wissenschaftlichen Mitarbeiter am OGH zu diesen Entscheidungen wird es klargestellt, dass die Rechtsprechung im Rahmen der Kausalitätsprüfung auf die Frage abstellt, ob der Erfolgseintritt als Ergebnis der Verwirklichung der durch die Handlung des Ange-

---

31) *Ida* (Fn. 10), 80 (Hilgendorf/Ida, Fn. 43); *Ōzeki*, „Kiken no genjitsu-ka ron no enkaku to handan kōzō (2)" (Entwicklungsgeschichte und Beurteilungsstruktur bei der Lehre von der Gefahrverwirklichung-2), Waseda hōgaku Bd. 98 Nr. 3 (2023), 15.

32) Dazu vgl. *Nagai*, Saikō saiban-sho hanrei kaisetsu keiji-hen: Shōwa 63 nendo (Offizieller Kommentar des Obersten Gerichtshofs zur Entscheidung in Strafsachen im Jahr 1988), 1991, 277.

33) *Ōtani*, Saikō saiban-sho hanrei kaisetsu keiji-hen: Heisei 2 nendo (Offizieller Kommentar des Obersten Gerichtshofs zur Entscheidung in Strafsachen im Jahr 1990), 1992, 238.

34) *Ōtani* (Fn. 33), 241 f.

35) *Ōtani*, „Hankai" (Kommentar zur Rechtsprechung), Jurist Nr. 974 (1991), 59.

klagten geschaffenen Gefahr anzusehen ist[36]. Die Strafrechtslehre neigt offensichtlich dazu, sich mit den konkreten Fallkonstellationen in den Gerichtsentscheidungen auseinanderzusetzen, ohne von einer bestimmten Theorie auszugehen[37], während mehrere Kollegen versuchten die „rettende Erneuerung der in die Krise geratenden Adäquanztheorie" zu bewirken[38]. Darauffolgend wird die Lehre von der Verwirklichung der Tatgefahr im Erfolg weitgehend vertreten. An dieser Stelle kann man den Wechsel vom deduktiven Denkmodell zum induktiven Ansatz erkennen, der von der Ableitung der Unterkriterien aus Einzelfallentscheidungen und der Typisierung der Überprüfungsprozesse nach Fallkonstellationen geprägt ist[39].

Der Beurteilungsrahmen der Gefahrverwirklichung anhand der Rechtsprechung ist nach und nach als die gesamte Betrachtung des realen Kausalverlaufs und der vorliegenden Einzelumstände aus der *ex-post* Perspektive begriffen worden. In diesem Rahmen werden 1) der Umfang der der Handlung innewohnenden Gefahr, 2) der Umfang des Beitrags der begleitenden bzw. intervenierenden Umstände zum Erfolgseintritt und 3) die Ungewöhnlichkeit dieser Umstände in Betracht gezogen[40]. Damit wird die konkrete Wirkungskraft der Handlung des Angeklagten und ihre Unterbrechung durch die intervenierenden Umstände geprüft, wobei deren zum Erfolgseintritt beitragender Umfang, Ungewöhnlichkeit sowie Verbindung mit der Tathandlung berücksichtigt werden[41].

Darüber hinaus wird zwischen der direkten und indirekten Gefahrverwirkli-

---

36) *Yamaguchi*, Saikō saiban-sho hanrei kaisetsu keiji-hen: Heisei 15 nendo (Offizieller Kommentar des Obersten Gerichtshofs zur Entscheidung in Strafsachen im Jahr 2003), 2006, 416; *I. Maeda*, Saikō saiban-sho hanrei kaisetsu keiji-hen: Heisei 16 nendo (Offizieller Kommentar des Obersten Gerichtshofs zur Entscheidung in Strafsachen im Jahr 2004), 2007, 143; *Ueda*, Saikō saiban-sho hanrei kaisetsu keiji-hen: Heisei 16 nendo (Offizieller Kommentar des Obersten Gerichtshofs zur Entscheidung in Strafsachen im Jahr 2004), 2007, 478; *Tawada*, Saikō saiban-sho hanrei kaisetsu keiji-hen: Heisei 18 nendo (Offizieller Kommentar des Obersten Gerichtshofs zur Entscheidung in Strafsachen im Jahr 2006), 2009, 231.

37) *Shimada* (Fn. 3), 10.

38) Vgl. z. B. *Ida* (Fn. 10), 111 (Hilgendorf/Ida, 70); *Y. Hayashi*, Keihō ni okeru inga kankei riron (Kausalitätslehre im Strafrecht), 2000, 231 ff.; *Sone*, „Sōtō inga kankei-setsu no tachiba kara" (Aus Sicht der Adäquanztheorie), Keihō zasshi Bd. 37 Nr. 3 (1998), 88; *Saeki*, Keihō sōron no kangae-kata tanoshimi-kata (Wege zum Denken und Genießen des allgemeinen Teils des Strafrechts), 2013, 68 ff.

39) *Schimada* (Fn. 3), 12.

40) *Maeda*, Keihō sōron kōgi (Strafrecht AT), 2019, 139 f.; vgl. auch *Ida* (Fn. 1) „Inga kankei-ron", 14.

41) *Higuchi*, „Hanpi" (Anmerkung), in: Saeki/Hashizume (Hrsg.), Keihō hanrei hyakusen 1: Sōron, 2020, 29.

chung nach dem Umfang des faktischen Beitrags der intervenierenden Umstände zum Erfolgseintritt unterschieden, wodurch die Erklärung bzw. Präzisierung der Unterkriterien bei der Kausalitätsprüfung betrieben wird. Wie im oben genannten „Osaka-Südhafen-Fall", ist der Kausalzusammenhang zwischen der Tathandlung und dem Taterfolg demnach wegen der direkten Verwirklichung der durch den Angeklagten geschaffenen Gefahr anzuerkennen, wenn die Gefahr des Interventionsereignisses die ursprüngliche Tatgefahr nicht überwiegt. Demgegenüber wird die Erfolgszurechnung im umgekehrten Fall, wie bei der Intervention durch eine grob fahrlässige Handlung des Opfers oder eines Dritten, grundsätzlich verneint. Die Zurechnung wird dabei nur insofern angenommen, als die Verursachung des Interventionsereignisses durch die Handlung des Angeklagten oder eine starke Verbindung zwischen der Handlung, dem Ereignis und dem Erfolg anzuerkennen ist, was als die indirekte Gefahrverwirklichung bezeichnet wird[42].

Im Fall der indirekten Gefahrverwirklichung werden die Unterkriterien bei der Beurteilung entsprechend den jeweiligen Fallkonstellationen konkretisiert. Zur typischen Konstellation gehört zunächst (3) der „Flucht-auf-die-Autobahn-Fall"[43]. In diesem Fall wendete der Angeklagte und die anderen Beteiligten in einem Apartment gegen das Opfer andauernd Gewalt an. Im passenden Augenblick ergriff das Opfer die Flucht und lief zur Sicherstellung seiner Lage spontan auf eine Autobahn hinauf. Das Opfer wurde von vorbeifahrenden Autos erfasst und kam so ums Leben. Der OGH stellte hier fest, dass das Hinauflaufen des Opfers auf die Autobahn als ein an sich als äußerst gefährliches Verhalten angesehen werden müsse. Jedoch fand der OGH die Tat des Opfers und die Todesfolge aufgrund des Autounfalls als der Gewalttat des Angeklagten zurechenbar, da diese gefährliche Opferhandlung das Ergebnis seiner spontanen Entscheidung in einer krampfartigen Flucht aus panischer Angst heraus darstelle und daher nicht als ganz unnatürlich bzw. unangemessen betrachtet werden könne. Das Gericht betätigte schließlich die Verurteilung wegen einer Körperverletzung mit Todesfolge nach § 205 StG in der Berufungsinstanz[44]. Hierbei wurde die Erfolgszurechnung anerkannt, da die gefährliche psychologische Auswirkung der Handlung des Angeklagten auf das unübliche Verhalten des Opfers und damit die starke Verbindung zwischen der Handlung und dem intervenierenden Umstand angenommen werden könne, auch wenn die direkte Ursache

---

42) *Yasuda*, „Jikkō kōi to inga kankei" (Tatausführung und Kausalität), Hōgaku kyōshitsu Nr. 487 (2021), 98. Dazu vgl. auch *Shimada* (Fn. 3), 11; *I. Maeda* (Fn. 36), 144 f.

43) OGH Beschl. v. 16.7.2003, Keishū Bd. 57 Heft 7, 950.

44) Zum Sachverhalt und zur Begründung, ausführlich vgl. *Yamanaka* (Fn. 2), 156.

Zur Entwicklung der Kausalitätslehre im japanischen Strafrecht

des Erfolgseintritts sogar in der schweren Selbstgefährdung des Opfers selbst gelegen hätte[45].

Dagegen liegt ein solcher Zusammenhang (4) im „Einsperren-in-Autokofferraum-Fall" nicht vor. In diesem Fall sperrte der Angeklagte das Opfer in den Kofferraum des Autos ein. Bei seinem Halt an der Straße am frühen Morgen ist ein anderes Auto darauf aufgefahren, wodurch das Opfer im Kofferraum ums Leben kam. Der OGH nahm den Kausalzusammenhang zwischen dem Einsperren des Opfers in den Kofferraum und seinem Tod an, auch wenn die Todesfolge durch den Auffahrunfall, also die grob fahrlässige Handlung eines Dritten direkt herbeigeführt worden sei. Der OGH bestätigte dann die Verurteilung wegen der Einsperrung mit Todesfolge gemäß § 221 StG in der Berufungsinstanz[46]. Es wird hier zunächst vorausgesetzt, dass das Interventionsereignis, das die direkte Ursache zum Erfolg darstellt, nach allgemeiner Lebenserfahrung nicht als selten und im gewissen Umfang auch als voraussehbar anzusehen ist. Die Erfolgszurechnung lässt sich dann damit begründen, dass eine besondere Gefahr zum Erfolg in Verbindung mit einem solchen Interventionsereignis durch die konkrete Handlung des Angeklagten geschaffen wurde[47]. Davon ausgehend, dass 1) der Auffahrunfall ein mögliches Ereignis im Alltagsleben darstellt, ist 2) das Herbeiführungspotenzial zur Todesfolge bei einem derartigen Unfall gerade dadurch als erhöht anzusehen, wenn ein Mensch vor allem in einen hinteren Autokofferraum eingesperrt wird, der eigentlich nicht dem Schutz von Menschen zu dienen bestimmt ist[48]. Über die Kausalität hinaus scheint die Unmittelbarkeit zwischen dem Grunddelikt und dem besonderen Taterfolg beim erfolgsqualifizierten Delikt hier vorzuliegen[49]. Denn man kann dabei die folgenden zwei Aspekte nennen: Einerseits dauerte das Einsperren als solche in der Tat bis zum Erfolgseintritt fort. Die Gefahr, die durch die oben beschriebene Handlung geschaffen und ihr immanent war,

---

45) *Yamaguchi* (Fn. 36), 419; *Ida* (Fn. 1) „Inga kankei-ron", 13; *Hashizume*, Keihō sōron no nayami dokoro (Schwierigkeiten im allgemeinen Teil des Strafrechts), 2020, 25; *Terunuma*, „Inga kankei-ron no kadai (1)" (Aufgaben der Kausalitätslehre-1), Jōchi hōgaku ronshū Bd. 64 Nr. 3/4, 2021, 174.

46) OGH Beschl. v. 27.3.2008, Keishū Bd. 60, Heft 3, 382.

47) *Tawada* (Fn. 36), 232 f.; *Shimada* (Fn. 3), 11; *Yamaguchi*, Keihō sōron (Strafrecht AT), 2016, 33; *Yasuda* (Fn. 42), 99. *Terunuma* weist allerdings hier auf die notwendige Überprüfung in Einzelfällen hin, ob man das konkrete Interventionsereignis tatsächlich als „Autounfall" generalisieren kann, der eine allgemeine Gefahr im Sozialleben darstellt. *Terunuma*, „Inga kankei-ron no kadai (2)" (Aufgaben der Kausalitätslehre-2), Jōchi hōgaku ronshū Bd. 65 Nr. 1/2, 2021, 40 f.

48) *Ōzeki* (Fn. 31), 75 f.

49) Zum Unmittelbarkeitsmerkmal, vgl. *Ida* (Fn. 9), 426 ff.; *Enomoto*, Kekka-teki kajū-hanron no sai-kentō (Revision über die Lehre von erfolgsqualifizierten Delikten), 2011, 88 ff.

2. Kapitel   Kausalität und objektive Zurechnung

wurde andererseits mit dem Auffahrunfall gerade in dem vorhergesehenen Erlog realisiert, wenn ein derartiger Unfall als allgemeines Soziallebensrisiko anzusehen ist. Dieses Risiko ist grundsätzlich mit natürlichen Gefahren der Lufttemperatur oder des Sauerstoffes vergleichbar. Bei der dem Einsperren immanenten, typischen Todesgefahr könnte es sich nicht nur um das Erfrieren oder Ersticken, sondern auch z. B. um die Verbrennung wegen eines Brandes handeln, mit der der vorliegende Auffahrunfall letztlich vergleichbar wäre[50].

## 4.   Überwindung der Adäquanztheorie oder Aufhebung der Diskrepanz?

Die Lehre von der Gefahrverwirklichung in Japan lässt sich grundsätzlich aus der Falltypisierung und der Konkretisierung der jeweiligen Unterkriterien bei der Kausalitätsprüfung in der Rechtsprechung zusammensetzten. In der Hinsicht wird es auch darauf hingewiesen, dass der Aspekt der Gefahrverwirklichung keinen „festen Maßstab" anbiete, aus dem eine bestimmte Konsequenz unmittelbar abzuleiten sei: Er stelle vielmehr allein einen „offenen Maßstab" dar, der im Einzelfall Ergänzungen verlange[51], und zugleich die „gemeinsame Basis zur weiteren Diskussion" bilde[52]. Es werden deswegen auch Bedenken dahingehend geäußert, dass die Beurteilung der Gefahrverwirklichung letztlich nur zur Paraphrase des erwarteten Ergebnisses führe, auch wenn die Beitragskraft der Tathandlung bzw. der Interventionsumstände zum Erfolgseintritt und die Verursachung der relevanten Handlung des Opfers bzw. Dritter in Betracht gezogen werde[53]. Einige Strafrechtsprofessoren äußeren ferner die Ansicht, dass die Verwirklichung der Tatgefahr allein die Adäquanzbeurteilung im engeren Sinne bedeuten könne[54]. In diesem Zusammenhang wird festgelegt, dass die Gewöhnlichkeit des Kausalverlaufs zwar nicht die notwendige, aber eine ausreichende Bedingung für die Gefahrverwirklichung auch im neuen

---

50)   Vgl. *Tawada* (Fn. 36), 232 ff.; *Ōzeki* (Fn. 31), 73 f. Dagegen, vgl. *Matsubara*, Keihō sōron (Strafrecht AT), 2022, 93.

51)   *Matsubara* (Fn. 50), 83 f.

52)   *Sugimoto*, Sōtō inga kankei-ron (Adäquanztheorie), in: Matsubara (Hrsg.), Keihō no hanrei: Sōron, 2011, 5; vgl. auch *Yasuda* (Fn. 42), 92, der das etwas symbolisch formuliert: Es gebe weder „Theorie" noch „Lehre" von der Gefahrverwirklichung.

53)   *Matsubara* (Fn. 50), 76; *Higuchi*, „Heisei no keihō sōron" (Strafrecht Allgemeiner Teil in der Heisei-Zeit), Hōritsu jihō Bd. 91 Nr. 9 (2019), 39; *Ōzeki* (Fn. 31), 48.

54)   *Matsubara* (Fn. 50), 75; *Matsumiya*, Sentan keihō sōron (Neueste Erkenntnisse zum allgemeinen Teil des Strafrechts), 2019, 42 ff.; *Sugimoto*, in: Uchida/Sugimoto, Keihō sōron (Strafrecht AT), 2019, 47; *Matsumiya* bezeichnet die neue Lehre sogar als Unterart der objektiven Adäquanztheorie. *Matsumiya*, „Heisei no keihō hanrei" (Rechtsprechung zu Strafsachen in der Heisei-Zeit), Keiji-hō journal Nr. 61 (2019), 28.

Entscheidungsrahmen darstelle, soweit ihr Vorliegen die strafrechtliche Kausalität zwischen der Tathandlung und dem Erfolg automatisch begründe[55].

Im Schrifttum wird das sog. Gefahrsubsumtions-Modell daher bei der Konkretisierung der Gefahrverwirklichung mehr und mehr geteilt, wobei man die prognostische Betrachtung zum Tatzeitpunkt nicht komplett aufgegeben, sondern vielmehr die Subsumtion des Realverlaufs unter der Tatgefahr in der *ex-post* Perspektive damit kombiniert wird[56]. Danach soll die Verwirklichung der Tatgefahr auf dem Wege beurteilt werden, 1) den konkreten Inhalt der der Tathandlung immanenten Gefahr klarzustellen, und dann 2) zu prüfen, ob ein Teil von dieser Gefahr durch den realen Kausalverlauf und Erfolgseintritt als verwirklicht angesehen werden kann[57]. Mit dieser Formulierung wird eine zweistufige Struktur der Beurteilung der Gefahr und ihrer Verwirklichung zwar aufgezeigt. In der Praxis wird es aber unmittelbar darauf ankommen, ob eine solche Gefahr, unter der der reale Kausalverlauf zu subsumieren wäre, in der Tathandlung zu finden sei, und ob dessen erfahrungsmäßige Gewöhnlichkeit schließlich angenommen werden könnte, da die Annahme einer dafür irrelevanten Gefahr jedenfalls sinnlos wäre[58]. *Takuto Yasuda* weist in diesem Kontext symbolisch darauf hin, dass der entscheidende Punkt für die Gefahrverwirklichung in der Frage liege, ob möglichst viele potenzielle Tatverläufe anfangs als unter der ursprünglichen Tatgefahr subsumierbar zu betrachten seien[59].

Die hier angedeutete Abstraktion des Kausalverlaufs ist jedoch bisher schon in Frage gestellt worden, da ihre Grenzen theoretisch nur schwer festgelegt werden können. Davon ausgehend schlägt *Ryūichi Ōzeki* einen stufenweisen Beurteilungsrahmen vor, in dem die Gefahrsubsumtion und die gesamte Betrachtung komplementär zusammengestellt werden, was es den Richtern ermöglicht, für die Kausalität relevante, vielfältige Konstellationen angemessen zu behandeln[60]. Hiernach wird 1) die Gefahrverwirklichung dann gleich angenommen, wenn der reale Kausalverlauf aus der *ex-post* Perspektive als erfahrungsgemäß gewöhnlich angesehen werden kann, wie im Fall einer Verblutung des Opfers durch den Messerstich in seinen Bauch; 2) Die Gefahrverwirkli-

---

55) *Hashizume* (Fn. 45), 9; dazu vgl. auch *Terunuma* (Fn. 45), 154; *Ōzeki* (Fn. 31), 40.

56) *Sugimoto*, „Sōtō inga kankei to kekka kaihi kanō-sei (2)" (Adäquate Kausalität und die Unvermeidbarkeit des Erfolgs), Waseda daigaku daigaku-in hōken ronshū Nr. 101 (2002), 382; *Matsubara* (Fn. 50), 75; *Terunuma*, „Hanpi" (Anmerkung), in: Saeki/Hashizume (Hrsg.), Keihō hanrei hyakusen 1: Sōron, 2020, 23; *Higuchi* (Fn. 41), 28; *Yasuda* (Fn. 42), 94 f.

57) *Hashizume* (Fn. 45), 13.

58) *Hashizume* (Fn. 45), 14; *Ōzeki* (Fn. 31), 40.

59) *Yasuda* (Fn. 42), 99. Vgl. auch *Sugimoto* (Fn. 54), 48; *Terunuma* (Fn. 45), 152.

60) *Ōzeki* (Fn. 31), 45 ff.

2. Kapitel    Kausalität und objektive Zurechnung

chung wird demgegenüber abgelehnt, wenn der Täter das Opfer eigentlich nicht so schwer verletzt hatte, es aber wegen eines Unfalls des Rettungswagens ums Leben kam. Denn, wenn man den abstrahierten Kausalverlauf, d. h. die „Todes-folge wegen des Verkehrsunfalls" im vorliegenden Fall nicht für gewöhnlich halten kann, kann man die Gefahr derartige Erfolg zu verursachen nicht mehr in der Tathandlung wiederfinden; Darauf aufbauend wird 3) die erfahrungsmä-ßige Gewöhnlichkeit des Kausalverlaufs z. B. im oben genannten „Osaka-Südhafen-Fall" und im „Flucht-auf-die-Autobahn-Fall" nicht von vornherein ausgeschlossen, wenn der Kausalverlauf in einem gewissen Umfang abstrahiert wird. Im Rahmen der Prüfung der Gefahrverwirklichung wird es daher durch eine noch präzisere Überprüfung der Beitragskraft der Tathandlung und der intervenierenden Umstände beurteilt, ob die Handlung den Erfolgseintritt tatsächlich beherrscht hat[61]. Zur Geltungskraft dieser stufenweisen Beurteilung werden schließlich weitere Dialoge mit der Praxis und den anderen Auffas-sungen erwartet. Daraus ergibt sich allerdings m. E. auch der Befund, dass die Entwicklungsgesichte zur Lehre von der Gefahrverwirklichung keine einfache Aufgabe oder Überwindung der Adäquanztheorie, sondern deren Präzisierung und die Aufhebung der methodischen Diskrepanz zwischen der Strafrechts-praxis und der Strafrechtslehre in Japan bedeutet[62].

## III.    Die Lehre von der objektiven Zurechnung und die Neudefinition der Rechtvergleichung im japanischen Strafrecht

### 1.    Die Entwicklung der Lehre von der objektiven Zurechnung und ihre begrenzte Aufnahme in Japan

Bevor die Wende zur Lehre von der Gefahrverwirklichung anfing, war auch die Einführung und Anpassung der deutschen Lehre von der objektiven Zurech-nung in die japanischen Strafrechtsdogmatik statt der in die Krise geratenen Adäquanztheorie vor allem von *Keiichi Yamanaka* seit den 1980ern Jahren stark befürwortet worden. *Yamanaka* erkannte zunächst die Vielfältigkeit der Konstellationen, in denen die strafrechtliche Erfolgszurechnung in Frage kommt, und übte Kritik an der Adäquanztheorie dahingehend aus, dass der

---

61)    Zum Aspekt der Herrschafts- bzw. Ausnutzungsmöglichkeit der Außenwelt, vgl. *Kawabata*, in: Uematsu u.a., Gendai keihō ronsō 1 (Moderne Debatte zum Strafrecht 1), 1997, 76; *Machino*, Keihō sōron kōgi-an (Strafrecht AT), 1995, 164 f.; *Y. Hayashi* (Fn. 38), 231 ff.

62)    Ferner zur Kombination der adäquaten Kausalität und der Gefahrverwirklichung, vgl. *Kobayashi* (Fn. 26), 148; *Matsubara* (Fn. 50), 76.

Zur Entwicklung der Kausalitätslehre im japanischen Strafrecht

Maßstab der Adäquanz „viel zu allgemein, einheitlich und einfach" sei. Er betonte vielmehr die Notwendigkeit der Analyse über die wesentliche Werteinschätzung und Abwägung in den Gerichtsentscheidungen und die der Klarstellung der Unterkriterien in den konkreten Fällen[63]. In Anlehnung an *Roxin* wird ein neuer Entscheidungsrahmen für die objektive Zurechnung im Strafrecht vorgeschlagen, der aus dem Risikoschaffungs- und Risikoverwirklichungszusammenhang besteht. Bei Ersterem gehe es um die Schaffung einer unerlaubten Gefahr durch die Handlung aus der *ex-ante* Perspektive und bei Letzterem um die Verwirklichung der geschaffenen Gefahr in dem unter dem Normzweck zu subsumierenden Erfolg aus der *ex-post* Perspektive. Aus methodischer Sicht ist die Lehre *Yamanakas* einerseits von der präzisen Gruppierung der Fallkonstellationen nach den Arten des Risikos und des dazwischentretenden Umstands, und andererseits von der normativen Einschränkung der strafrechtlichen Erfolgszurechnung angesichts des Normzecks und der Selbstverantwortung geprägt[64].

Anders als ihre taiwanesischen Kollegen[65] halten die meisten japanischen Strafrechtsprofessoren aber von der deutschen Lehre von der objektiven Zurechnung immer noch einen gewissen Abstand, was auch eine andere Tendenz im japanisch-deutschen Strafrechtsvergleich aufzeigt als bisher. Der entscheidende Grund dafür lässt sich darin finden, dass neben der Kausalität dem Begriff der Tatausführung zur Einschränkung des objektiven Tatbestands in Japan bislang großes Gewicht beigemessen wird. Das ist nicht der Fall in der deutschen Strafrechtsdogmatik[66]. Die Zurückhaltung gegenüber der deutschen Zurechnungslehre in Japan ist auch darauf zurückzuführen, dass die Reichweite dieser Lehre sich nicht nur auf den Kausalzusammenhang, sondern auch auf die Unrechtslehre, die Täterschafts- sowie die Beteiligungslehre erstreckt[67]. Von daher wird auch das Bedenken geäußert, dass die Einführung der objektiven Zurechnungslehre eine drastische Wende des Straftatsystems herbeiführen könnte, in der die Grundform der Straftat von der vorsätzlichen zur fahrlässigen

---

63) *Yamanaka* (Fn. 10), 99 f., 182; *ders.*, (Fn. 2), 148.

64) *Yamanaka*, „Waga kuni ni okeru kyakkan-teki kizoku-ron no tenbō" (Ausblick über die Lehre von der objektiven Zurechnung in Japan), Gendai keiji-hō Nr. 4 (1999), 7 f.; *ders.* (Fn. 2), 160 ff.

65) Dazu näher, vgl. *Hsu* „Zur Rezeption der Lehre von der objektiven Zurechnung im taiwanesischen Strafrecht", in diesem Band, 43 ff.

66) *Saeki* (Fn. 38), 73; *Ida* (Fn. 9), 63.

67) Zur Reichweite der objektiven Zurechnungslehre, vgl. *K. Adachi*, „Inga shugi no genkai to kyakkan-teki kizoku-ron no igi" (Grenze des Kausalismus und Sinn und Zweck der Lehre von der objektiven Zurechnung), Keihō zasshi Bd. 48 Nr. 2 (2009), 229 ff.

2. Kapitel   Kausalität und objektive Zurechnung

Handlung geändert würde[68]. Die japanische Rechtsprechung stützt sich darüber hinaus zwar auf den Aspekt der Gefahrverwirklichung, aber damit überprüft sie letztlich nur die Stärke des faktischen Zusammenhangs zwischen der Tathandlung und dem Taterfolg. Dabei werden die normativen Maßstäbe, wie der Normzweck und die Selbstverantwortung, nicht unmittelbar berücksichtigt[69]. In Japan können die Diskussionen über die Risikoschaffung und -verwirklichung in Deutschland insofern weiterhin nur selektiv in Betracht gezogen werden, soweit sie für die Konkretisierung der Maßstäbe bezüglich der Tatausführung und der strafrechtlichen Kausalität relevant sind.

## 2. Veränderung und Neudefinition der Rechtsvergleichung im japanischen Strafrecht

Die Entwicklung der Lehre von der Gefahrverwirklichung und die restriktive Reaktion auf die deutsche Zurechnungslehre sind zudem, wie *Ida* schon andeutete, als Beispiel der allmählichen Überwindung der „Abhängigkeit von der deutschen Strafrechtsdogmatik" anzusehen[70]. Dies trägt schon viel zur oben dargelegten Auflösung der Misskommunikation zwischen der Strafrechtspraxis und der Strafrechtslehre in Japan bei. Die Lehre von der Gefahrverwirklichung bzw. die modifizierte Adäquanztheorie wird von *Yamanaka* allerdings vor die folgende Frage gestellt: Wenn diese Ansätze wichtige, methodische und inhaltliche Erkenntnisse der objektiven Zurechnungslehre in sich integriert haben sollten, wäre es eigentlich unvermeidbar, sie einschließlich der Bezeichnung der Lehre dem internationalen Standard anzugleichen, um potenzielle Verwirrungen zu vermeiden[71].

Hierbei sollte zwar mit *Yamanaka* zugegeben werden, dass die deutsche Zurechnungslehre den japanischen Juristen für die Methode der Falltypisierung sowie der Konkretisierung der Unterkriterien die Augen geöffnet hat[72]. Aber die meisten japanischen Strafrechtsprofessoren versuchen konkrete Probleme

---

68) *Saeki* (Fn. 38), 73; *Yasuda* (Fn. 42), 92; *Matsubara*, „Kyakkan-teki kizoku-ron no keifu" (Entwicklungsgesichte der Lehre von der objektiven Zurechnung in Japan), in: Asada u.a. (Hrsg.), Keiji-hō gaku no keifu, 2022, 272; in diesem Zusammenhang stellt *Kobayashi* klar, dass die objektive Zurechnungslehre auf das Straftatsystem basiere, in dem die fahrlässige Handlung den gemeinsamen Grund des strafrechtlichen Unrechts bilde. *Kobayashi* (Fn. 26), 751.

69) *Saeki* (Fn. 38), 73, *Yasuda* (Fn. 42), 92.

70) *Ida* (Fn. 1) „Das deutsche Strafrecht", 173; *ders.* (Fn. 1) „Heisei", 24; *ders.* (Fn. 1), 67; *ders.* (Fn. 4), 431; *ders.* (Fn. 2), 9. *Ida* bezeichnet diese Tendenz da auch als „Abwendung vom deutschen Recht".

71) *Yamanaka* (Fn. 18), 85; *ders.* (Fn. 10), 17.

72) *Yamanaka* (Fn. 18), 84; *Ida* (Fn. 1) „Heisei", 21.

Zur Entwicklung der Kausalitätslehre im japanischen Strafrecht

bzw. Aufgaben bei der Auslegung immer mehr direkt in der japanischen Rechtsprechung und im Schrifttum selbst herauszufinden; daran anschließend greifen
sie auf den „Adäquanzbegriff im engeren Sinne" bzw. die Erkenntnisse der
objektiven Zurechnungslehre aus der deutschen Dogmatik selektiv in ihre
eigenen Auslegungen zurück und verinnerlichen diese Ergebnisse, womit sie
die Diskussionen im Inland weiter entwickeln. Dieser Prozess, und eine solche
Methodik sollte hier vielmehr positiv bewertet werden, als Rückführung der
Rechtsvergleichung auf ihre eigene und gesunde Funktion im Rechtsimport-
land[73]. Es kann sogar gerade als Realisierung des „Kontextwechsels", den
*Yamanaka* selbst im japanisch-deutschen Rechtsvergleich größtes Gewicht
beimisst[74], angesehen werden, wenn man statt der einfachen Ersetzung der
herkömmlichen Diskussionen eine „bewusste Auswahl" der eigensinnvollen
Bezugspunkte gegenüber der deutschen Zurechnungslehre trifft, die in einem
ganz anderen Kontext erzeugt worden ist, als dem japanischen[75]. Eine solche
Herangehensweise der japanischen Lehre sollte schließlich auch befürwortet
werden, wie von *Ida* darauf hingewiesen wurde, da sich diejenigen, die keinen
Zugang zur deutschen Literatur haben, anderenfalls von der Beteiligung an die
Diskussionen zurückhalten würden[76].

In dieser Hinsicht deutet die neue Entwicklung der Kausalitätslehre in Japan
ferner den Wandel des Schwerpunkts in der Strafrechtsdogmatik sowie die
damit verbundene Neudefinition der Rechtsvergleichung an: Aufgrund der
Einführung des Laienrichterverfahrens wird der Aufklärung der hinter der
gerichtlichen Abgrenzung stehenden materiellen Erwägungselemente für Laien
neben der Konkretisierung und Systematisierung der Unterkriterien bei der
Auslegung immer mehr Gewicht beigemessen[77]. *Gentarō Kamei* weist hier
einerseits darauf hin, dass die mit dem Rechtsvergleich verbundene, herkömmliche Forschungsmethode mit der neuen Aufgabe nicht gut umgehen könne,
sondern dass die Kommentierungen und Anmerkungen zur Rechtsprechungen
eine noch größere Rolle spielen sollen: Bei der Systematisierung der Unterkriterien und relevanten Einzelelemente könne die herkömmliche Forschungsmethode andererseits sinnvoll bleiben, deren wichtigen Bestandteil der Rechtsver-

---

73) Dazu vgl. *Ida* (Fn. 1), 67.

74) *Yamanaka* (Fn. 7), 18; *ders.* (Fn. 5), 5 (Vorwort).

75) Zur „Doppelrezeption" und „bewussten Auswahl" in der japanischen Strafrechtsgeschich-
te, vgl. *Ida* (Fn. 4), 423.

76) *Ida* (Fn. 1) „Inga kankei-ron", 16.

77) *Hashizume*, „Saiban-in seido no moto ni okeru keihō riron" (Strafrechtstheorie im Laienrichtersystem) Hōsō jihō Bd. 60 Nr. 5 (2008), 8 ff.; *Kamei*, „Inga kankei-ron ni motomera-
reru mono" (Aufgaben der Kausalitätslehre), Hōgaku kenkyū Bd. 83 Nr. 8 (2010), 29 f.

2. Kapitel   Kausalität und objektive Zurechnung

gleich immer noch bildet[78]. Davon ausgehend sollte m. E. einerseits neben der rein dogmatischen Auseinandersetzung dem Vergleich zwischen Einzelfällen und der Aufklärung der Wasserscheide in den gerichtlichen Entscheidungen in Deutschland noch mehr Gewicht beigemessen werden[79]. Würde man andererseits gerade auf die Fallgruppierung und die Aufklärung der jeweiligen Abgrenzung den Schwerpunkt setzen, dann müsste man den Gegenstand der Rechtsvergleichung nicht unbedingt auf das deutsche Recht beschränken, sondern könnte man auch der mit Fallrecht orientierten anglo-sächsischen Rechtspraxis einen gewissen Forschungswert zusprechen[80].

## IV.  Fazit

Aus der bisherigen Betrachtung ergibt sich, dass die Entwicklungsgeschichte der Kausalitätslehre im japanischen Strafrecht den methodischen Wandel der Strafrechtswissenschaft widerspiegelt und seine Notwendigkeit aufzeigt. Die Adäquanztheorie stellt das Erbe der unmittelbaren Rezeption der deutschen Strafrechtstheorie dar und ist zugleich mit dem sich gerade in dem Prozess zu eigen gemachten deduktiven Systemdenken untrennbar verbunden, in dem alle denkbaren Fälle in einem einzigen Straftatsystem kohärent gelöst werden sollen. Der Entwicklungsprozess zur Lehre von der Verwirklichung der Tatgefahr ist als klares Zeichen dafür anzusehen, dass die japanische Strafrechtswissenschaft eine zu enge Verfolgung der Verallgemeinerung und Einheitlichkeit aufgibt und nun dazu neigt, sich mit den praktischen Anforderungen für eine angemessene Lösung in unterschiedlichen Fällen auseinanderzusetzen. Die meiste Strafrechtsprofessoren machen sich es hier als ihre eigene Hauptaufgabe bewusst, dogmatische Fragen aus der Analyse vieler konkreter Fällen herauszufinden und zugleich theoretische Propositionen daraus induktiv abzuleiten. Hiermit wird die frühere Kommunikationslücke zwischen der Strafrechtspraxis und der Strafrechtslehre weitgehend aufgelöst, was die gegenseitigen Annäh-

---

78)  *Kamei* (Fn. 77), 30.

79)  Vgl. z. B. *Horiuchi u.a.* (Hrsg.), Hanrei ni yoru doitsu keihō (Das deutsch Strafrecht anhand der Rechtsprechung), 1987, 1 ff.; *T. Sato*, „Hanpi" (Anmerkung zur deutschen Entscheidung), Hanrei jihō Nr. 2294 (2016), 16 f. Zur rechtsvergleichenden Analyse über japanische Entscheidung durch deutschen Juristen, vgl. *Roxin*, FS Seiji Saito, 2003, 796 ff.

80)  Vgl. *Satomi*, „Eibei-hō no inga kankei-ron to kiken no genjitsu-ka eno tekiyō kanō-sei ni kansuru ichi kōsatsu (1) - (3)" (Untersuchung über die Kausalitätslehre im anglo-sächsischen Recht und ihre Anwendbarkeit auf die Gefahrverwirklichung 1–3), Tokyo toritsu daigaku hōgakkai zasshi Bd. 61 Nr. 2 (2021), 209 ff.; Bd. 62 Nr. 1 (2021), 483 ff.; Bd. 62 Nr. 2 (2022), 307 ff.

Zur Entwicklung der Kausalitätslehre im japanischen Strafrecht

rungen und Kooperationen ermöglicht[81]. Im Zusammenhang mit dem Laienrichtersystem spielt die neue Aufgabe, die Unterkriterien bei der Prüfung der
Gefahrverwirklichung zu konkretisieren und ferner die hinter der Abgrenzungs-
linie stehenden wesentlichen Aspekte aufzuklären, auch eine wachsende Rolle.
Gerade deshalb wird bei der Rechtsvergleichung schließlich nicht nur verlangt,
dogmatische Gebilde und allgemeine Thesen im deutschen Recht vorzustellen,
wobei es natürlich nicht um unmittelbare und umfassende Transplantation geht:
Es wird heute vielmehr gefordert, aus japanischer Sicht ähnliche oder potenzielle Einzelfälle nicht nur nach dem deutschen Recht, sondern auch nach taiwanesischen und ferner noch auch anglo-sächsischen Recht zu analysieren, und
relevante Informationen gegenseitig auszutauschen[82].

---

81) *Ida* (Fn. 1) „Das deutsche Strafrecht", 172 f.; *ders.* (Fn. 2), 16 f.
82) In diesem Kontext vertritt *Ida*, s. neulich das Konzept einer „national unabhängige, uni-
    verselle Strafrechtswissenschaft", s. *Ida* (Fn. 2), 22.

# 3. Kapitel  Vorsatz

# Die Lehre von der Vorsatzgefahr:
# Ein Irrweg aus der bewussten Fahrlässigkeit?

Robert ESSER

## I. Grundzüge der Lehre von der Vorsatzgefahr

Die Lehre von der Vorsatzgefahr geht auf die Gedanken von *Ingeborg Puppe* zurück, als Weiterentwicklung aus der Wahrscheinlichkeitstheorie und der Risikotheorie. Ziel dieser Lehre soll es sein, eine praxisgerechte Abgrenzung von Vorsatz und Fahrlässigkeit zu ermöglichen.

Die *Wahrscheinlichkeitstheorie* nutzt zur Unterscheidung von Vorsatz und Fahrlässigkeit den Grad der Rechtsgutsgefährdung, die der Handelnde nach seiner Vorstellung verursacht. Mit anderen Worten geht es bei ihr eben darum, für wie wahrscheinlich *der Handelnde* den Eintritt der Rechtsgutsverletzung hält[1].

Ähnlich hierzu kommt es bei der *Risikotheorie* darauf an, ob sich *der Handelnde* dessen bewusst ist, dass er ein rechtlich missbilligtes Risiko schafft[2]. Ist dies der Fall, könne davon ausgegangen werden, dass er eine *„Entscheidung gegen das Rechtsgut"*[3] getroffen hat, mithin vorsätzlich handelt.

Die Lehre von der Vorsatzgefahr bezieht sich zwar ebenfalls auf die vom Handelnden geschaffene Gefahr für das Rechtsgut – unterscheidet hierbei aber zwischen der sog. Vorsatzgefahr und der Fahrlässigkeitsgefahr.

Eine Vorsatzgefahr (für die Verletzung eines Rechtsgutes) soll dann vorliegen, wenn eine Gefahr von solcher Qualität geschaffen wird, dass davon auszugehen ist, dass sie der Handelnde nur dann setzen würde, wenn sein Wille zumindest nicht gegen den Eintritt des tatbestandlichen Erfolges gerichtet wäre. Mit anderen Worten, eine Vorsatzgefahr ist – nach *Puppe* – eine solche, die jemand, der keinen Eintritt des tatbestandlichen Erfolges anstrebt, gerade nicht schafft[4].

---

1) *Puppe* NK-StGB, 6. Aufl. 2023, § 15 Rn. 59; *Krey/Esser* AT, 7. Aufl. 2022, § 12 Rn. 394.
2) *Freund/Rostalski* AT, 3. Aufl. 2019, § 7 Rn. 54, 68; *Murmann* Grundkurs Strafrecht, 7. Aufl. 2022, § 24 Rn. 32; Lackner/Kühl/*Heger* StGB, 30. Aufl. 2023, § 15 Rn. 27.
3) *Murmann* (Fn. 2), § 24 Rn. 32.
4) *Puppe* (Fn. 1), § 16 Rn. 69; *dies.* ZStW 103 (1991) 1, (14 ff.); *Puppe* GA 2006, 65 ff 73.

Das Verhalten des Handelnden muss hierbei nach den allgemeinen Regeln als taugliche Erfolgsherbeiführungsstrategie anerkannt sein[5].

Der Handelnde soll sich nicht darauf berufen können, dass er den Erfolg nicht gewollt habe, wenn sein Verhalten auch zielführend gewesen wäre, wenn er mit seiner Handlung den Erfolg tatsächlich hätte herbeiführen wollen; dies wird beispielsweise bei einem Stich in die Herzgegend oder bei einem Tritt gegen den Kopf angenommen, auch, wenn der Handelnde (später) argumentiert, er hätte – falls er den Erfolg tatsächlich herbeiführen hätte wollen – tatsächlich härter zugeschlagen oder eine andere Strategie gewählt[6]. Umfasst sein sollen auch solche Verhaltensweisen, die – bei unterstellter Absicht – nur suboptimal zur Erfolgsverwirklichung geeignet wären.

Eine Vorsatzgefahr soll dagegen *nicht* vorliegen, wenn der Handelnde vernünftigerweise darauf vertrauen kann, dass er selbst, das Opfer oder ein Dritter die Gefahr effektiv kontrollieren können[7]. Dies gelte auch dann, wenn es sich bei der Situation um eine unerlaubte Gefahr handelt[8]. Da für das Vorliegen vorsätzlichen Handelns nicht ausschlaggebend ist, wie der Betroffene selbst die von ihm eingegangene Gefahr beurteilt, sondern wie die Rechtsordnung das Eingehen dieser Gefahr bewertet, hat diese Lehre eine „Normativierung" des Vorsatzbegriffs – aus kritischer Sicht auch eine „normative Relativierung des Vorsatzerfordernisses"[9] – zum Gegenstand[10].

Der zentrale Ansatz und damit auch das Kernproblem der Lehre von der Vorsatzgefahr ist dementsprechend: Der für die Abgrenzung entscheidende Maßstab ist allein ein objektiver. Es ist somit unerheblich, ob gerade *der Handelnde* auf einen guten Ausgang des Verlaufs der Dinge vertraut *hat*.

Stattdessen bildet das erkannte Ausmaß der Gefährlichkeit der Handlung das maßgebliche Abgrenzungskriterium, aber eben beurteilt aus der Sicht eines vernünftigen Betrachters. Die Wahrscheinlichkeit des Erfolgseintritts muss dabei *relativ hoch* sein.

Die Abgrenzung vom reinen Gefährdungsvorsatz, welcher gerade nicht die konkrete Rechtsguts*verletzung* beinhaltet, gestaltet sich dann etwas komplizierter. Setzt der Handelnde nur Faktoren, die *generell* geeignet sind, einen Erfolg herbeizuführen, liegt lediglich ein Vorsatz bezüglich des Schaffens einer

---

5) Vgl. *Puppe* AT, 5. Aufl. 2022, § 9 Rn. 12.
6) *Puppe* (Fn. 5) § 9 Rn. 12.
7) *Puppe* (Fn. 1) § 16 Rn. 72.
8) *Puppe* GA 2006, 65 ff. (74).
9) *Gaede* ZStW 121 (2009), 239.
10) Vgl. *Wachter* JR 2021, 146 ff. (151).

abstrakten Gefahr – also ein Gefährdungsvorsatz – vor[11].

Eine *konkrete* Vorsatzgefahr wird dagegen erst dann gesetzt, wenn sich der Handelnde vorstellt, dass keine zwingenden Gegenfaktoren vorliegen, die den Erfolgseintritt hindern bzw. diesen unmöglich machen[12].

## II. Kritik aus der Strafrechtswissenschaft

Die Lehre von der Vorsatzgefahr stößt in der Literatur überwiegend auf Kritik.

Zum einen sei die Lehre nicht geeignet, zwischen einem Gefährdungs- und einem Verletzungsvorsatz trennscharf zu unterscheiden, weil diese Unterscheidung – wie oben erklärt – nicht allein an dem Kriterium der Wahrscheinlichkeit festgemacht werden könne[13]. *Puppe* entgegnet dem, dass diese Kritik auf einem Missverständnis von der Vorsatzgefahr fuße: Die Hürde für die Annahme der Vorsatzgefahr (für die Verletzung eines Rechtsgutes) sei weitaus höher als für die Annahme eines Gefährdungsvorsatzes, etwa für jenen, den § 315c StGB verlange[14]. Ob das die Abgrenzung einfacher macht, gerade in der justiziellen Praxis, ist jedoch dennoch fraglich.

Des Weiteren wird kritisiert, die Lehre von der Vorsatzgefahr sei zu unbestimmt, weil nach ihr nicht klar abgegrenzt werden könne, wann das Risiko des Erfolges so hoch ist, dass das Verhalten des Handelnden nicht mehr als (objektiv) vernünftig erscheine[15]. Damit gehe einher, dass nicht klar definiert sei, wann die Wahrscheinlichkeit *„relativ hoch"* ist. Dies führe insbesondere bei der Abgrenzung von *dolus eventualis* und bewusster Fahrlässigkeit zu erheblichen Abgrenzungsschwierigkeiten[16]. Man könne also mit Anwendung dieser Theorie immer nur feststellen *„der Täter habe mit einer Wahrscheinlichkeit von x vorsätzlich gehandelt".* *Momsen* hält dieses Ergebnis für einen Verstoß gegen den *in dubio pro reo*-Grundsatz und damit für untragbar, hierauf ein Urteil zu stützen[17].

Zudem ist problematisch, dass die Lehre von der Vorsatzgefahr bei der Ermittlung des Vorsatzes eine rein bzw. weitgehend isolierte Betrachtung der Gefahrensituation vornimmt. So werden andere Sachverhaltsumstände[18], wie

---

11) Vgl. *Puppe* GA 2006, 65 ff. (75).
12) Vgl. *Puppe* GA 2006, 65 ff. (75).
13) Roxin/*Greco* AT 1, 2020, § 12 Rn. 49 ff. (51).
14) *Puppe* (Fn. 5) § 9 Rn. 13.
15) Roxin/*Greco* (Fn. 13) § 12 Rn. 49; hierzu: *Puppe* (Fn. 1) § 15 Rn. 84.
16) Roxin/*Greco* (Fn. 13) § 12 Rn. 49.
17) *Momsen*, in: SSW-StGB , 5. Aufl. 2020, § 15 Rn. 49.
18) Auch der BGH fordert, dass zum einen auf die konkret geschaffene Gefahr und zum

## 3. Kapitel Vorsatz

beispielsweise das Verhalten des Handelnden nach dem Eintritt des Erfolges, in einer Rückschau vollkommen bzw. weitgehend außer Acht gelassen[19]. Abgesehen von den höheren Anforderungen an das vorsatzbegründende Wissen des Handelnden bzgl. der von ihm begründeten Gefahr führe die Lehre von der Vorsatzgefahr zu einer Ausdehnung der Vorsatzstrafbarkeit, da sie den Kontext des Tatgeschehens, u.a. auch die psychische Situation des Handelnden, nicht berücksichtige[20].

Das alleinige, objektive Abstellen auf die geschaffene Gefahr ermögliche dementsprechend keine gerechte Abstufung der Schuld bei verschiedenen Taten[21]. *Puppe* entgegnet diesem Einwand mit dem Argument, Vorsatz sei zunächst nur ein Unrechtselement und nur insofern, als dass sich die Schuld auf das Unrecht beziehe, eines von vielen Schuldelementen[22].

Ein weiterer Kritikpunkt geht dahin, dass die Anwendung der Lehre von der Vorsatzgefahr die vorsätzliche Strafbarkeit einenge, weil der Vorsatz bei mittlerer oder niedriger Wahrscheinlichkeit des Erfolges ausgeschlossen sei, selbst wenn die Tat absichtlich begangen werde[23].

Außerdem stehe die Lehre von der Vorsatzgefahr im Widerspruch zum geltenden Recht. § 224 Abs. 1 Nr. 5 StGB gehe schon dann von einer Tat mit einem entsprechenden Körperverletzungsvorsatz aus, wenn eine *das Leben gefährdende Behandlung* vorliegt. In konsequenter Anwendung der Lehre von der (objektiven) Vorsatzgefahr müsste in einem solchen Fall regelmäßig ein Tötungsvorsatz anzunehmen sein[24].

Die Anwendung der Lehre von der Vorsatzgefahr ist außerdem in den sog. *Retter-Fällen* problematisch, wenn dem Retter nur lebensgefährliche Mittel zur Verfügung stehen. Ist er in Kenntnis dessen, müsste man in konsequenter Anwendung der Lehre von der Vorsatzgefahr einen Tötungsvorsatz annehmen, auch wenn der Retter das entsprechende Ergebnis gerade nicht anstrebt[25]. *Puppe* entgegnet dem, dass dies zum einen so gut wie nie vorkomme und der

---

anderen insbesondere auf eine Gesamtwürdigung aller für und gegen den Tötungsvorsatz sprechenden Umstände abgestellt wird. Die alleinige Betrachtung des geschaffenen Risikos reiche als solche nicht aus: BGH, Beschl. v. 10.5.2022 – 5 StR 28/22, Rn. 5, NStZ 2024, 39 = StV 2023, 7.

19) Roxin/*Greco* (Fn. 13) § 12 Rn. 50.
20) *Roxin* FS Rudolphi, 2004, S. 243 ff. (253).
21) Roxin/*Greco* (Fn. 13) § 12 Rn. 50.
22) *Puppe* (Fn. 1) § 15 Rn. 84.
23) Roxin/*Greco* (Fn. 13) § 12 Rn. 51.
24) Roxin/*Greco* (Fn. 13) § 12 Rn. 52.
25) Vgl. schon *von Liszt* ZStW 30 (1910), 250 (261) zum Vorentwurf eines Reichsstrafgesetzbuches.

Retter zum anderen objektiv gerechtfertigt sei[26]. Es sei insofern im Ergebnis egal, ob man ihm einen Tötungsvorsatz vorwerfe oder nicht. Das ist jedoch kritisch zu sehen, da es sehr wohl vom Stigma her einen deutlichen Unterschied macht, ob die Strafbarkeit eines Handelns – gerade zur Rettung eines Rechtsgutes – bereits am Tatbestand scheitert oder erst auf der Ebene der Rechtfertigung ausgeschlossen wird, d.h. ein grundsätzlich strafbares Verhalten lediglich gerechtfertigt wird.

## III. Wiederbelebung der Lehre von der „Vorsatzgefahr" durch die sog. *Raser-Fälle*

Lange Zeit schien die Lehre von Vorsatzgefahr allenfalls ein Schattendasein in der juristischen Vorsatzlandschaft zu fristen – bis die sog. *Raser-Fälle* auf die Tagesordnung der deutschen Strafgerichte kamen, bei denen sich einerseits die Abgrenzung von Vorsatz und Fahrlässigkeit besonders schwierig gestaltet, bei denen aber andererseits die Folgen der Tat (Tod von Unbeteiligten in einem künstlich herausbeschworenen Hochgeschwindigkeits-Unfallrisiko) kaum gravierender sein könnten, so dass die Erwartungshaltung der Bevölkerung klar in Richtung hoher und sühnender („gerechter") Freiheitsstrafen geht.

Unter einem *Raser-Fall* soll hier eine Konstellation verstanden werden, in der sich Personen ein illegales Straßenrennen liefern oder ggf. auch in einer Allein-Fahrt mit deutlich nicht angepasster Geschwindigkeit fortbewegen – und es infolge dessen zur Verletzung, Tötung oder Gefährdung einer anderen – regelmäßig aber nicht notwendig – unbeteiligten Person kommt.

Mangels eines feststellbaren bzw. nachweisbaren voluntativen Vorsatzelementes („Wollen") wurden die Beschuldigten bis zum sog. *„Berliner Raser-Fall"* Anfang 2016 zumeist lediglich wegen fahrlässiger Tötung gemäß § 222 StGB verurteilt, was maximal eine Freiheitsstrafe von bis zu fünf Jahren als Sanktion zur Folge hatte. Man konnte schon seinerzeit erkennen, dass in diesen Fällen, in denen es primär um das Erreichen einer höchstmöglichen Geschwindigkeit geht, das voluntative Element des Verletzungsvorsatzes das zentrale Problem darstellt – das Vertrauen auf den Nichteintritt bzw. spiegelbildlich das Sichabfinden mit dem Eintritt des Erfolges (Tod eines anderen Menschen).

Als Reaktion auf den *Berliner Fall* schuf der deutsche Gesetzgeber im Jahr 2017 den Straftatbestand des § 315d StGB, der *„Verbotene Kraftfahrzeugrennen"* mit einer Freiheitsstrafe von bis zu zwei und bei schwerer Folge von

---

26) *Puppe* (Fn. 1) § 15 Rn. 87.

bis zu zehn Jahren bestraft[27].

Im *„Berliner Raser-Fall"* (synonym auch *„Ku'damm-Raser-Fall"*) ereignete sich folgender Sachverhalt: Die Angeklagten H und N führten ein illegales Straßenrennen, bei dem sie mit Geschwindigkeiten von bis zu 150 km/h durch die Berliner Innenstadt fuhren. In dessen Folge kam es zu einem Zusammenstoß mit dem Auto des Geschädigten W, der daraufhin verstarb. Das LG Berlin verurteilte die Angeklagten – wegen Mordes (Einsatz des Autos als *gemeingefährliches Mittel*) in Tateinheit mit gefährlicher Körperverletzung (§ 224 Abs. 1 Nr. 2 u. Nr. 5 StGB) und vorsätzlicher Gefährdung des Straßenverkehrs (§ 315c Abs. 1 Nr. 2 *lit.* a und *lit.* d StGB) – jeweils zu lebenslangen Freiheitsstrafen[28].

Die Kammer nahm dabei einen bedingten Tötungsvorsatz an. Sie begründete den Vorsatz damit, dass den Angeklagten die objektive Gefährlichkeit ihres Verhaltens bekannt war und in solch einer speziellen Situation – Fahren mit 150 km/h in der Innenstadt – ein Vertrauen auf einen guten Ausgang gar nicht mehr ernsthaft möglich war. Auch wenn der Erfolgseintritt nicht erwünscht gewesen sein sollte, wurde er nach Ansicht des LG Berlin zugunsten des Gewinnstrebens von den Angeklagten hingenommen. Außerdem habe man im eigenen Fahrzeug ein sicheres Gefühl, weshalb bewusst keine eigene Gefährdung vorgelegen habe.

Dem Urteil begegnete die Wissenschaft mit überwiegend deutlicher Kritik. Zum einen habe das Gericht die erhöhte Risikobereitschaft junger Männer und den rauschgleichen Affekt des Rennfahrens nicht berücksichtigt[29]. Außerdem habe das LG nur unzureichend begründet, warum die Eigengefährdung des Handelnden einer Annahme des Vorsatzes nicht entgegenstehe[30].

So erscheint es in der Tat widersprüchlich, dass mit Bejahung des Vorsatzes dem Fahrer ein Billigen des Erfolgseintritts (Tod eines anderen Menschen) um des erstrebten Zieles Willen (Gewinnen) attestiert wird, wenn der Eintritt des erstrebten, außertatbestandlichen Zieles – Sieg im Autorennen – bei Eintritt des „Erfolges" Tod aufgrund des damit notwendig vorliegenden Unfalls absehbar nicht möglich ist[31].

Dabei wird die Tatsache, dass die das „voluntative Vorsatzelement" umschrei-

---

27) Art. 1 des Sechsundfünfzigsten Strafrechtsänderungsgesetzes – Strafbarkeit nicht genehmigter Kraftfahrzeugrennen im Straßenverkehr vom 30.9.2017 (BGBl. I S. 3532).
28) LG Berlin, Urt. v. 27.2.2017 – 535 Ks 8/16, NStZ 2017, 471 = JZ 2017, 1062 m. Anm. *Grünewald*.
29) *Walter* NJW 2017, 1350.
30) *Zopfs* DAR 2018, 375.
31) So auch: *Sinn* FS Nagy, 2018, S. 869 ff. (880), der allerdings das Wissenselement für die Frage des Vorsatzes als leitend ansieht.

benden Begriffe des *„Billigens"* und des *„Einverstandenseins"* in der Urteils-begründung nur im Rahmen einer abstrakten Abgrenzung des Vorsatzes von der bewussten Fahrlässigkeit verwendet werden, nicht jedoch bei der Begründung des Tötungsvorsatzes *in concreto*, teils darauf zurückgeführt, dass sich nach der herrschenden Einwilligungs-/Billigungstheorie ein Vorsatz kaum begründen lassen dürfte, zumal die Anklagten nicht wollten, dass es infolge ihres Rennens zu einem Unfall oder gar jemand ums Leben kam[32].

Kritik erregt in diesem Zusammenhang auch, dass die Strafkammer nach der wenig aussagekräftigen Formulierung, die Angeklagten hätten sich *„mit der tödlichen Tatbestandsverwirklichung abgefunden"*, nicht anführt, die Handelnden hätten eine Todesverursachung *„gebilligt"* oder sie seien mit ihr *„einverstanden"* gewesen, sondern lediglich behauptet, dass ihnen auch *„schwerste Folgen"* ihres Treibens *„egal und gleichgültig"* gewesen seien[33].

Wegen Mängeln in der Begründung des Vorsatzes hob der BGH das Urteil des LG Berlin in der Revision auf[34]. Übereinstimmend mit der Wissenschaft kam auch der 4. Strafsenat zu dem Ergebnis, dass sich das LG unzureichend mit dem Widerspruch zwischen der erkannten Gefahr für Dritte und der nicht erkannten eigenen Gefährdung der Fahrer, die *gegen* einen Vorsatz spräche, auseinandergesetzt hatte. Außerdem sah der BGH einen Widerspruch im Urteil darin, dass sich die Fahrer nach Ansicht des LG zwar in ihren Autos sicher gefühlt, gleichwohl aber ihre Mitfahrer gefährdet haben sollten.

Auch die Annahme des LG, der Vorsatz habe „spätestens" bei Erreichen der Unfallkreuzung vorgelegen, stellte einen Widerspruch in der Begründung dar, da zu diesem Zeitpunkt die Einleitung eines Bremsmanövers schon nicht mehr möglich gewesen wäre. Eine Vorsatzbildung in diesem *letzten Moment* käme damit der Annahme eines *dolus subsequens* gleich. Diese Konstruktion verstößt aber gegen das Koinzidenzprinzip, §§ 16 Abs. 1, 8 StGB, wonach der Vorsatz zum Zeitpunkt der Tatbegehung (Tathandlung) vorliegen muss. In besagtem *letztem Moment* wäre die Handlung aufgrund der Unausweichlichkeit bereits begangen gewesen.

Nach Rückverweisung des Falles an eine andere als Schwurgericht zuständige Strafkammer des LG Berlin verurteilte die beiden Angeklagten 2019 erneut jeweils wegen Mordes (§ 211 StGB: Heimtücke, gemeingefährliches Mittel, niedrige Beweggründe) in Tateinheit mit gefährlicher Körperverletzung

---

32) Vgl. hierzu bereits: *Herzberg* JZ 2018, 122 ff. (124).
33) *Herzberg* JZ 2018, 122 ff. (124).
34) BGH, Urt. v. 1.3.2018 – 4 StR 399/17, BGHSt 63, 88 = NJW 2018, 1621 = StV 2018, 419 = NStZ 2018, 409 m. Anm. *Walter*.

und mit vorsätzlicher Gefährdung des Straßenverkehrs zu einer lebenslangen Freiheitsstrafe[35]. Die Angeklagten hätten die Gefahr für sich selbst aufgrund des *„Kicks beim Rennen"* ausgeblendet. Aufgrund der Umstände der Tat – Geschwindigkeit, Möglichkeit von Verkehr in der Stadt, usw. – seien keine Tatsachen ersichtlich gewesen, auf die man ernsthaft ein Vertrauen auf einen guten Ausgang hätte stützen können.

Dieses Urteil des LG Berlin wurde durch den BGH in der Revision weitgehend bestätigt[36]. Zwar hob der für die Verkehrsdelikte zuständige 4. Strafsenat die Verurteilung des Mitangeklagten N wegen mittäterschaftlicher Begehung (§ 25 Abs. 2 StGB) eines Mordes auf und verwies den Fall insoweit an das LG Berlin zur neuerlichen Entscheidung[37] zurück. Jedoch bestätigte der BGH die Verurteilung des unfallverursachenden Angeklagten (H) wegen Mordes (in Tateinheit mit vorsätzlicher Gefährdung des Straßenverkehrs und – insoweit im Schuldspruch berichtigt – mit fahrlässiger Körperverletzung) und bejahte dabei das Vorliegen der Mordmerkmale *Heimtücke* und der *sonstigen niedrigen Beweggründe*. Die Annahme des Mordmerkmals *gemeingefährliches Mittel* hielt dagegen nicht stand, wegen einer unzureichenden Beweiswürdigung zur subjektiven Tatseite dieses Mordmerkmals.

Das BVerfG nahm eine gegen das Urteil des BGH eingelegte Verfassungsbeschwerde nicht zur Entscheidung an[38]: Die vorgenommene Abgrenzung zwischen Vorsatz und Fahrlässigkeit durch die Fachgerichte widerspreche nicht dem Bestimmtheitsgebot des Art. 103 Abs. 2 GG. Es bestünden dann keine Bedenken, wenn sich mit Hilfe der üblichen Auslegungsmethoden aufgrund einer gefestigten höchstrichterlichen Rechtsprechung eine zuverlässige Grundlage für eine Auslegung und Anwendung der Norm gewinnen lasse[39]. Das gelte insbesondere auch dann, wenn der Normadressat nach dem gesetzlichen Tatbestand nur die bloße Möglichkeit einer Bestrafung erkennen könne[40].

Gefestigte höchstrichterliche Rechtsprechung war im hiesigen Fall, dass die objektive Gefährlichkeit einer Handlung ein wesentlicher Indikator sowohl für das Wissens- als auch für das Willenselement des bedingten Vorsatzes ist. *„Sie [- die objektive Gefährlichkeit -] und der Grad der Wahrscheinlichkeit eines*

---

35)  LG Berlin, Urt. v. 26.3.2019 – 532 Ks 9/18 m. Anm. *Jäger/Bönig* HRRS 2020, 123.

36)  BGH, Urt. v. 18.6.2020 – 4 StR 482/19, BGHSt 65, 42 = NJW 2020, 2900 m. Anm. *Grünewald* = NStZ 2020, 602 m. Anm. *Steinert* = NZV 2020, 517 m. Anm. *Preuß*.

37)  LG Berlin, Urt. v. 2.3.2021 – (529 Ks) 251 Js 52/16 (6/20), BeckRS 2021, 56477 (§§ 211, 22 f.; 315c Abs. 1 Nr. 2 *lit.* a und *lit.* d; § 229; 52 StGB; Freiheitsstrafe von 13 Jahren).

38)  BVerfG, Beschl. v. 7.12.2022 – 2 BvR 1404/20, NStZ 2023, 215 = StV 2024, 88.

39)  BVerfG, Beschl. v. 7.12.2022 – 2 BvR 1404/20, Rn. 36.

40)  BVerfG, Beschl. v. 7.12.2022 – 2 BvR 1404/20, Rn. 36.

*Erfolgseintritts [sind] jedoch keine allein[igen] maßgeblichen Kriterien für bedingten Vorsatz [. . .]; auch bei in hohem Maße gefährlichen Handlungen sind alle Umstände des Einzelfalls zu bedenken*[41]. Diese ständige Rechtsprechung hatten beide fachgerichtlichen Entscheidungen zum Ausgangspunkt ihrer weiteren Prüfung genommen und damit nicht allein auf die objektive Gefährlichkeit der Handlung abgestellt. Zwar ist diese gefestigte Rechtsprechung auch Kritik unterworfen, was sich darin zeigt, dass die Strafrechtswissenschaft bis heute lebhaft diskutierte Theorien zur Abgrenzung von Eventualvorsatz und bewusster Fahrlässigkeit bildet. Das BVerfG zieht sich aber darauf zurück, es obliege den Fachgerichten damit umzugehen und es berühre die Gewährleistungen des Bestimmtheitsgebots (Art. 103 Abs. 2 GG) bei Einhaltung der vorgenannten Standards nicht.

Die Annahme eines Tötungsvorsatzes im konkreten Fall verstieß nach Ansicht des höchsten deutschen Gerichtes auch nicht gegen das Schuldprinzip (*„Keine Strafe ohne Schuld"*), das mit Verfassungsrang (Art. 1 GG i.V.m. Art. 20 Abs. 3 GG) die Basis des Strafrechts darstellt. Dieses setze voraus, dass der Mensch eigenverantwortlich handelt und sein Handeln Kraft seiner Willenskraft bestimmt, anhand derer er zwischen Recht und Unrecht unterscheiden kann[42]. Für die Annahme, ein Mensch habe bedingt vorsätzlich gehandelt, sind daher immer auf den konkreten Einzelfall bezogene Feststellungen zum Täterhandeln erforderlich. Im *Kudamm-Raser-Fall* hatte (so das BVerfG) *„[d]as Tatgericht [. . .] bei der Prüfung des voluntativen Elements des bedingten Vorsatzes alle objektiven und subjektiven Umstände des Einzelfalls, insbesondere die Persönlichkeit des Täters, dessen psychische Verfassung bei der Tatbegehung und dessen Motivlage, in Betracht zu ziehen, wobei die in die Würdigung einzubeziehenden Umstände durch tatsächliche Feststellungen zu belegen sind"* [43].

Der Beschwerdeführer hatte argumentiert, die Gerichte hätten bei der Bejahung des Tötungsvorsatzes nicht die Umstände des Einzelfalls zur Grundlage der Entscheidung gemacht, sondern allein von der *objektiven* Gefährlichkeit der Wettfahrt auf den notwendigen Tötungsvorsatz geschlossen.

Dem hielt das BVerfG entgegen, das *„LG [habe] bei der Beweiswürdigung nicht nur auf die konkrete Gefährlichkeit der konkreten Fahrt abgestellt, sondern die Persönlichkeit des Beschwerdeführers, seine Motivation für das maximale Beschleunigen nach der Kurvenausfahrt, (. . .) und seine Einschät-*

---

41)  BVerfG, Beschl. v. 7.12.2022 – 2 BvR 1404/20, Rn. 43.
42)  Vgl. BVerfGE 140, 317, 343, Rn. 54.
43)  BVerfG, Beschl. v. 7.12.2022 – 2 BvR 1404/20, Rn. 58.

3. Kapitel   Vorsatz

*zung des eigenen fahrerischen Könnens im Blick gehabt"*[44]. Demnach sei der konkrete Einzelfall, wie vom Schuldprinzip gefordert, beachtet worden.

Ähnlich hierzu gestaltete sich der *„Hamburger Raser-Fall"*, in welchem der Täter einen Taxidiebstahl begangen und während der Flucht vor der Polizei einen Unfall verursacht hatte. Das LG Hamburg verurteilte den Täter wegen Mordes[45]. Anhaltspunkt für die Annahme eines bedingten Vorsatzes war hier, dass der Täter bei hoher Geschwindigkeit auf die Gegenfahrbahn gewechselt war, um die Verfolger zur Aufgabe zu bewegen. Das Landgericht argumentierte, dass der Täter bei fortschreitender Erhöhung der Gefahr nicht davon ausgehen konnte, dass alles gut gehen werde. Außerdem verlor dieser temporär die Kontrolle über das Fahrzeug, was das Wissen um die Gefahr indiziere. Die Flucht vor der Polizei sei hier das übergeordnete Ziel gewesen – auch, wenn das bedeutet, dass der Täter damit auch sein eigenes Leben riskiert habe. Auf diese Weise sei auch der menschliche Selbsterhaltungstrieb durchbrochen worden, so dass sich kein Widerspruch ergebe. In der Revision bestätigte der BGH das Urteil des LG Hamburg[46].

Anders entschied der BGH dagegen im *„Klever Raser-Fall"*[47]. Hier ereignete sich ebenfalls ein Autorennen, bei dem eines der Fahrzeuge mit einem unbeteiligten Pkw kollidierte. Das Urteil des LG Kleve – Verurteilung wegen Mordes (gemeingefährliches Mittel) in Tateinheit mit verbotenem Kraftfahrzeugrennen mit Todesfolge (§ 315d Abs. 5 StGB) – wurde vom BGH aufgehoben[48]. Nach Ansicht des LG Kleve hielt der Angeklagte das plötzliche Auftauchen anderer Verkehrsteilnehmer für möglich. Er wusste, dass er durch die Maximalbeschleunigung des Fahrzeugs in Sekundenbruchteilen Geschwindigkeiten erreichen würde, die ein rechtzeitiges eigenes Abbremsen ausschließen würden. *„Dass bei seiner Fahrweise das von ihm gelenkte Fahrzeug eine nicht vorhersehbare Anzahl von Menschen töten könnte, nahm er billigend in Kauf"*[49].

Die Aufhebung des Urteils begründete der BGH wie folgt: *„Die Prüfung, ob Vorsatz oder bewusste Fahrlässigkeit vorliegt, erfordert eine Gesamtschau*

---

44)   BVerfG, Beschl. v. 7.12.2022 – 2 BvR 1404/20, Rn. 60.

45)   LG Hamburg, Urt. v. 19.2.2018 – 621 Ks 12/17 (Verdeckungsabsicht/gemeingefährliches Mittel).

46)   BGH, Beschl. v. 16.1.2019 – 4 StR 345/18, NStZ 2019, 276 m. Amm. *Preuß*, NZV 2019, 306.

47)   LG Kleve, Urt. v. 17.2.2020 – 140 Ks – 507 Js 281/19 (synonym auch *„Moerser Raser-Fall"*), SVR 2020, 232 m. Anm. *Steinert*.

48)   BGH, Beschl. v. 18.2.2021 – 4 StR 266/20. StV 2021, 487 = NZV 2021, 316 m. Anm. *Preuß*.

49)   LG Kleve, Urt. v. 17.2.2020 – 140 Ks – 507 Js 281/19, Rn. 23.

94

*aller objektiven und subjektiven Umstände, wobei es vor allem bei der Würdigung des voluntativen Vorsatzelements regelmäßig erforderlich ist, dass sich das Tatgericht mit der Persönlichkeit des Täters auseinandersetzt* [50].

„Im Rahmen der vorzunehmenden Gesamtschau stellt [die] objektive Gefährlichkeit der Tathandlung einen wesentlichen Indikator sowohl für das kognitive als auch für das voluntative Vorsatzelement dar" [51]. Die Gesamtwürdigung des Landgerichts erwies sich nach Ansicht des 4. Strafsenats des BGH allerdings als lückenhaft, weil sie die subjektive Einschätzung der Gefährlichkeit der Tathandlung durch den Angeklagten nur unvollständig in den Blick genommen habe.

*„Das Risiko eines Zusammenstoßes mit einfahrenden Fahrzeugen war aus Sicht des Angeklagten (. . .) gerade auch vom Ausbleiben eines für möglich erachteten kollisionsvermeidenden Verhaltens der anderen Verkehrsteilnehmer abhängig. Dieses für die subjektive Einschätzung der Gefährlichkeit der Tathandlung maßgebliche Vorstellungsbild des Angeklagten hätte von der Strafkammer als ein möglicher tatsächlicher Anknüpfungspunkt für ein vorsatzausschließendes Vertrauen des Angeklagten auf das Ausbleiben eines Zusammenstoßes in die gebotene einzelfallbezogene Gesamtbetrachtung zur Prüfung des voluntativen Vorsatzelements miteinbezogen werden müssen"* [52].

Zurückhaltung bei der Bejahung eines (Tötungs-)Vorsatzes (§ 211 StGB) zeigte der BGH (wie schon die Vorinstanz) auch im *„Ingolstädter Raser-Fall"*: Der Angeklagte überschritt die Geschwindigkeit auf der Autobahn erheblich und fuhr anschließend auf einen unbeteiligten Pkw mit 207 km/h auf, dessen Fahrer an der Unfallstelle verstarb. Der Angeklagte wurde vom LG Ingolstadt zwar nicht wegen Mordes, sondern „nur" wegen verbotenen Kraftfahrzeugrennens mit Todesfolge (§ 315d Abs. 1 Nr. 3, Abs. 2 und Abs. 5 StGB) in Tateinheit mit vorsätzlicher Gefährdung des Straßenverkehrs verurteilt [53]. Das Urteil wurde 2022 durch den BGH gleichwohl aufgehoben [54], da sich aus den Gründen nicht widerspruchsfrei ergebe, dass der Angeklagte auch mit dem nach § 315d Abs. 2 StGB erforderlichen (bedingten) *Gefährdungs*vorsatz (für Leib oder Leben eines anderen) gehandelt habe:

*„Die Strafkammer hat (. . .) den Schluss gezogen, dass er (. . .) sicher wusste, dass sich überholende Fahrzeuge mit erheblich langsamerer Geschwindigkeit*

---

50) BGH, Beschl. v. 18.2.2021 – 4 StR 266/20, Rn. 10.
51) BGH, Beschl. v. 18.2.2021 – 4 StR 266/20, Rn. 10.
52) BGH, Beschl. v. 18.2.2021 – 4 StR 266/20, Rn. 12.
53) LG Ingolstadt, Urt. v. 6.4.2021 – 1 Ks 41 Js 18694/19.
54) BGH, Beschl. v. 18.8.2022 – 4 StR 377/21, NZV 2022, 569 m. Anm. *Preuß* = NStZ 2023, 108 m. Anm. *Kulhanek* = StV 2023, 337.

*auf der linken Spur befinden oder auf diese wechseln können und in einem solchen Fall infolge des erheblichen Geschwindigkeitsunterschiedes die hohe Wahrscheinlichkeit besteht, dass es zu einem schwerwiegenden Unfall mit möglicherweise sogar tödlichen Folgen kommt*"[55].

"*Im Rahmen der Würdigung des voluntativen Elements des bedingten Tötungsvorsatzes ist sie dann aber davon ausgegangen, die Einlassung des Angeklagten nicht widerlegen zu können, er habe darauf vertraut, dass andere Verkehrsteilnehmer sein Fahrzeug sehen und die Spur nicht wechseln würden*"[56].

Der Angeklagte "*vertraute nicht lediglich darauf, dass im Fall des Eintritts einer Gefahrenlage eine Erfolgsvermeidung durch ihn oder die gefährdeten Verkehrsteilnehmer doch noch möglich wäre. Stattdessen rechnete er mit dem Ausbleiben von Gefahrenlagen aufgrund der Umsicht der anderen Verkehrsteilnehmer*"[57].

Den vom Landgericht Ingolstadt vorgenommenen Ausschluss des Tötungsvorsatzes kritisierte der Senat dabei nur dogmatisch (es hätte schon das kognitive Vorsatzelement verneint werden müssen), aber nicht in der Sache. Er beanstandete stattdessen im Wesentlichen, dass die Annahme des für § 315d Abs. 2 StGB erforderlichen Gefährdungsvorsatzes nicht mit den Ausführungen in Übereinstimmung gebracht werden könnte, die der Verneinung eines bedingten Tötungsvorsatzes zugrunde lagen (das *Nichterwarten einer Gefährdungslage*, s.o.).

## IV.  Konsequenzen für die Lehre von der Vorsatzgefahr aus den sog. "*Raser-Fällen*"

Es stellt sich unter Berücksichtigung der geschilderten Judikate mit ihren vielgestaltigen Sachverhaltskonstellationen die Frage, ob bzw. in welchem Umfang die Lehre von der Vorsatzgefahr bei den sog. *Raser-Fällen* im Einzelfall zur Anwendung gekommen ist. Es scheint bisweilen so, als hätten sich jedenfalls einige Instanzgerichte teilweise vom klassischen Erfordernis eines zusätzlichen *Willens*elements des Vorsatzes verabschiedet und wären damit auf die Lehre zur Vorsatzgefahr eingebogen. Zumindest konnte man bei der Lektüre einiger erstinstanzlich entschiedener *Raser-Fälle* der Eindruck gewinnen, dass die von der Rechtsprechung traditionell vertretene Billigungstheorie, die eine

---

55)  BGH, Beschl. v. 18.8.2022 – 4 StR 377/21, Rn. 13.
56)  BGH, Beschl. v. 18.8.2022 – 4 StR 377/21, Rn. 13.
57)  BGH, Beschl. v. 18.8.2022 – 4 StR 377/21, Rn. 13.

relativ positive Einstellung zum Erfolg verlangt[58], ab einem erhöhten Gefährdungsgrad für das betroffene Rechtsgut in Frage gestellt und zunehmend durch eine generelle Wahrscheinlichkeitsaussage zum Erfolgseintritt ersetzt werden soll. Das *„Billigen"* wäre dann faktisch durch die Qualität der wissentlich geschaffenen Gefahr substituiert worden. Oder um es mit den Worten des LG Berlin zu sagen: *„Liegt eine große und anschauliche Todesgefahr vor, so genügt das zur Begründung der Zuschreibung des dolus eventualis"*[59].

Diesem Gedankengang ist der BGH in mehreren Judikaten allerdings wie aufgezeigt entgegengetreten, zum Teil deutlich, indem er die Gesamtbewertung aller Umstände als Korrektiv einer einseitig kognitiven Perspektive bei der Vorsatzbestimmung betont hat, und dabei auch eine Willenskomponente (voluntatives Vorsatzelement) explizit hervorgehoben hat.

Diese Besinnung auf die Zweiteilung des Vorsatzes in zwei Komponenten überzeugt. Ansonsten wäre in den *Raser-Fällen* unter Zugrundelegung des insbesondere vom Landgericht Berlin vertretenen Ansatzes überaus fraglich, ob bzw. wie im Falle einer ereignislosen Fahrt eine Bestrafung wegen versuchten Mordes begründet werden könnte[60], wenn in einem solchen Fall die Qualität der geschaffenen Gefahr objektiv nicht für die Herbeiführung einer Verletzung ausreicht bzw. zumindest nicht hinreichend bestimmt werden kann. Das eine solche Versuchskonstruktion nicht nur dogmatisch sondern auch in der Praxis darstellbar sein muss, steht außer Frage.

Ebenso erscheint die mitunter von den Gerichten vertretene Annahme einer Erhöhung der Wahrscheinlichkeit eines Unfalls bei fortlaufender Fahrt widersprüchlich, denn die Gefahr eines Unfalls bleibt während der Fahrt grundsätzlich gleich[61]. Auch hätte die Anwendung der Lehre von der Vorsatzgefahr zur Folge, dass die von ihr geforderte Objektivierung des Vorsatzes zwangsläufig auf alle inneren Tatsachen ausgeweitet werden müsste[62].

Der hier vertretenen Annahme, dass die Anforderungen an den Nachweis und die Begründung des nach der Vorstellung des BGH weiterhin aus zwei Elementen bestehenden Vorsatzes tendenziell streng sind, steht schließlich auch das Urteil des 4. Strafsenats vom 29.2.2024 nicht entgegen. Das Landgericht Hannover hatte die beiden Angeklagten in erster Instanz wegen verbotenen Kraftfahrzeugrennens mit Todesfolge in Tateinheit mit vorsätzlicher

---

58) *Billigen/Einverständnis*; Ausgangspunkt der sog. *Lederriemen*-Fall (BGHSt 7, 363).

59) LG Berlin, Urt. v. 27.2.2017 – 535 Ks 8/16, NStZ 2017, 471, 473.

60) *Walter* NJW 2017, 1350 ff. (1352).

61) *Walter* NJW 2017, 1350 ff. (1352).

62) *Walter* NJW 2017, 1350 ff. (1352).

Gefährdung des Straßenverkehrs und fahrlässiger Körperverletzung zu mehrjährigen Freiheitsstrafen verurteilt – einen von der Anklage vertretenen Tötungsvorsatz aber verneint. Der BGH hat dieses Urteil wegen einer unzureichenden Begründung und Beweiswürdigung bezüglich des bedingten Tötungsvorsatzes weitgehend aufgehoben[63], was aber nicht zwangsläufig bedeutet, dass der Senat die vom Landgericht praktizierte Bestimmung des Vorsatzes generell in Frage stellt. Zur Klärung der Details wird man die Veröffentlichung der Urteilsgründe abzuwarten haben.

## V. Auswirkungen der Judikatur zu den „Raser-Fällen" auf andere „risikobehaftete" Gefahrkonstellationen

Letzterer Gedanke führt zu der Frage, ob Ansätze der Lehre der Vorsatzgefahr – wenn man sie zumindest in der erstinstanzlichen Rechtsprechung zu den *Raser-Fällen* erkennen mag – auf andere „risikobehaftete" Konstellationen übertragen werden können bzw. ob sich eine solche Entwicklung eventuell sogar bereits abzeichnet. Auch hier ist der Befund – zumindest was den BGH angeht – negativ.

Als Beispiel aus der Praxis mag folgender Fall dienen: Der alkoholisierte A stach mit einem Küchenmesser mit etwa 8,5 cm Klingenlänge in den Hals des Opfers. Dieses verstarb. Das LG Frankfurt a.M. verurteilte den Angeklagten im zugrundeliegenden Fall wegen Totschlags, d.h. es bejaht einen Tötungsvorsatz:

„*Die Feststellungen zum bedingten Tötungsvorsatz des Angekl. konnte die Kammer deshalb treffen, weil der vom Angeklagten ausgeführte tiefe Stich mit dem rosafarbenen Messer in den Hals des S objektiv derart gefährlich war, dass einzig die Annahme eines solches Vorsatzes plausibel ist*"[64]. „*Durchgreifende vorsatzkritische Indizien, die diesem Schluss von der objektiven Gefährlichkeit der Tathandlung auf den Vorsatz im Wege stehen könnten, haben sich nicht ergeben (. . .)*"[65].

Ein solcher dogmatischer Ansatz ist schon deshalb kritisch zu sehen, weil er den Angeklagten letztlich prozessual dazu „zwingt", auf sein Schweigerecht zu verzichten, um den objektiv anzunehmenden Verletzungsvorsatz durch bestimmte Aspekte in Frage zu stellen. Das Urteil des Landgerichts wurde rich-

---

63) BGH, Urt. v. 29.2.2024 – 4 StR 350/23.

64) LG Frankfurt a.M., Urt. v. 1.4.2022 (zitiert nach BGH, Beschl. v. 13.10.2022 – 2 StR 327/22).

65) LG Frankfurt a.M., Urt. v. 1.4.2022 (zitiert nach BGH, Beschl. v. 13.10.2022 – 2 StR 327/22).

tigerweise durch den BGH aufgehoben[66], der die Prüfung des subjektiven Tatbestandes durch die Vorinstanz wie folgt kritisierte:

„Zwar liegt es bei gefährlichen Gewalthandlungen (wie hier bei einem Messerstich gegen den Hals des Tatopfers) regelmäßig nahe, dass der Täter mit der Möglichkeit, das Opfer könne dabei zu Tode kommen, rechnet und einen solchen Erfolg in Kauf nimmt." „Aber auch in einem solchen Fall ist das Tatgericht nicht von einer umfassenden Prüfung beider Elemente des bedingten Tötungsvorsatzes (. . .) entbunden. Insbesondere bei der Würdigung des voluntativen Vorsatzelements ist es regelmäßig erforderlich, dass sich das Tatgericht auch mit der Persönlichkeit des Täters auseinandersetzt und seine(r) psychische Verfassung". [. . .] „Hiervon ausgehend durfte sich die Strafkammer bei ihrer Bewertung der Beweistatsachen nicht mit allgemeinen, formelhaften Wendungen begnügen."

„Zum einen ist nach den Urteilsgründen schon nicht ersichtlich, dass der Angekl. ob seines Zustands die Gefährlichkeit seines Handelns erkannt hat (Wissenselement). Die Strafkammer hätte sich insoweit mit der Frage auseinandersetzen müssen, welchen Einfluss die festgestellte „Intoxikation" des Angekl. (. . .) im Tatzeitpunkt hatte."

Noch bedeutsamer für den aktuellen Stand und die künftige Entwicklung der Vorsatzdogmatik – jedenfalls in der Rechtsprechung – ist augenscheinlich folgende Passage:

„Zum anderen hätte die Strafkammer in den Blick nehmen und in eine nachvollziehbare Gesamtwürdigung einstellen müssen, dass auch bei äußerst gefährlichen Gewalthandlungen im Einzelfall das voluntative Element des bedingten Tötungsvorsatzes fehlen kann, selbst wenn der Täter alle Umstände kennt, die sein Vorgehen zu einer das Leben gefährdenden Behandlung machen. Zu den insoweit erörterungsbedürftigen Umständen zählt neben der Beeinflussung des Angekl. durch Alkohol und Benzodiazepine der Umstand, dass es sich – wovon die Strafkammer hier offenbar ausgeht – um eine Spontantat handelte."

Der Fall zeigt zum einen, dass der BGH an der additiven Betrachtung, aber gleichsam auch Trennung zwischen einem kognitiven und einem voluntativen Element zur Bestimmung des Vorsatzes festhält und damit die Lehre von der Vorsatzgefahr offenbar auch nicht für geeignet hält, auf andere gefahr- und risikogeneigte Konstellationen jenseits der sog. *Raser-Fälle* Anwendung zu finden. Konsequent hat der 2. Strafsenat des BGH in seinem Urteil vom 20.2.2024

---

66) BGH, Beschl. v. 13.10.2022 – 2 StR 327/22, NStZ 2023, 234.

die Verurteilung einer nicht als Ärztin approbierten „Anästhesistin" wegen Mordes und versuchten Mordes aufgehoben, da das Landgericht zwar die gegebene objektive Gefährlichkeit der Tathandlung als (einen) wesentlichen Indikator sowohl für das Wissens- als auch für das Willenselement des bedingten Tötungsvorsatzes erkannt habe, aber weder stets eine tatzeitbezogene Prüfung des Tötungsvorsatzes durchgeführt noch vorsatzkritische Umstände, die sich aus dem Verhalten der Angeklagten und ihrer Persönlichkeitsstruktur ergaben, hinreichend in den Blick genommen habe[67].

Der Annahme, dass die Anforderungen an den Nachweis und die Begründung des nach der Vorstellung des BGH weiterhin aus zwei Elementen bestehenden Vorsatzes tendenziell streng sind, steht schließlich auch das Urteil des 4. Strafsenats vom 29.2.2024 nicht entgegen. Das Landgericht Hannover hatte die beiden Angeklagten wegen verbotenen Kraftfahrzeugrennens mit Todesfolge in Tateinheit mit vorsätzlicher Gefährdung des Straßenverkehrs und fahrlässiger Körperverletzung verurteilt – einen von der Anklage vertretenen Tötungsvorsatz aber verneint. Der BGH hat dieses Urteil wegen einer unzureichenden Begründung und Beweiswürdigung bezüglich des bedingten Tötungsvorsatzes weitgehend aufgehoben[68], was aber nicht bedeutet, dass der Senat die vom Landgericht praktizierte Bestimmung des Vorsatzes generell in Frage stellt. Zu Klärung der Details wird man die Veröffentlichung der Urteilsgründe abzuwarten haben.

## VI. Fazit: Kein Plädoyer für einen „neuen" *dolus eventualis* über die Lehre von der Vorsatzgefahr

Auch wenn die derzeit immer noch gängige Auffassung zur Bestimmung des *dolus eventualis* mit einem kognitiven und einem voluntativen Element den Rechtsanwender in der Praxis im konkreten Einzelfall durchaus einmal vor Schwierigkeiten stellen mag, ist eine Neujustierung des *dolus eventualis* über die Lehre von der Vorsatzgefahr nicht zu empfehlen.

Dem für die Figur einer Vorsatzgefahr ins Feld geführten Argument der Beweisschwierigkeiten bei der Ermittlung des Vorsatzes nach den bisher gängigen Theorien lässt sich entgegenhalten, dass sowohl das Vor- als auch das Nachtatverhalten, inklusive mündlicher und schriftlicher Äußerungen, E-Mails und Chats, darüber Aufschluss geben können, ob der Handelnde innerlich die

---

67)  BGH, Urt. v. 20.2.2024 – 2 StR 468/22.
68)  BGH, Urt. v. 29.2.2024 – 4 StR 350/23.

Tötung eines Menschen gebilligt hat[69].

Eine allein oder im Wesentlichen rechtlich-normative Bestimmung des Vorsatzes kann individuelle Aspekte der Täterpersönlichkeit nicht hinreichend berücksichtigen[70]. Die Orientierung an allgemeinen Erfahrungssätzen der Psychologie – in den „Raser-Fällen" etwa zum Sicherheitsgefühl und zur Selbstüberschätzung junger Fahrer in hochmotorisierten und mit umfassender Sicherheitstechnik ausgestatteten Fahrzeugen – führte nahezu zwangsläufig zu einer Abkehr von der reinen Einzelfallbetrachtung, die der Vorsatz aber gebietet[71]. So relativieren Anhänger der Lehre von der Vorsatzgefahr auch das Gegenargument des Einzelfallumstandes „Selbstgefährdung", indem sie anführen, dass die Gefahr, die Teilnehmer an Straßenrennen für andere Verkehrsteilnehmer verursachen, jedenfalls viel größer wäre, als die für sie selbst; damit stellen sie letztlich allein die Qualität (Grad) der Todesgefahr in den Mittelpunkt der Betrachtung[72]. Der Rückschluss von Indizien auf den mentalen Zustand des Handelnden während der Tat setzt dann aber wieder allgemeine Erfahrungssätze voraus, was wiederum auf eine dem Strafrecht im Allgemeinen und dem Schuldprinzip wesensfremde generalisierende Betrachtung hinausläuft[73].

Die Anwendung der Lehre von der Vorsatzgefahr führt am Ende auch zu widersprüchlichen Ergebnissen bei der Abgrenzung nach der inneren Willensreflexion des Handelnden[74]. Die Feststellung des Vorsatzes droht zu einem rein normativen Zuschreibungsakt zu verkommen[75].

Eine individuelle willensgetragene Entscheidung für das Unrecht liegt dagegen in der personalen Natur des Vorsatzdeliktes[76] und sie ist als solche auch zentrale Voraussetzung für die im Einzelfall zu begründende Strafbarkeit des Handelnden. Die Entscheidung gegen das Unrecht muss dabei dem Individuum immer persönlich zurechenbar und gerade deshalb willensgetragen sein[77]; auf generalisierender, normativer Betrachtung basierende Zuschreibungen allgemeiner oder vernünftiger Art genügen dagegen, wie oben bereits dargelegt, nicht.

---

69) *Momsen* KriPoZ 2018, 77 ff. (86).
70) *Schweiger* HRRS 2018, 407 ff. (411).
71) Vgl. kritisch auch: *Hörnle* NJW 2018, 1576 ff. (1577).
72) Vgl. etwa *Puppe* ZIS 2017, 439 ff. (441 f.).
73) Vgl. *Hörnle* NJW 2018, 1576 f. (1577).
74) *Puppe* (Fn. 1) § 15 Rn. 90 ff.
75) Zutreffend: *Gaede* in: Matt/Renzikowski StGB, 2. Aufl. 2020, § 15 Rn. 22.
76) *Sinn* (Fn. 31) 869 ff. (874).
77) *Kühl* AT, 8. Aufl. 2017, § 5 Rn. 11.

3. Kapitel   Vorsatz

Solche Zuschreibungen objektiver Natur können allenfalls dann akzeptabel sein, wenn sie gleichwohl das Bemühen erkennen lassen, so weit wie möglich der individuellen mentalen Verfassung des jeweiligen Handelnden nahezukommen; sie bergen gleichwohl dann immer noch die Gefahr, dass Staatsanwalt und Richter auf den vor ihnen stehenden Angeklagten Wertungen und Einstellungen aus dem eigenen sozialen Umfeld und vor allem der eigenen Erwartungshaltung übertragen[78].

Durch eine Neuausrichtung des *dolus eventualis* mit einem prägend oder auch nur leitend kognitiven Element (Wissen) wäre auch die Abgrenzung zwischen einem Gefährdungsvorsatz und einem Verletzungsvorsatz kaum mehr zu bewerkstelligen, weil in der Praxis nicht mehr zwischen vorsätzlich lebensgefährdendem und vorsätzlich todesverursachendem Verhalten unterschieden werden könnte[79]. Eine „Preisgabe" des voluntativen Elements des Vorsatzes würde zudem eine Verschiebung der Grenzlinie zwischen bedingtem Vorsatz und bewusster Fahrlässigkeit bewirken und damit weitreichende Konsequenzen für die Verurteilungspraxis – in Form unverhältnismäßig hoher Strafen[80] – erwarten lassen[81]. Gerade im Falle des dann auch zur Verurteilung wegen eines vorsätzlichen Tötungsdelikts führenden *dolus eventualis*, der sich nach klassischem Verständnis (sei es Rechtsprechung oder h.L.) durch eine nur abgeschwächte Wissens- und Willenskomponente auszeichnet[82], ist dies problematisch.

Zu guter Letzt kann die Tatsache allein, dass öffentlichkeitswirksame und aufgrund ihrer Folgen oftmals besonders drastische „Raser-Fälle" mit emotional aufgeladenen Forderungen nach besonders hohen Strafen aus der Bevölkerung einhergehen[83], allenfalls ein vordergründiger Impulsgeber, aber eben kein hinreichender Grund für eine Abweichung von der bisher gängigen Definition des *dolus eventualis* sein.

Zurückhaltung gegenüber einer *ad hoc*-Preisgabe konventioneller Herangehensweisen zur Bestimmung des strafrechtlichen Vorsatzes (§§ 15, 16 StGB) – und sei es auch nur in bestimmten Konstellationen – ist nicht zuletzt deshalb geboten, weil eben jener *dolus eventualis* und die damit verbundene Abgrenzung zur bewussten Fahrlässigkeit „eine der schwierigsten und umstrittensten

---

78)   Zu dieser Verzerrung in der Bewertung auch: *Hörnle* NJW 2018, 1576 ff. (1578).
79)   *Schweiger* HRRS 2018, 407 ff. (411); *Kubiciel/Hoven* NStZ 2017, 442.
80)   *Walter* NJW 2017, 1350 ff. (1353).
81)   *Momsen* KriPoZ 2018, 77 ff. (85).
82)   *Sinn* (Fn. 31) 869 ff. (871).
83)   *Schweiger* HRRS 2018, 407 ff. (412).

Die Lehre von der Vorsatzgefahr: Ein Irrweg aus der bewussten Fahrlässigkeit?

Fragen des Strafrechts"[84] darstellen.

Die Lehre von der Vorsatzgefahr hat sich damit letztlich auch in der dogmatischen Bewältigung der aktuell von den deutschen Strafgerichten abzuurteilenden speziellen Gefahrkonstellationen als Irrweg beim Versuch der Abgrenzung des bedingten Vorsatzes von der bewussten Fahrlässigkeit erwiesen.

---

84) So bereits *Welzel*, Das deutsche Strafrecht, 11. Aufl. 1969, 69.

# Neue Entwicklungen in Konzept und Anerkennung von Vorsatz in der Praxis

Makoto TADAKI

## I. Einleitung

In Deutschland ist der bedingte Vorsatz anerkannt. Roxin[1] nimmt die Abgrenzung zur bewussten Fahrlässigkeit wie folgt vor:

„Mit diesem Vorbehalt lässt sich sagen, dass bedingter Vorsatz zu bejahen ist, wenn der Täter mit der Möglichkeit einer Tatbestandsverwirklichung ernstlich rechnet, um des erstrebten Zieles willen aber trotzdem weiterhandelt, und sich dadurch mit einer eventuellen Deliktsrealisierung – sei es auch wohl oder übel – abfindet, sie in Kauf nimmt. Bewusst fahrlässig handelt demgegenüber, wer die Möglichkeit des Erfolgseintrittes zwar sieht, sie aber nicht ernst nimmt und sich infolgedessen auch nicht notfalls mit ihr abfindet, sondern leichtsinnig auf das Ausbleiben der Tatbestandserfüllung vertraut."

Was den Inhalt des bedingten Vorsatzes und seine Unterscheidung zur bewussten Fahrlässigkeit angeht, gibt es in Japan keine grundsätzlichen Verständnisunterschiede zu Deutschland. In Japan werden jedoch – abgesehen von Absichtsdelikten – grundsätzlich Absicht, direkter Vorsatz und bedingter Vorsatz nicht unterschieden. Anders als in Deutschland, stellen die Tatbestände also keine qualitativen Anforderungen an den Vorsatz.

Diese Abhandlung soll sich mit der Vorsatzfrage bei Drogendelikten auseinandersetzen. Ständig werden Drogen aus dem Ausland nach Japan eingeführt, wobei verhaftete Kuriere oft angeben, sie hätten nicht gewusst, was sie da transportierten. Hier stellt sich also die Frage nach dem Vorsatz. Interessanterweise gewinnt die Dogmatik, die sich im Kontext der Vorsatzfrage bei Drogendelikten entwickelt hat, immer mehr Einfluss auf andere Delikte, besonders im Bereich des Telefonbetrugs.

Dementsprechend sollen Fallbeispiele zum Vorsatz bei Drogendelikten vorgestellt und anhand dieser Sachverhalte erörtern werden, wie die Anerken-

---

1) Roxin/Greco, Strafrecht Allgemeiner Teil, Band 1, 5. Aufl., 2020, § 12 Rn. 27.

nung des Vorsatzes die Bewertung von (Betrugs-) Delikten beeinflusst.

## II. Von der Irrtumslehre zur Frage, ob der Vorsatz zum betreffenden Delikt anerkannt werden kann und ein Erkennen der Straftat vorgelegen hat

In Deutschland ist der error in obiecto unbestrittenermaßen dort beachtlich, wo die beiden verwechselten Objekte einander tatbestandlich nicht gleichstehen. So kann Vorsatz beim entstandenen Resultat nur dann anerkannt werden, wenn die vom Täter erkannten Tatsachen mit den objektiv entstandenen Tatsachen tatbestandsmäßig zusammenfallen. Wenn A einen Menschen erschießt, den er für eine Vogelscheuche gehalten hat, so handelt es sich um eine versuchte Sachbeschädigung in Tateinheit mit fahrlässiger Tötung.

Auch in Japan gibt es dieses Verständnis, nur kommt bei Zusammenfallen des vom Täter angestrebten Tatbestandes mit dem der resultierenden Tathandlung ein Delikt zustande, das dem leichteren Tatbestand entspricht. Wenn bei Anstiftung zum Diebstahl der Täter einen Raub verübt hat, kommt beim Anstifter trotzdem nur eine Bestrafung wegen Anstiftung zum Diebstahl in Betracht. Einer solchen Theorie folgend, hat der Oberste Gerichtshof am 9. Juni 1986, Keisyu Bd. 40, Nr. 4, S. 269 in einem Fall von Einfuhr und Besitz von Aufputschmitteln befunden, wobei der Täter irrig davon ausging, es handele sich um Rauschgift. Das Gericht führte Folgendes aus: Wenn dem Angeklagten die der schweren Straftat entsprechende Tatsache, die Drogen in seinem Besitz seien Aufputschmittel, nicht bewusst gewesen sei, enthebe ihn das von dem Vorsatz des Aufputschmittelbesitzes, so dass dieses Delikt nicht verwirklicht sei. Es verbleibt lediglich ein Vorsatz in den Grenzen, in denen die Tatbestände beider Straftaten sich überschneiden – sodass in diesem Fall Vorsatz zu einem leichten Drogenbesitzdelikt bejaht werden konnte.

Diesen Ansatz machten sich die Drogenkuriere jedoch zu Nutze und somit nahm in der Folgezeit die Anzahl an Fällen zu, in denen die Kuriere anders als im obigen Irrtumsbeispiel aussagten, sie hätten nicht gewusst, was sie da einführten bzw. besaßen. Infolge dieser Entwicklung wurde die Theorie schließlich aufgegeben. Stattdessen hat sich die Vorsatzdebatte in solchen Fällen dahin entwickelt, ob Täter auch dann des Vorsatzes zum objektiv ausgeführten Delikt beschuldigt werden können, wenn sie angeben, keine Kenntnis im Hinblick auf die konkrete Identität eines bestimmten Tatbestandsmerkmals zu haben.

Zur Illustration kann hier ein Urteil des Obersten Gerichtshofs vom 9. Februar 1990, Hanrei-jiho, Nr. 1341, S. 157 (Urteil 1) angeführt werden. Das Gericht hat in diesem Fall Vorsatz hinsichtlich des Aufputschmittelbesitzes bejaht und damit argumentiert, dass der Angeklagte sich dessen bewusst gewesen sei, dass es sich um illegale und gesundheitsschädliche Drogen handele, welchen auch Aufputschmittel unterfielen. Er sei sich also dessen bewusst gewesen, dass er vielleicht im Besitz von Aufputschmitteln sei. Hier ist ein Urteilsrahmen angewendet worden, in dem der Vorsatz nicht ohne das Bewusstsein der Möglichkeit, dass es sich um Aufputschmittel handeln könnte, zu bejahen gewesen wäre. Es ist also notwendig aber auch ausreichend, dass ein eventuelles Bewusstsein für die pauschale Möglichkeit besteht, dass es sich um Aufputschmittel handelt (hierbei handelt es sich um ein zweites sog. dolus generalis-Konzept, das jedoch von dem herkömmlich so bezeichneten abweicht).

Doch auch nach diesem Urteil gab es Fälle, in denen ein Vorsatz zum Aufputschmittelbesitz verneint wurde. Hier war nicht sicher festzustellen, ob der Täter sich dessen bewusst gewesen sei, dass es sich um illegale und gesundheitsschädliche Drogen gehandelt habe, welche auch Aufputschmittel einschließen[2]. Wegen der Schwierigkeit für die Staatsanwaltschaft, in solchen Fällen Beweise für den Vorsatz zu erbringen, wurde eine Vermutungsnorm eingeführt. Zudem vertraten einige in diesem Zusammenhang die Auffasung, der Angeklagte selbst habe zu beweisen, dass er vorsatzlos gehandelt habe.

## III. De facto Einführung einer Vermutungsnorm?

Für die Annahme von vorsätzlichem Verhalten im Bereich der Drogendelikte ist es notwendig, dass der Täter Kenntnisse über die entsprechenden Substanzen hat. Bei der Prüfung des Vorsatzes zum Besitz von Aufputschmitteln werden rationale Schlüsse aus empirisch begründeten Regelungen gezogen: Wenn im betreffenden Fall konkrete Umstände vorliegen, etwa die Zahlung einer hohen Belohnung für den Gepäcktransport, gelangen viele Präzedenzurteile zu dem Schluss, man könne vermuten, dass „soweit keine besonderen Umstände vorhanden sind" ein Vorsatz vorgelegen habe[3]. Das bedeutet, dass der Schwerpunktpunkt der Vorsatzfrage nicht länger auf dem Inhalt des Vorsatzes liegt, sondern sich zu einem Indizienbeweis verlagert hat[4]. Der

---

2) Das Oberlandesgericht Osaka hat am 25. Mai 2018 wie folg befunden: Da vom Auftraggeber mitgeteilt worden sei, das Beförderte seien Goldbarren, sei der Täter sich dessen nicht bewusst gewesen, dass es Aufputschmittel waren, und es habe kein Vorsatz zur Einführung von Aufputschmitteln mit Geschäftsabsicht bestanden, Hanrei-Times 1456 (2019), 127.

3) Vgl. *Yasuda*, Hogaku-kyoshitu, Nr. 465, 2019, S. 34.

4) Indirekte Tatsachen und den sie belegenden indirekten Beweis bezeichnet man zusammen

Beweis einer Tatsache kann entweder durch einen unmittelbaren Beweis oder die Vermutung aufgrund von Indizien erfolgen. Hier steht jedoch die Methode in Frage, nach der zu beweisende Tatsachen hauptsächlich aufgrund von Indizien angenommen werden[5].

## 1. Anerkennen des Vorsatzes bei Drogendelikten

Vor dem Oberlandesgericht Tōkyō wurde am 24. Februar 2010 folgendes Urteil, LEX/DB 25480949 (Urteil 2), gefällt: Der Angeklagte hatte Aufputschmittel nach Japan eingeführt, die unter einem hölzernen doppelten Boden in seinem Koffer versteckt waren. Da der Auftraggeber des Täters den Koffer unter bedeutenden Kosten einschließlich des Flugpreises und einer Belohnung nach Japan hatte bringen wollen, sei dem Angeklagten klar genug gewesen, dass es sich bei dem in Koffer Versteckten vielleicht um illegale Drogen wie etwa Aufputschmittel handelte, auch wenn er vielleicht nicht präzise wusste, was dort versteckt war. Dementsprechend seien keine besonderen Umstände ersichtlich, aus denen hervorgehe, der Angeklagte habe geglaubt, es seien keine Aufputschmittel. Somit greift nach Ansicht des Gerichts die Vermutungswirkung ein, dass Vorsatz vorgelegen habe (dolus generalis)[6].

In einem ähnlichen Fall führte der Oberste Gerichtshof in seinem Urteil vom 21. Oktober 2013, Keisyu Bd. 67, Nr. 7, S. 755 (Urteil 3) Folgendes aus: Wenn ein Täter das im Koffer versteckte Aufputschmittel auf einer ungewöhnlichen Reiseroute nach Japan bringt, so sei es, soweit keine besonderen Umstände vorhanden seien, nur angemessen anzunehmen, dass er von einer Schmuggelorganisation den Auftrag hierzu bekommen habe. Außerdem sei es denkbar, dass diese Organisation die Flug- und sonstigen Kosten getragen habe. Diese

---

als Indizienbeweis. Ein solcher beweist indirekt Existenz oder Nichtexistenz der zu beweisenden Tatsachen.

5) Die Tatsachenfeststellung aufgrund von Indizienbeweisen hat die Struktur, 1. von indirekten Beweisen her indirekte Tatsachen festzustellen und 2. von der festgestellten indirekten Tatsache(ngruppe) her zu beweisende Tatsachen zu vermuten; vgl. *Takakura*, Hogaku-Seminar, Nr. 772 (2019), 122.

6) Oberlandesgericht Osaka vom 25. Mai 2018 (Hanrei-Times 1456 (2019), 127). In diesem Prozess ist aufgrund der Annahme des Täters, es handele sich um Goldbarren, ein Vorsatz zur Einführung von Aufputschmitteln mit Geschäftsabsicht verneint worden. Vor dem Hintergrund, dass ein dem Angeklagten unbekannter Dritter ihm eine hohe Belohnung auszahlte, habe man vermuten können, der Angeklagte habe das Bewusstsein gehabt, das in dem Koffer Versteckte seien vielleicht Aufputschmittel. Sein fester Glauben, es seien Goldbarren gewesen, wurde jedoch als besonderer Umstand anerkannt, sodass die obige Vermutung nicht griffe. Immerhin könne man ein eventuelles Bewusstsein anerkennen, dass das illegal Erworbene und Versteckte Aufputschmittel gewesen sein. Vgl. *Yasuda*, a.a.O., S. 134.

3. Kapitel  Vorsatz

Kostentragung und die besonderen Geheimhaltungsmaßnahmen aus Angst vor Entdeckung rechtfertigen die Annahme, dass der Angeklagte sich dessen bewusst gewesen sei, möglicherweise im Koffer versteckte illegale Drogen, wie etwa Aufputschmittel, nach Japan einzuführen.

In der Folgezeit gab es in Japan weiterhin Präzedenzfälle wie diesen: X, der schon mehrmals mit Aufputschmitteln gehandelt hatte und dem Angeklagten als Aufputschmittelhändler bekannt war, wollte einen Drogenhandel abschließen, an dem drei Ausländer beteiligt waren. Dies wurde als eine dem Angeklagten bekannte Möglichkeit angenommen und er wurde somit der Beihilfe zur Einfuhr von Aufputschmitteln mit Gewinnabsicht für schuldig befunden (Präfekturgericht Mito, 7. Mai 2019, LEX/DB 25563184: Urteil 4).

Ein anderes Gericht nahm an, dass einem Händler gefährlicher Drogen die Möglichkeit bekannt sei, dass unter den von ihm gehandelten Waren reglementierte psychotrope Substanzen seien und man so bedingten Vorsatz annehmen könne, soweit keine entgegenstehenden besonderen Umstände vorhanden seien (Oberlandesgericht Hiroshima-Okayama, 19. Oktober 2016, LEX/DB 25448304: Urteil 5).

Andererseits hat das Präfekturgericht Tōkyō-Hachiōji am 3. Juli 1997, Hanrei-jiho Nr. 1628, S. 152 (Urteil 6), in einem ähnlichen Fall die Vorsatzvermutung verneint: Wenn der Täter erkläre, er habe die Aufputschmittel unwissend eingenommen und es objektive rationale Anhaltspunkte gebe, die diese Erklärung stützen, so könne ein Vorsatz nur angenommen werden, wenn besondere Umstände vorliegen, die bestätigten, dass er die Substanz als Aufputschmittel erkannt habe. Da es hierfür keine Beweise gab, blieb Raum für rationale Zweifel, dass er die Aufputschmittel wissentlich eingenommen hatte, und ein Vorsatz wurde verneint.

## 2.  Anerkennung von Vorsatz bei Betrugsdelikten

Die oben aufgeführten Überlegungen zur Vermutung von Vorsatz bei Drogendelikten lassen sich auch auf andere Delikte, insbesondere den Betrug, übertragen[7]. Zum Beispiel hatte das Oberlandesgericht Fukuoka am 20. Dezember

---

7)  Das Urteil des Oberlandesgerichts Fukuoka vom 20. Dezember 2016 (Hanrei-Times Nr. 1434 (2017), 119) ähnelt Urteil 1. Nach der Auffassung des Gerichts scheint auch ohne direkten Beweis eines Betrugsbewusstseins – aufgrund der auf indirekte Tatsachen gestützten Vermutung und des Verständnisses als eine Art unbestimmten Vorsatzes – der Vorsatz zum Betrug bei dem Angeklagten vorgelegen zu haben. Hier lässt sich von einer Übertragung der Theorie von Urteil 1 auf ein Betrugsdelikt sprechen. Entsprechend auch das Oberlandesgericht Tōkyō am 7. März 2018 (*Ishikawa*, Sosa-kenkyu, Bad. 72, Nr. 1, 83). Gegen eine Zweckentfremdung dieser Theorie äußert sich *Naruse*, Hogaku-kyoshitsu,

2016, Hanrei-jiho Nr. 2338, S. 112 (Urteil 7), einen Fall vorliegen, in dem Senioren telefonisch zum Übersenden von Bargeld bewegt werden sollten. Das Gericht urteilte, dass der Empfänger, dem das Geld durch einen Zustelldienst übergeben worden war, zum Zeitpunkt der betreffenden Annahme das Bewusstsein gehabt habe, sich an einer illegalen Tat zu beteiligen. Soweit keine besonderen Umstände vorhanden seien, könne daraus geschlossen werden, dass er die Lage ausreichend verstanden habe, um zu merken, dass er es mit einem typischem Telefonbetrug zu tun habe. In diesem Fall bedarf es nach dem Gericht keines weiteren Beweises mehr, dass der Beschuldigte die Betrugssituation erfasst und damit vorsätzlich an der Tat mitgewirkt hat.

Der Oberste Gerichtshof hatte am 11. Dezember 2018, Keisyu Bd. 72 Nr. 6, S. 672 (Urteil 8), ebenfalls über einen Telefonbetrug zu entscheiden. Hier war das Bargeld mit einem Zustelldienst in eine leerstehende Wohnung geschickt worden. Der Oberste Gerichtshof befand, dass der Angeklagte, der das Geld von dem Zustelldienst in Empfang genommen hatte, Vorsatz bezüglich des Betruges hatte und damit der mittäterschaftlichen Begehung schuldig sei. Dabei stütze sich das Gericht auf folgende Überlegungen: Zunächst habe der Angeklagte die leerstehende Wohnung aufgesucht und sich dort als Empfänger der Sendung ausgegeben, die er dann plangemäß an einen anderen weitergab. Für diese Tätigkeit, die er mehrmals ausführte, habe er zudem Belohnungen erhalten. Schließlich sei ihm der deliktische Charakter seiner Handlung bewusst gewesen und es seien insbesondere keine Umstände ersichtlich, die Zweifel an der Annahme zulassen, dass der Angeklagte von einem Betrugsdelikt ausging.

Am 14. Dezember 2018 urteilte der Oberste Gerichtshof, Keisyu Bd. 72 Nr. 6, S. 737 (Urteil 9), in einem anderen Fall von Telefonbetrug. Hier blickte das Gericht auf den Tatsachenbestand – der Angeklagte hatte mehrmals den Auftrag erhalten und ausgeführt, sich in einer Wohnung als Empfänger von Paketen auszugeben und diese sodann gegen eine hohe Belohnung an eine andere Person weiterzugeben – und befand, dass ihm die Möglichkeit, dass es sich beim Inhalt der Sendung um den Ertrag von Betrug handeln könnte, bewusst gewesen sei. Bloß weil der Angeklagte angeblich nicht daran gedacht haben will, dass es Geld gewesen sei, sei nicht ersichtlich, dass ihm nicht bewusst war, es könne sich um Betrug handeln. Auch hier lagen nach der Auffassung des Gerichts keine Umstände vor, aus denen sich eine andere Bewertung ergab und so wurde ein Vorsatz zum Betrug bejaht und der Angeklagte wegen einer mittäterschaftlichen Begehung verurteilt. Dass die unnatür-

---

Nr. 462 (2019), 156.

3. Kapitel Vorsatz

lichen Empfängerhandlungen, die nicht als berechtigte Geschäftstätigkeit zu bezeichnen sind, und die hohe Belohnung dafür möglicherweise mit einer Deliktshandlung wie etwa Betrug in Verbindung stehen, muss sich geradezu aufdrängen[8]. Vor dem Hintergrund dieses Gedankens lässt sich das Urteil erklären.

Der Oberste Gerichtshof hat am 27. September 2019, Keisyu Bd. 73 Nr. 4, S. 47 (Urteil 10), einen Telefonbetrug, bei dem Bargeldsendungen per Zustelldienst versendet worden waren, folgendermaßen beurteilt: Bei einem besonderen Betrug, bei dem der Angeklagte X das Opfer A durch die Versendung von Bargeld per Kurierdienst betrog, forderte der Angeklagte Y, dessen Name nicht bekannt war, A auf, Bargeld anzunehmen, das an B geschickt wurde, dessen Adresse zwar korrekt war, der aber in Wirklichkeit nicht existierte. X entnahm mit einer grob unnatürlichen Methode den Abwesenheitszettel mit dem Code für das Kurierfach aus dem Briefschlitz an der betreffenden Adresse und übergab ihn X, der mit der Abholung beauftragt war. X entnahm das Paket mit dem Bargeld aus dem Briefkasten an der Adresse, indem er den Abwesenheitszettel mit der PIN für den Briefkasten aus dem Briefkastenschlitz an der Adresse entnahm und ihn X übergab, der für die Abholung des Pakets zuständig war. Da auch hier keine besonderen Umstände vorlagen, die das Erkennen der Möglichkeit einer Betrugshandlung für den Angeklagten ausschließen würden, hat das Gericht befunden, er habe die Pakete in dem Bewusstsein empfangen, dass seine Handlung zu einem Betrug beitragen werde. Damit hat das Gericht den Vorsatz hinsichtlich des mittäterschaftlichen Betruges bejaht.

Eine solche Folgerung ist auch bei der Begründung des Vorsatzes zu einer Bestechung durch das Oberlandesgericht Tōkyō am 24. März 1997, Hanreijiho Nr. 1606, S. 3 (Urteil 11), herangezogen worden. In dem Prozess stand in Frage, ob der Angeklagte die Bestechung erkannt hat. Das Urteil der unteren Instanz (des Landgerichts) hatte die Beweise dafür, dass der Angeklagte das Überreichen eines Schecks als Bestechung erkannt hatte, für ungenügend erachtet. Wenn jedoch ein Beamter um die Vornahme einer unterstützenden Amtshandlung gebeten worden ist und ihm dabei ein Gewinn in Aussicht gestellt wurde, der auch objektiv ein Entgelt für seine Amtshandlungen darstellte, so schien es nach der Auffassung des Oberlandesgerichts eindeutig, dass er diesen Gewinn als Bestechung erkannt hat, als er ihn in Empfang nahm. Unter Berücksichtigung, dass auch hier keine besonderen Umstände, die ein Erkennen als Bestechungsgeld problematisch erscheinen lassen, vorliegen,

---

8) *Tanzaki*, Kensyu, Nr. 851, 2023, S. 43.

wurde ein Vorsatz schließlich bejaht.

## IV. Erwägungen

Wissenschaft und Praxis stimmen in Japan darin überein, dass der sogenannte allgemeine Vorsatz (dolus generalis) für den Inhalt des Vorsatzes bei
Drogendelikten ausreicht. Dabei haben sich folgende objektive Anhaltspunkte
herausgebildet, die auf ein Erkennen der Substanz als Droge als Vorbedingung
für diesen allgemeinen Vorsatz schließen lassen[9].

- A Einführung nach Japan auf ungewöhnliche Weise, etwa am oder im
  Körper versteckt
- B Zustand des Koffers ist ungewöhnlich
- C Übernahme der Flugkosten und Belohnung

Dazu gibt es noch weitere Indizien, wie etwa unnatürliches Verhalten des
Täters bei der Untersuchung am Flughafen. Wo diese zusammenfallen, wird ein
Erkennen als illegale Droge vermutet.

Man muss aber unbedingt vermeiden, aus einer bloßen Indizienlage allzu
leicht Schlüsse auf den Vorsatz zu ziehen. Urteil 7 schließt unter Verweis auf
die Abwesenheit besonderer Umstände aus der allgemeinen Wahrnehmung des
Angeklagten, zu einer illegalen Handlung beizutragen, auf einen konkreten
Vorsatz zum Telefonbetrug. Dabei macht das Gericht deutlich, dass es keines
weiteren Beweises mehr bedarf, ob ein konkretes Bewusstsein, sich vielleicht
an einem Betrug zu beteiligen, vorgelegen habe. Doch allein aus einem
„Erkennen, zu einer illegalen Handlung beizutragen" kann doch kaum herge-
leitet werden, dass er „die Lage ausreichend verstanden habe, um zu merken,
dass er es mit einem typischem Telefonbetrug zu tun habe"[10].

Es gibt vielerlei illegale Handlungen, von leichten zu schweren Delikten.
Verbrechen haben ein besonderes Gewicht und um das Zustandekommen eines
vorsätzlichen schweren Deliktes anzuerkennen, ist ein Erkennen der konkreten
Tatsachen erforderlich, die eine schwere Bestrafung begründen können[11]. Dass

---

9)  *Akutagawa*, Hanrei-hisyo Journal, 2019, Nr. 3 S. 6.

10) Ähnlich stellt auch Oba fest: Solange man an der Grundsatzfrage der Vorsätzlichkeit fest-
    halte, sei, um beim Abholer ein verwirklichtes Betrugsdelikt annehmen zu können, das
    Bewusstsein notwendig, dass es sich um Betrug handle. Das pauschale Bewusstsein, es
    handele sich vielleicht um irgendeine illegale Handlung, sei nicht ausreichend. *Oba*, Kei-
    ho-Journal, Nr. 53 (2017), 23.

11) *Nakamori*, Hanrei-hyakusen-keiho I Soron, 5. Aufl., S. 75. Das Bewusstsein zu irgendei-
    ner illegalen Handlung oder irgendeinem Delikt beizutragen reicht nicht aus. Wenn aber
    das Bewusstsein vorliegt, zu einem Verbrechen mit Betrugscharakter beizutragen, so wäre
    ein entsprechender Vorsatz zum Betrugsdelikt zu bejahen.

das eigene Handeln möglicherweise ein Verbrechen darstellen kann, muss sich der Täter über Angst und Verunsicherung hinaus bewusst sein. Schließlich ist kritisch festzustellen, dass die Ansicht, die das Vorliegen von Vorsatz anerkennt solange keine besonderen Umstände vorliegen, welche dieser Annahme entgegenstünden, die Existenz eines solchen Vorsatzes als Grundsatz ansieht und damit der Unschuldsvermutung entgegensteht.

Hier stellt Urteil 6 – zwar unter gewissen Vorbehalten – fest, zum Anerkennen eines Vorsatzes bei Aufputschmitteldelikten sei das Vorhandensein besonderer Umstände notwendig, die bestätigten, dass der Angeklagte gewusst habe, dass es sich um Aufputschmittel handelte. Ist dies nicht die eigentliche Art und Weise, das Vorliegen von Vorsatz zu prüfen? Stimmt es dazu nicht auch mit dem strafprozessualen Grundsatz „Beweis ohne begründeten Zweifel" überein, also der erforderlichen Absicherung von Beweisen, um den Angeklagten des betreffenden Verbrechens für schuldig befinden zu können?

Eine ähnliche Problematik bei der Überprüfung subjektiver Faktoren stellt sich beim Untreuetatbestand. Dieser Tatbestand verlangt das Ziel des Täters, nach eigenem Profit oder dem von Dritten zu streben bzw. dem Arbeitgeber Schaden zuzufügen. Doch nach der japanischen Rechtsprechung und der herrschenden Meinung in der Literatur kann Untreue auch dann bejaht werden, wenn der Täter nicht das Ziel verfolgt, nach dem Profit des Arbeitgeber zu streben[12]. Es ist aber zweifelhaft, ob das Ziel, dem Arbeitgeber zu schaden, logisch das gleiche ist wie nicht das Ziel zu haben, nach seinem Profit zu streben.

## V. Schluss

In Japan genügt zur Annahme von Vorsatz im Zusammenhang mit Drogendelikten auf Inhaltsebene der allgemeine Vorsatz (dolus generalis), aber wenigstens dieser muss vorliegen. In diesem Punkt gibt es keine Unstimmigkeit zwischen Praxis und Wissenschaft. Zentrum der gegenwärtigen Debatte ist nicht der Inhalt des Vorsatzes, sondern die Art und Weise der Ermittlung des

---

12) Oberster Gerichtshof vom 21. November 1988 (Keishu, Bd. 42 Nr. 9, 1251; vgl. *Shinada*, Hanrei-hyakusen-keiho II Kakuron, 8. Aufl. 2020, S. 149). Zu Ziel und Motiv von eigenem unlauterem Vorteil und fremdem Schaden wird gegenwärtig mehrheitlich die Meinung vom passiven Motiv vertreten und praktiziert, die kein aktives Ziel der Schadenszufügung benötigt und nach welcher auf Straffreiheit erkannt wird, wenn es beim Betreffenden ein Ziel von Eigenvorteil gibt. Dem steht die Meinung vom aktiven Motiv entgegen, welche ein aktives Motiv von eigenem unlauterem Vorteil und fremdem Schaden verlangt.

dolus generalis. Hier wird ein Verfahren angewendet, das aus Indizienbeweisen auf das Vorliegen von Vorsatz schließt. Kritisch muss jedoch angemahnt werden, dass dieses Verfahren zurückhaltend angewendet werden sollte. Anderenfalls drohen Verstöße gegen die Forderung des Strafprozessrechtes nach einem „Strengbeweis" und „Beweis ohne begründeten Zweifel". Ein Teil der Drogendeliktsfälle wird in Schöffenprozessen verhandelt. Auch für die Schöffen müssen die Grundlagen des Urteilsfindungsprozesses mit der normalen Vernunft übereinstimmen; es muss ihnen klar sein, wieso eine solche Schlussfolgerung möglich ist.

Die Tatsache, dass das Vorliegen von Vorsatz angenommen werden kann, wenn keine entgegenstehenden besonderen Umstände vorliegen, bedeutet davon auszugehen, dass Vorsatz grundsätzlich vorliegt. Dies ist jedoch nichts anderes als die Aufstellung einer Regel, die das Vorliegen von Vorsatz immer voraussetzt. Eine aus der Unschuldsvermutung abgeleitete Regel besagt jedoch, dass das Vorliegen von Vorsatz beim Fehlen besonderer Umstände zu verneinen ist. Die Verlagerung der Beweislast von der Staatsanwaltschaft auf den Angeklagten muss daher sorgfältig geprüft werden[13].

---

13) So sind sich beispielsweise Autofahrer mehr oder weniger der Möglichkeit eines Unfalls bewusst. Sie fahren aber trotzdem weiter, weil sie sich dessen lediglich passiv bewusst sind. Es ist unangebracht, von einer solchen unterschwelligen Wahrnehmung auf ein realistisches Für-Möglich-Halten eines Unfalls zu schließen. Es handelt sich vielmehr um eine vage Angst und Befürchtung, nicht um die Bildung eines realistischen Bewusstseins hinsichtlich des Unfallgeschehens. Für die Drogendelikte bedeutet dies Folgendes: Da keine besonderen Umstände vorliegen, die darauf hindeuten, dass er glaubte, es handele sich nicht um Methamphetamin, können wir davon ausgehen, dass zumindest eine konditionierte Wahrnehmung vorlag. Selbst in diesem Fall muss der Richter jedoch mit mehr als 90% Sicherheit feststellen, dass (bedingt) vorsätzlicher Methamphetamin-Konsum vorlag. Das ist jedoch nicht dasselbe wie die Feststellung mit mehr als 90% Sicherheit, dass keine besonderen Umstände vorlagen, die darauf hindeuteten, dass er oder sie glaubte, es handele sich nicht um Methamphetamin. Erforderlich ist also das Vorliegen besonderer Umstände, die darauf hindeuten, dass er sich bewusst war, dass es sich um Methamphetamin handelte.

4. Kapitel    Erfolgsqualifiziertes Delikt

# Die erfolgsqualifizierten Delikte im taiwanesischen Strafrecht

Hsiao-Wen WANG

## I. Einleitung

Der in Taiwan gebrauchte Begriff der erfolgsqualifizierten Delikte bezieht sich auf § 17 des taiwanesischen Strafgesetzbuchs (kurz: tStGB). Dieser normiert: „Erhöht ein Gesetz die Strafe einer Tat wegen der Verursachung eines bestimmten Erfolgs, so findet diese Bestimmung keine Anwendung, wenn der Täter den Eintritt des Erfolgs nicht vorhersehen konnte"[1]. Teilweise wird diese Vorschrift in der chinesischen Sprache auch als Delikt mit Erfolgsqualifikation bezeichnet. Dennoch werden die erfolgsqualifizierten Delikte（結果加重犯）[2] und die Delikte mit Erfolgsqualifikation （加重結果犯）[3] synonymisch verwendet.

Das System des taiwanesischen Strafrechts und des Strafgesetzbuchs ist nach dem Vorbild des japanischen und deutschen Strafrechts geschaffen worden. Zur Untersuchung der erfolgsqualifizierten Delikte im taiwanesischen Strafrecht ist es deshalb sinnvoll, rechtsvergleichend die Dogmatik und Gesetzesregelungen

---

1) Normtext in chinesischer und englischer Sprache abrufbar unter https://law.moj.gov.tw/LawClass/LawAll.aspx?pcode=C0000001 (Stand: 6.6.2024).

2) Den Begriff der erfolgsqualifizierten Delikte （結果加重犯）benutzen *Shan-Tian Lin* （林山田）, Strafrecht AT 2 （刑法通論下冊）, 10. Aufl., 2008, S. 205 ff.; *Tz-Ping Chen* （陳子平）, Strafrecht AT （刑法總論）, 4. Aufl., 2017, S. 374 ff.; *Tze-Tien Hsu* （許澤天）, Strafrecht AT （刑法總則）, 5. Aufl., 2024, Kap. 9 Rn. 82 ff.; *Shu-Kai Lin* （林書楷）, Strafrecht AT （刑法總則）, 4. Aufl., 2018, S. 438 ff.; *Ye-Ping Zhou* （周冶平）, Strafrecht AT （刑法總論）, 5. Aufl., 1972, S. 132 ff.; *Chung-Mo Han* （韓忠謨）, Grundsätze des Strafrechts （刑法原理）, 15. Aufl., 1982, S. 217 ff. u.a.

3) Delikte mit Erfolgsqualifikation （加重結果犯）nennen *Yu-Hsiung Lin* （林鈺雄）, Neues Strafrecht AT （新刑法總則）, 10. Aufl., 2022, S. 92 ff.; *Tun-Ming Tsai* （蔡墩銘）, Grundzüge des Strafrechts （刑法精義）, 2. Aufl., 2005, S. 118 ff., 262 ff.; *Rong-Chian Huang* （黃榮堅）, Grundlage der Strafrechtswissenschaft I （基礎刑法學〈上〉）, 4. Aufl., 2012, S. 399 ff.; *Jian-Hong Chu* （褚劍鴻）, Strafrecht AT （刑法總則論）, 12. Aufl., 1998, S. 233 ff. u.a. Die taiwanesische Rechtsprechung benutzt auch diesen Ausdruck. Siehe u.a. das Präzedenzurteil 1958 Taishang Nr. 920 des Obersten Gerichtshofs von Taiwan （最高法院 47 年台上字第 920 號判例）.

der genannten Länder heranzuziehen. Im vorliegenden Text wird sich aus Gründen der beschränkten Sprachkenntnisse des Autors vorwiegend auf das deutsche Strafrecht bezogen.

Die erfolgsqualifizierten Delikte sind in § 18 des deutschen Strafgesetzbuchs (kurz: dStGB) geregelt. § 18 dStGB (Schwerere Strafe bei besonderen Tatfolgen) normiert: „Knüpft das Gesetz an eine besondere Folge der Tat eine schwerere Strafe, so trifft sie den Täter oder den Teilnehmer nur, wenn ihm hinsichtlich dieser Folge wenigstens Fahrlässigkeit zur Last fällt." Die Regelungstechnik der erfolgsqualifizierten Delikte im tStGB und dStGB ist auf den ersten Blick sehr ähnlich. Aber wenn man den Wortlaut beider Vorschriften genauer betrachtet, sind dennoch einzelne Differenzen erkennbar. Nach dem deutschen Strafrecht ist bei erfolgsqualifizierten Delikten mindestens Fahrlässigkeit hinsichtlich der schweren Folge vorauszusetzen. Die erfolgsqualifizierten Delikte enthalten also die Vorsatz-Fahrlässigkeits-Kombinationen, bei gesteigerter Form der Fahrlässigkeit auch die Vorsatz-Leichtfertigkeits-Kombinationen und sogar die Vorsatz-Vorsatz-Kombinationen[4].

Hingegen sind in der taiwanesischen Strafrechtslehre und Rechtsprechung nur die Vorsatz-Fahrlässigkeits-Kombinationen für die erfolgsqualifizierten Delikte gemäß § 17 tStGB anerkannt[5]. Einerseits finden im tStGB die Leichtfertigkeitsdelikte keinen Platz. Andererseits sind die sogenannten Kombinationsdelikte mit der Struktur der Vorsatz-Vorsatz-Kombination gesondert im Besonderen Teil des tStGB geregelt[6]. Dementsprechend bleibt lediglich für die Vorsatz-Fahrlässigkeits-Kombinationen Raum. Aber da § 17 tStGB ausdrücklich regelt, dass die Unvorhersehbarkeit des Erfolgseintritts für den Täter die Anwendung des § 17 tStGB ausschließt, ist in der Lehre und Rechtsprechung in Taiwan umstritten, ob für die erfolgsqualifizierten Delikte neben dem vorsätzlichen Grunddelikt die Fahrlässigkeit hinsichtlich der schweren Folge vorausgesetzt wird. Oder reicht doch schon aus, dass der Eintritt der schweren Folge vorhersehbar ist? Anders ausgedrückt: Ist es zur Verwirklichung eines erfolgsqualifizierten Straftatbestandes ausreichend, dass die schwere Folge vorhersehbar ist, ohne dass der Täter sie fahrlässig herbeigeführt hat?

Auf die Frage „Vorhersehbarkeit oder Fahrlässigkeit hinsichtlich der schweren Folge?" wird anhand der Lehre und Rechtsprechung in Taiwan nach-

---

4) *Roxin/Greco* AT 1, 5. Aufl., 2020, § 10 Rn. 109; *Baumann/Weber/Mitsch/Eisele* AT, 13. Aufl., 2021, § 13 Rn. 12 f.

5) Siehe u.a. *Tze-Tien Hsu*（許澤天）(Fn. 2), Kap. 9 Rn. 82; *Rong-Chian Huang*（黃榮堅）(Fn. 3), S. 400.

6) *Yu-Hsiung Lin*（林鈺雄）(Fn. 3), S. 109.

folgend eingegangen. Am Ende wird die Auffassung des Autors vorgestellt.

Da die Strafrechtslehre in Taiwan vor allem von der deutschen Lehre beeinflusst ist, wird in diesem Beitrag auch der Begriff des tatbestandsspezifischen Gefahrzusammenhangs besprochen, der in der taiwanesischen Strafrechtslehre überwiegend, in der Rechtsprechung gelegentlich benutzt wird, um die Entwicklung der Dogmatik der erfolgsqualifizierten Delikte in Taiwan zu überblicken.

## II. Die erfolgsqualifizierten Delikte in der taiwanesischen Lehre

Die Frage, ob die erfolgsqualifizierten Delikte in Taiwan eine Verbrechensstruktur von Vorsatz plus Fahrlässikeit oder Vorsatz plus lediglich Vorhersehbarkeit enthalten, hängt von der Frage ab, in welchem Verhältnis die Fahrlässigkeit zur Vorhersehbarkeit steht. Zur Beantwortung dieser Frage muss auf die Entwicklung der allgemeinen Verbrechenslehre in Taiwan eingegangen werden.

In der älteren taiwanesischen Strafrechtslehre waren die klassische bzw. neoklassische Verbrechenslehre vorherrschend. Das Charakteristikum der klassischen bzw. neoklassischen Verbrechenslehre liegt darin, dass sich das Unrecht der Straftat im Prinzip auf die objektive Seite der Straftat (mit einigen Ausnahmen wie den besonderen subjektiven Tatbestandsmerkmalen bei der neoklassischen Verbrechenslehre), die Schuld hingegen grundsätzlich auf die subjektive Seite der Straftat (auch mit einigen Ausnahmen, wie etwa der objektiven Umständen des entschuldigenden Notstands bei der neoklassischen Verbrechenslehre) bezieht[7]. Dementsprechend lägen Vorsatz und Fahrlässigkeit als Zurechenbarkeit der Tat, die subjektive Elemente im Inneren des Täters implizieren, im Verbrechensaufbau nicht auf der Tatbestandsebene, sondern auf der Schuldebene[8].

Aus dieser subjektiven Perspektive kann die Fahrlässigkeit dann als ein psychischer Zustand, in dem der Täter den Tat-Sachverhalt kennen sollte und konnte, aber wegen der Außerachtlassung nicht kannte, verstanden werden[9]. Die Natur der Fahrlässigkeit liege in der Sorgfaltspflichtwidrigkeit. Die Sorgfaltspflicht könne durch drei Pflichten konkretisiert werden. Zuerst sei der Täter verpflichtet, den Tat-Sachverhalt zu kennen (oder vorherzusehen). Zweitens solle der Täter aufgrund der Kenntnisse die erforderlichen inneren und äußeren

---

7) *Roxin/Greco* (Fn. 4), § 7 Rn. 15 ff.
8) Siehe *Ye-Ping Zhou* (周治平) (Fn. 2), S. 99 f., 238 ff.; *Chung-Mo Han* (韓忠謨) (Fn. 2), S. 83 ff., 198 ff.; *Jian-Hong Chu* (褚劍鴻) (Fn. 3), S. 105 ff., 200 ff.
9) *Ye-Ping Zhou* (周治平) (Fn. 2), S. 254.

## 4. Kapitel  Erfolgsqualifiziertes Delikt

Handlungen unternehmen. Drittens habe der Täter die Pflicht, den Erfolgseintritt zu vermeiden. Darüber hinaus sei neben der Sorgfaltspflicht die Vorhersehbarkeit erforderlich, um die Fahrlässigkeitsschuld zu begründen[10]. Daraus folgte, dass zur Begründung der Fahrlässigkeitsstrafbarkeit die Vorhersehbarkeit unverzichtbar wäre. Es ist daher verständlich, dass nach dieser subjektiven Ansicht der Fahrlässigkeit die Vorhersehbarkeit eine zentrale Rolle spielt. § 17 tStGB schreibt deshalb ausdrücklich vor, dass sich die erfolgsqualifizierten Delikte ohne Vorhersehbarkeit nicht verwirklichen lassen[11].

Seitdem vorwiegend in den 90er Jahren immer mehr taiwanesische Strafrechtswissenschaftler von ihrem Deutschlandstudium nach Taiwan zurückkamen, hat sich die herkömmliche Meinung bezüglich der allgemeinen Verbrechenslehre allmählich geändert. Durch den Einfluss der neueren Verbrechenslehre hat sich der zweistufige Aufbau des Fahrlässigkeitsdelikts durchgesetzt. Demnach bezieht sich die Fahrlässigkeit sowohl auf das Unrecht als auch auf die Schuld[12].

Gleichzeitig werden die erfolgsqualifizierten Delikte in der Lehre überwiegend als Straftaten mit Vorsatz-Fahrlässigkeits-Aufbau verstanden. Dementsprechend haben die erfolgsqualifizierten Delikte die folgenden Verbrechenselemente zu erfüllen: Zuerst muss selbstverständlich der vorsätzliche Grundtatbestand verwirklicht werden. Dann muss die schwere Folge eintreten und im ursächlichen und objektiv zurechenbaren Zusammenhang zu der Tathandlung stehen. Darüber hinaus muss zwischen der Tathandlung und der schweren Folge ein tatbestandsspezifischer Gefahrzusammenhang, oder auch Unmittelbarkeitszusammenhang genannt, bestehen. Zuletzt muss der Täter fahrlässig die schwere Folge herbeigeführt haben[13].

Diese Fahrlässigkeitsforderung hinsichtlich der schweren Folge beruht auf dem Schuldprinzip[14]. Demnach darf nur eine Tat bestraft werden, die entweder vorsätzlich oder fahrlässig begangen wurde. Dies ist auch in § 12 I tStGB

---

10) *Ye-Ping Zhou*（周治平）(Fn. 2), S. 258; *Chung-Mo Han*（韓忠謨）(Fn. 2), S. 211.

11) *Chung-Mo Han*（韓忠謨）(Fn. 2), S. 218, behauptet, wenn das Nicht-Vorhersehen der schweren Folge aus der Unvorhersehbarkeit resultiere, sei das Nicht-Vorhersehen keine Fahrlässigkeit und auch nicht strafbar. Die Strafgründe der erfolgsqualifizierten Delikte lägen in der vorhersehbaren schweren Folge, und nicht einfach in der unvorhergesehenen schweren Folge. Die erfolgsqualifizierten Delikte werden daher als Qualifikation der Tat angesehen und schärfer bestraft.

12) Z.B. *Yu-Hsiung Lin*（林鈺雄）(Fn. 3), S. 509 ff.; *Tze-Tien Hsu*（許澤天）(Fn. 2) Kap. 9 Rn. 14 ff.; *Shu-Kai Lin*（林書楷）(Fn. 2), S. 419 ff.

13) *Yu-Hsiung Lin*（林鈺雄）(Fn. 3), S. 93 ff.; *Tze-Tien Hsu*（許澤天）(Fn. 2) Kap. 9 Rn. 84 ff.

14) *Tze-Tien Hsu*（許澤天）(Fn. 2) Kap. 9 Rn. 89.

120

ausdrücklich vorgeschrieben: „Eine Tat, die nicht mit Vorsatz oder Fahrlässigkeit vorgenommen wird, ist straflos." Zwar darf selbstverständlich die Handlung des vorsätzlichen Grunddelikts entsprechend dem Schuldprinzip bestraft werden. Aber die Bestrafung wegen der Herbeiführung der schweren Folge kann nicht gerechtfertigt werden, wenn die schwere Folge nicht mindestens fahrlässig vom Täter herbeigeführt worden ist. Ansonsten kann die schwere Folge strafrechtlich nicht dem Täter zugerechnet werden und der Täter darf auch nicht dafür bestraft werden.

Die Fahrlässigkeit ist angesichts des zweistufigen Aufbaus sowohl auf der Tatbestands- als auch auf der Schuldebene angesiedelt. Es müssen insbesondere jeweils objektive Sorgfaltspflichtverletzung und Vorhersehbarkeit in der Tatbestandsmäßigkeit und subjektive Sorgfaltspflichtverletzung und Vorhersehbarkeit in der Schuld vorliegen[15].

Anders als im dStGB sind die Definitionen von Vorsatz und Fahrlässigkeit im tStGB ausdrücklich geregelt. Die Fahrlässigkeit wird in § 14 I tStGB wie folgt normiert: „Fahrlässig handelt der Täter dann, wenn er nicht vorsätzlich handelt, aber die Sorgfalt außer Acht gelassen hat, die er nach der Sachlage hätte verwenden sollen und auch können."

Demnach bedeutet „Sorgfalt hätte verwenden sollen" nichts anderes als die objektive Sorgfaltspflicht. Und da die objektive Sorgfaltspflicht eng mit der objektiven Vorhersehbarkeit verbunden ist, ist auf der Tatbestandsebene die objektive Sorgfaltspflichtverletzung einschließlich der objektiven Vorhersehbarkeit für die Fahrlässigkeitsstrafbarkeit erforderlich. Hingegen lässt sich „Sorgfalt hätte verwenden können" so interpretieren, dass auf der Schuldebene eines Fahrlässigkeitsdelikts die subjektive Sorgfaltspflichtverletzung einschließlich der subjektiven Vorhersehbarkeit vorhanden sein müsste. Nachfolgend wird anhand dieses Verständnisses der Fahrlässigkeit auf die Elemente der erfolgsqualifizierten Delikte eingegangen.

Den Begriff des tatbestandsspezischen Gefahrzusammenhangs, auch Unmittelbarkeitszusammenhang genannt, kannte die ältere Strafrechtslehre und Rechtsprechung in Taiwan nicht. Dieses ungeschriebene Tatbestandsmerkmal ist in erster Linie von der deutschen Strafrechtsdogmatik in die taiwanesische Strafrechtslehre eingeführt worden[16]. Da die hohe Strafschärfung der erfolgsqualifizierten Delikte nicht durch die Kumulierung der Strafe des vorsätzlichen

---

15) *Jescheck/Weigend* AT, 5. Aufl., 1996, S. 577 ff., 594 ff.; *Rengier*, Strafrecht AT, 11. Aufl., 2019, § 52 Rn. 11 ff.

16) Siehe u. a. *Yu-Hsiung Lin*（林鈺雄）(Fn. 3), S. 94 f.; *Tze-Tien Hsu*（許澤天）(Fn. 2), Kap. 9 Rn. 90 f.; *Shu-Kai Lin*（林書楷）(Fn. 2), S. 439 ff.

Grunddelikts und derjenigen der fahrlässig herbeigeführten schweren Folge zu begründen ist, muss zwischen den beiden ein tatbestandsspezifischer Gefahrzusammenhang zur Begründung der schärferen Strafandrohung bestehen[17]. Dieser tatbestandsspezifische Gefahrzusammenhang liegt darin, dass sich ein eigentümliches Risiko des Grunddeliktes im Eintritt der schweren Folge verwirklicht hat. Diese Anforderung muss ebenso wie die gebotenen Einschränkungskriterien für jeden in Betracht kommenden Straftatbestand nach dessen Sinn und Zweck sowie unter Berücksichtigung der von ihm erfassten Sachverhalte in differenzierender Wertung ermittelt werden[18]. Das ist wohl als ein Sonderfall der objektiven Zurechung anzusehen[19].

## III. Die erfolgsqualifizierten Delikte in der taiwanesischen Rechtsprechung

In diesem Kapitel wird die Änderung der Rechtsprechung in Bezug auf die Dogmatik der erfolgsqualifizierten Delikte umrissen. Hauptsächlich wird über die folgenden Probleme gesprochen: 1. Vorhersehbarkeit oder Fahrlässigkeit hinsichtlich der schweren Folge? 2. Das ungeschriebene Tatbestandsmerkmal des tatbestandsspezifischen Gefahrzusammenhangs (Unmittelbarkeitszusammenhang).

### 1. Vorhersehbarkeit oder Fahrlässigkeit hinsichtlich der schweren Folge?

Im Hinblick auf die Frage „Vorhersehbarkeit oder Fahrlässigkeit hinsichtlich der schweren Folge?" zählt das Präzedenzurteil 1958 Taishang Nr. 920 des Obersten Gerichtshofs von Taiwan (最高法院 47 年台上字第 920 號判例)[20] zu den wichtigsten Entscheidungen der Rechtsprechung in Taiwan[21]. In diesem Präzedenzurteil wird geäußert: „Eine Voraussetzung der erfolgsqualifizierten Delikte stellt die Vorhersehbarkeit der schweren Folge für den Täter dar. Diese

---

17) *Baumann/Weber/Mitsch/Eisele* (Fn. 4), § 13 Rn. 16 ff.; *Heinrich* Strafrecht AT, 7. Aufl., 2022, Rn. 181; *Roxin/Greco* (Fn. 4) § 10 Rn. 111 ff.

18) BGHSt 33, 322, 333.

19) *Baumann/Weber/Mitsch/Eisele* (Fn. 4) § 13 Rn. 16.

20) Abrufbar unter https://mojlaw.moj.gov.tw/LawContentExShow.aspx?type=J&id=B%2C47%2C%E5%8F%B0%E4%B8%8A%2C920%2C001 (Stand: 6.6.2024).

21) Bis zur Einführung des § 57-1 des Gerichtsverfassungsgesetzes am 4.1.2019 waren Präzedenzurteile gesondert vom Obersten Gerichtshof ausgewählt und hatten die gleiche Wirkung wie eine Rechtsverordnung, deshalb waren alle Gerichte an Präzedenzurteile gebunden. Nach der Gesetzesänderung sind sie dann allen Urteilen des Obersten Gerichtshofs gleichgesetzt.

Vorhersehbarkeit ist objektiv zu interpretieren und unterscheidet sich vom subjektiven Vorsehen. Es ist dem Vorsatz zuzuordnen, wenn der Täter den Erfolg subjektiv vorhergesehen hat und der Eintritt des Erfolgs nicht von seinem Willen abweicht."

Da in diesem Präzedenzurteil nur die objektive Vorhersehbarkeit erwähnt wird, wird § 17 tStGB dahingehend interpretiert, dass die schwere Folge der erfolgsqualifizierten Delikte lediglich objektiv vorhersehbar sein muss und nicht Fahrlässigkeit voraussetzt. Z. B. im Präzedenzurteil 1972 Taishang Nr. 289 des Obersten Gerichtshofs（最高法院 61 年台上字第 289 號判例）[22] wird ausgeführt: „Für die erfolgsqualifizierten Delikte im Strafrecht reicht es aus, dass der Erfolgseintritt für den Täter vorhersehbar war. Der Täter muss ihn nicht vorausgesehen haben, und auch nicht vorsätzlich oder fahrlässig gehandelt haben."

Im Urteil 2008 Taishang Nr. 3104 des Obersten Gerichtshofs（最高法院 97 年台上字第 3104 號判決）[23] wird zu den erfolgsqualifizierten Delikten ausgeführt: „Der Wortlaut des § 17 tStGB ‚wenn der Täter den Eintritt des Erfolgs nicht vorhersehen konnte' bedeutet, dass der Erfolgseintritt einen objektiven Zufall darstellt und für Täter nicht vorhersehbar war. Der Wortlaut spricht nicht von Fahrlässigkeit, sondern nur von Unvorhersehbarkeit. Deshalb wird lediglich die objektive Vorhersehbarkeit, d. h. adäquate Kausalität, vorausgesetzt. Das ist etwas anderes, als fahrlässiges Handeln des Täters hinsichtlich des Erfolgseintritts zu verlangen und auch etwas anderes als Fahrlässigkeit im strengen Sinne."

Im Urteil 1996 Taifei Nr. 76 des Obersten Gerichtshofs（最高法院 85 年台非字第 76 號判決）wird es so formuliert: „Und die Vorhersehbarkeit umfasst die Fälle der Fahrlässigkeit"[24]. Das bedeutet dann nichts anderes, als dass in Bezug auf den Erfolgseintritt der Anwendungsbereich des § 17 tStGB weiter als Fahrlässigkeit sei und die Fahrlässigkeit bezüglich des Erfolgseintritts keine notwendige Voraussetzung für § 17 tStGB sei.

Das Urteil 1996 Taishang Nr. 3568 des Obersten Gerichtshofs（最高法院 85 年台上字第 3568 號判決）besagt: „Die Vorhersehbarkeit richtet sich auf den psychischen Zustand des Täters. Es wird zwar nicht das Vorhersehen des Erfolgs vorausgesetzt, der Erfolg muss dennoch, auch wenn er nicht vorherge-

---

22) Abrufbar unter https://mojlaw.moj.gov.tw/LawContentExShow.aspx?type=J&id=B%2C61%2C%E5%8F%B0%E4%B8%8A%2C289%2C001 (Stand: 6.6.2024).

23) Die Urteile aller taiwanesischen Gerichte abrufbar unter https://judgment.judicial.gov.tw/FJUD/default.aspx (Stand: 6.6.2024).

24) Dieselbe Meinung vertritt in der Lehre auch *Jian-Hong Chu*（褚劍鴻）(Fn. 3), S. 234.

4. Kapitel    Erfolgsqualifiziertes Delikt

sehen wurde, vorhersehbar gewesen sein. Das heißt, dass mindestens ein Zustand vorliegt, der dem Fall der Fahrlässigkeit ähnlich ist." Hier wird von einem der Fahrlässigkeit ähnlichen Fall gesprochen. Das impliziert demzufolge, dass die erfolgsqualifizierten Delikte Fahrlässigkeit hinsichtlich des Erfolgseintritts nicht voraussetzen.

Die vorgenannten Präzedenzurteile und Urteile des Obersten Gerichtshofs haben sich zur ständigen Rechtsprechung entwickelt. Da auch das Urteil 1958 Taishang Nr. 920 zu den Präzedenzurteilen des Obersten Gerichtshofs gehört, hat es eine Bindungswirkung gegenüber anderen Gerichtsentscheidungen. Deshalb schließen sich zahlreiche Gerichte dieser Meinung an und benutzen dieselben Ausdrücke wie dieses Präzedenzurteil in verschiedenen Entscheidungen[25].

Unter dem Einfluss der neueren Strafrechtslehre ergingen einige Gerichtsentscheidungen, die wohl nicht zu einem anderen Ergebnis als die ständige Rechtsprechung kommen, hinsichtlich der Gründe dennoch von ihr abweichen.

Im Urteil 2018 Taishang Nr. 1836 des Obersten Gerichtshofs（最高法院 107 年度台上字第 1836 號判決）handelt es sich um einen Fall von Körperverletzung mit Todesfolge sowie Aussetzung mit Todesfolge. Es wird wie folgt begründet: „Die erfolgsqualifizierten Delikte nach § 17 tStGB bedeuten, dass der Täter vorsätzlich den Grundtatbestand verwirklicht hat und den Erfolg unter den normalen und objektiven Umständen hervorsehen konnte, aber fahrlässig seinen Eintritt subjektiv nicht hervorgesehen hat. Da der Täter subjektiv willentlich die Grundstraftat begangen hat, der Erfolg objektiv hervorgesehen werden konnte und dazwischen eine adäquate Kausalität vorliegt, wird die Rechtsbewertung mit schwererer Strafe begründet."

In diesem Urteil wird zuerst ausgeführt, dass die erfolgsqualifizierten Delikte einen Aufbau von „vorsätzlicher" Grundstraftat und „fahrlässigem" Nicht-Vorhersehen der schweren Folge zeigen. Aber am Ende kommt es wieder dazu, dass neben der subjektiv willentlich begangenen Grundstraftat nur die objektive Vorhersehbarkeit ausreicht. Darum kann dieses Urteil als Kompromiss der neueren Strafrechtslehre und der älteren Rechtsprechung bezeichnet werden.

Im Gegensatz zu dem vorgenannten Urteil scheint das Urteil 2017 Taishang Nr. 4163 des Obersten Gerichtshofs（最高法院 106 年度台上字第 4163 號刑事

---

25) Präzedenzurteil 2002 Taishang Nr. 50, Urteile 2000 Taishang Nr. 811, 2001 Taishang Nr. 6718, 2004 Taishang Nr. 5111, 2004 Taishang Nr. 5181, 2004 Taishang Nr. 5353, 2004 Taishang Nr. 6348, 2005 Taishang Nr. 175, 2005 Taishang Nr. 985, 2005 Taishang Nr. 7029, 2011 Taishang Nr. 4767, 2017 Taishang Nr. 2100 u.a. des Obersten Gerichtshofs; und zahlreiche Instanzgerichtsentscheidungen.

判決）weitgehend von der ständigen Rechtsprechung abzuweichen. In diesem Urteil geht es um einen Fall der Freiheitsberaubung mit Todesfolge. Es heißt dort: „Die erfolgsqualifizierten Delikte nach § 17 tStGB stellen eine Art der Kombinationsdelikte von vorsätzlich begegangener Grundstraftat mit fahrlässig verursachter Erfolgsqualifikation dar. Am Beispiel der Freiheitsberaubung mit Todesfolge reichen Freiheitsberaubung und Verursachung der Todesfolge nicht aus, vielmehr muss die Einsperrung eine spezifische Gefahr implizieren und adäquat-kausal die Todesfolge herbeigeführt haben. Darüber hinaus muss die schwere Folge objektiv und subjektiv vorhersehbar sein und der Täter darf ihn aufgrund einer subjektiven Sorgfaltspflichtverletzung nicht vorhergesehen haben. Das heißt, dass die Verwirklichung der Freiheitsberaubung mit Todesfolge nur mit Fahrlässigkeit in Bezug auf die schwere Folge möglich ist. Und da die Freiheitsberaubung mit Todesfolge und die einfache Freiheitsberaubung einen großen Strafmaßunterschied zeigen[26], kann allein mit der objektiven Vorhersehbarkeit der Todesfolge die Freiheitsberaubung mit Todesfolge nicht verwirklicht werden. Vielmehr muss die Fahrlässigkeit in Bezug auf das subjektive Nicht-Vorhersehen vorliegen (wenn der Täter die schwere Folge subjektiv vorsieht, liegt ein Totschlag vor), um nicht gegen das Prinzip der Schuld-Unrechts-Kongruenz zu verstoßen."

Dieses Urteil weicht wesentlich von der ständigen Rechtsprechung ab. Darin wird hervorgehoben, dass die erfolgsqualifizierten Delikte eine Struktur von vorsätzlicher Grundstraftat und fahrlässiger Erfolgsqualifikation enthalten. Entgegen der ständigen Rechtsprechung und wohl dem Wortlaut des § 17 tStGB behauptet es, dass allein die objektive Vorhersehbarkeit der schweren Folge die Verwirklichung eines erfolgsqualifizierten Delikts nicht begünden kann. Vielmehr muss die Fahrlässigkeit dergestalt vorliegen, dass der Täter subjektiv den Taterfolg nicht hervorgesehen hat, damit ein erfolgsqualifiziertes Delikt verwirklicht wird. Darüber hinaus wird in diesem Urteil auch der Begriff der in der Grundstraftat implizierten spezifischen Gefahr erwähnt. Darauf wird im Folgenden angesichts anderer Urteile eingegangen, die diesen Begriff ausführlicher darstellen.

---

26) Die Strafrahmen der Freiheitsberaubung gemäß § 302 I tStGB sind Freiheitsstrafe unter 5 Jahren oder Geldstrafe. Hingegen kann die Freiheitsberaubung mit Todesfolge gemäß § 302 I, II tStGB mit lebenslanger Freiheitstrafe oder Freiheitstrafe nicht unter 7 Jahren bestraft werden.

## 4. Kapitel Erfolgsqualifiziertes Delikt

## 2. Das ungeschriebene Tatbestandsmerkmal des tatbestandsspezifischen Gefahrzusammenhangs (Unmittelbarkeitszusammenhang)

Neben der taiwanesischen Strafrechtslehre wird der Begriff des tatbestands-spezifischen Gefahrzusammenhangs punktuell auch von der taiwanesischen Rechtsprechung, insbesondere von Instanzgerichten, gebraucht.

Das Urteil 2014 Yuansu Nr. 4 des Landgerichts von Kaohsiung（臺灣高雄地方法院 103 年度原訴字第 4 號刑事判決）ist dasjenige Urteil, das den Inhalt und Ursprung des tatbestandsspezifischen Gefahrzusammenhangs ausführlich dargestellt hat. Dieses Urteil handelt von einem Fall der Körperverletzung mit Todesfolge. Demnach „ist Körperverletzung mit Todesfolge als ein erfolgsqualifiziertes Delikt keine einfache Kumulation von vorsätzlicher Körperverletzung und fahrlässiger Tötung. Zwischen der vorsätzlichen Körperverletzung und der Todesfolge muss ein bestimmter Zusammenhang bestehen. Ob dieser bestimmte Zusammenhang besteht, ist entscheidend für die Verwirklichung des erfolgsqualifizierten Delikts. Ansonsten liegt lediglich eine Idealkonkurrenz vor. Nach der deutschen Rechtsprechung meint dieser Zusammenhang einen „unmittelbaren Zusammenhang" oder „Unmittelbarkeit" zwischen dem Grund-delikt und der schweren Folge. Das bedeutet nämlich, dass der Eintritt der schweren Folge aus der „spezifischen Gefahr" oder „der eigentlichen imma-nenten Gefahr" resultiert."

Diese Entscheidung führt ganz deutlich aus, dass die Kumulation von vorsätzlicher Grundstraftat und fahrlässiger Erfolgsqualifikation die Verwirkli-chung der erfolgsqualifizierten Delikte nicht begründen kann. Ohne den unmit-telbaren Zusammenhang oder Unmittelbarkeit können die vorsätzliche Grund-straftat und die fahrlässig herbeigeführte schwere Folge lediglich zu Idealkon-kurrenz führen, ohne dass ein erfolgsqualifiziertes Delikt verwirklicht worden wäre. Darüber hinaus wird in diesem Urteil auf den Ursprung des von deutscher Rechtsprechung gebrauchten Begriffs des unmittelbaren Zusammenhangs hingedeutet.

Im Urteil 2019 Su Nr. 363 des Landgerichts von Pingtung（臺灣屏東地方法院 108 年度訴字第 363 號刑事判決）wird der Begriff des spezifischen Gefahr-zusammenhangs auch herangezogen. Es wird ausgeführt: „Die erfolgsqualifi-zierten Delikte nach § 17 tStGB stellen eine Art von Kombinationsdelikt der vorsätzlich begangenen Grundstraftat mit der fahrlässig verursachten Erfolgs-qualifikation dar. Am Beispiel der Körperverletzung mit Todesfolge führen eine Körperverletzungshandlung und die Verursachung der Todesfolge nicht unbe-

126

dingt zur Körperverletzung mit Todesfolge. Vielmehr muss die Körperverletzungshandlung eine spezifische Gefahr implizieren und die Todesfolge herbeigeführt haben. Zwischen den beiden muss auch eine adäquate Kausalität bestehen. Außerdem muss der qualifizierte Erfolg objektiv vorhersehbar sein. Und der einer subjektiven Sorgfaltspflicht unterstellte Täter muss den Erfolg vorhergesehen haben können, ihn aber fahrlässig nicht vorhergesehen haben. Das heißt nämlich, dass die erfolgsqualifizierten Delikte erst mit fahrlässiger Verursachung der schweren Folge verwirklicht werden können." Über den Begriff des spezifischen Gefahrzusammenhangs wird wie folgt ausgeführt: „Zwischen der risikoschaffenden Handlung des Handdrückens gegen den Betrunkenen, seinem Fallen in Richtung Boden und der Stoß gegen den Türpfosten, der Verletzung von Kopf und Hals und der Verursachung der Todesfolge besteht ein spezifischer Gefahrzusammenhang."

Darüber hinaus wird der Begriff des spezifischen Gefahrzusammenhangs auch in den folgenden Entscheidungen gebraucht. Im Urteil 2020 Jiaoshangsu Nr. 6 des Oberlandesgerichts von Kaohsiung (臺灣高等法院高雄分院 109 年度交上訴字第 6 號刑事判決) wird ausgeführt: „Zwischen der risikoschaffenden Handlung der Trunkenheit im Verkehr und der Verursachung des Körperverletzungs- oder Todeserfolgs des Opfers besteht ein spezifischer Gefahrzusammenhang."

Auch im Urteil 2021 Su Nr. 336 des Landgerichts von Miaoli (臺灣苗栗地方法院 110 年度訴字第 336 號刑事判決) kommt der Begriff des spezifischen Gefahrzusammenhangs vor. Es wird begründet: „Zwischen dem Grunddelikt der Körperverletzung und der Folge der schwereren Körperverletzung des Opfers besteht ein spezifischer Gefahrzusammenhang."

Nach dem Gesagten ist festzustellen, dass die ständige taiwanesische Rechtsprechung zur Auslegung des § 17 tStGB vorwiegend keine Fahrlässigkeit in Bezug auf die schwere Folge voraussetzt, sondern nur die objektive Vorhersehbarkeit fordert. Die Gerichtsurteile, wonach Fahrlässigkeit hinsichtlich der schweren Folge als eine notwendige Bedingung der erfolgsqualifizierten Delikte anzusehen ist, bleiben eher Ausnahmen. Das ungeschriebene Tatbestandsmerkmal des tatbestandsspezifischen Gefahrzusammenhangs, das von der deutschen Rechtsprechung und Strafrechtslehre entwickelt worden ist, wird auch nur vereinzelt in der Rechtsprechung herangezogen und nicht von der taiwanesischen Rechtsprechung generell anerkannt.

4. Kapitel  Erfolgsqualifiziertes Delikt

## IV.  Überlegungen zu den erfolgsqualifizierten Delikte im taiwanesischen Strafrecht

### 1.  Die strikte Wortlautauslegung des § 17 tStGB

Über den Aufbau und die Natur der erfolgsqualifizierten Delikte hat der Autor 2010 einen Aufsatz veröffentlicht[27]. Darin wurde Kritik an der objektiv orientierten Auslegung der Vorhersehbarkeit von der ständigen Rechtsprechung geübt. Damals hat der Autor Stellung zu der sozusagen strikten Wortlautauslegung bezogen. Da nach dem Wortlaut des § 17 tStGB diese Bestimmung keine Anwendung findet, wenn der Täter den Eintritt des Erfolgs nicht vorhersehen konnte, hat sich der Autor am Wortlaut der Vorhersehbarkeit orientiert.

Es wurde im vorgenannten Aufsatz die Behauptung aufgestellt, dass jede Auslegung im Ausgangspunkt nicht gegen das Schuldprinzip verstoßen darf. Dementsprechend darf dem Täter kein Erfolg zugerechnet werden und der Täter darf für keinen Erfolg verantwortlich gemacht werden, der von ihm nicht vorsätzlich oder fahrlässig herbeigeführt worden ist[28]. Um einerseits dem Wortlaut des § 17 tStGB zu entsprechen, andererseits das Schuldprinzip zu beachten, kann sich die Vorhersehbarkeit nach § 17 tStGB nicht auf die objektive (generelle) Vorhersehbarkeit, sondern nur auf die subjektive (individuelle) Vorhersehbarkeit beziehen. Das kann wie folgt begründet werden.

Der Autor hat versucht, die Vorhersehbarkeit mit der Fahrlässigkeit in Verbindung zu setzen. Das heißt, dass einschließlich der (subjektiven) Vorhersehbarkeit alle Elemente der Fahrlässigkeitsstrafbarkeit erfüllt werden müssen. Nach der herrschenden Meinung beinhalten Fahrlässigkeitsdelikte den folgenden Deliktsaufbau. Auf der Tatbestandsebene gibt es die folgenden Tatbestandselemente: 1. Erfolgseintritt, 2. Kausalität, 3. Objektive Sorgfaltspflichtverletzung, 4. Objektive Vorhersehbarkeit, 5. Objektive Zurechnung. Auf der Schuldebene müssen die folgenden Elemente geprüft werden: 1. Schuldfähigkeit, 2. Subjektive Sorgfaltspflichtverletzung, 3. Subjektive Vorhersehbarkeit, 4. Entschuldigungsgründe, 5. Zumutbarkeit rechtmäßigen Handelns[29]. Im

---

27)  *Hsiao-Wen Wang* （王效文）, Zu Natur und Aufbau der erfolgsqualifizierten Delikte. Anmerkung zum Urteil 2009 Taishang Nr. 5310 des Obersten Gerichtshofs （加重結果犯之性質與構造－評最高法院九十八年度台上字第五三一〇號判決）, Court Case Times （月旦裁判時報） No. 5 2010, S. 104 ff.

28)  *Hsiao-Wen Wang* （王效文） (Fn. 27), S. 106 ff.

29)  Vgl. *Rengier* (Fn. 15) § 52 Rn. 11 ff.; *Wessels/Beulke/Satzger* Strafrecht AT, 53. Aufl. 2023 Rn. 1111 ff.

128

Kontext dieser Diskussion sind aber insbesondere objektive Sorgfaltspflicht-verletzung und Vorhersehbarkeit sowie subjektive Sorgfaltspflichtverletzung und Vorhersehbarkeit von großer Bedeutung.

Da jede Vorsatzstraftat in der Regel auch objektiv eine Sorgfaltspflicht verletzt, ist die objektive Sorgfaltspflichtverletzung schon im vorsätzlichen Grunddelikt inbegriffen[30]. Demzufolge muss die objektive Sorgfaltspflichtver-letzung bei der Zurechnung der schweren Folge nicht besonders geprüft werden[31].

Die subjektive Sorgfaltspflichtverletzung muss grundsätzlich auch nicht besonders besprochen werden. Sie ist nur ausnahmsweise auszuschließen, wenn der Täter schuldunfähig oder mit unvermeidbar fehlendem Unrechtsbe-wusstsein gehandelt hat. Aber bei Verwirklichung des Grunddelikts sind solche Fälle praktisch nicht von Bedeutung[32].

Das Vorliegen der objektiven Vorhersehbarkeit kann angesichts der adäquaten Kausalität, die von der ständigen Rechtsprechung vertreten wird, festgestellt werden. Nach dem am häufigsten zitierten Präzedenzurteil 1987 Taishang Nr. 192 des Obersten Gerichtshofs（最高法院 76 年台上字第 192 號判例）[33] bedeutet adäquate Kausalität, „dass nach den Erfahrungssätzen, in Anbetracht aller Umstände bei der Tatbegehung, mit der objektiven ex-post-Betrachtung, derselbe Erfolg in der Regel, unter denselben Umständen, mit derselben Tathandlung eingetreten wäre. Diese Bedingung ist dann als die adäquate Bedingung des Erfolgseintritts anzusehen und es besteht eine adäquate Kausa-lität zwischen der Handlung und dem Erfolg. Im Gegensatz dazu ist, wenn unter derselben Bedingung objektiv betrachtet derselbe Erfolg normalerweise nicht unbedingt eingetreten wäre, diese Bedingung nicht adäquat für den Erfolg, sondern nur ein zufälliger Sachverhalt. Es besteht keine adäquate Kausalität zwischen der Handlung und dem Erfolg." Die adäquate Kausalität bezieht sich dementsprechend in erster Linie auf den atypischen Kausalverlauf, der vom regelmäßig verlaufenden Kausalverlauf abweicht. Da der atypische Kausalver-lauf objektiv nicht vorhersehbar ist, ist ohne adäquate Kausalität auch die objektive Vorhersehbarkeit zu verneinen[34].

Es bleibt also nach dem Gesagten, wenn wir von der Vorhersehbarkeit nach

---

30) *Baumann/Weber/Mitsch/Eisele* (Fn. 4) § 13 Rn. 11; *Wessels/Beulke/Satzger* (Fn. 29) Rn. 1147; *Heinrich* (Fn. 17) Rn. 1061.

31) *Hsiao-Wen Wang*（王效文）(Fn. 27), S. 108.

32) *Hsiao-Wen Wang*（王效文）(Fn. 27), S. 108.

33) Abrufbar unter https://mojlaw.moj.gov.tw/LawContentExShow.aspx?id=B%2C76%2C%E 5%8F%B0%E4%B8%8A%2C192%2C001&type=J1&kw= (Stand: 6.6.2024).

34) *Hsiao-Wen Wang*（王效文）(Fn. 27), S. 109.

4. Kapitel   Erfolgsqualifiziertes Delikt

dem Wortlaut des § 17 tStGB sprechen, nur die subjektive Vorhersehbarkeit zu prüfen[35]. Mit der subjektiven Vorhersehbarkeit einschließlich aller herkömmlichen Anforderungen der Straftat können die Voraussetzungen der Fahrlässigkeitsstrafbarkeit bezüglich der Tatfolge erfüllt werden.

## 2.   Die an der Fahrlässigkeit orientierte Auslegung des § 17 tStGB

Die frühere Auffassung des Autors ist strikt am Wortlaut der Vorhersehbarkeit im § 17 tStGB orientiert. Der Autor versucht die Vorhersehbarkeit als subjektive Vorhersehbarkeit zu interpretieren, um den Anforderungen der Fahrlässigkeit in Bezug auf Taterfolg und folglich dem Schuldprinzip gerecht zu werden.

Aber wenn wir den Wortlaut des § 17 tStGB genauer ansehen, schließt er die Notwendigkeit der Fahrlässigkeit hinsichtlich der schweren Folge nicht aus. Mit anderen Worten kann aus dem Wortlaut des § 17 tStGB die Schlussfolgerung, wonach die schwere Folge keine Fahrlässigkeit, sondern lediglich Vorhersehbarkeit voraussetzt, nicht gezogen werden.

Dass § 17 tStGB ohne die Vorhersehbarkeit des Erfolgseintritts keine Anwendung findet, ist eine negativ ausgedrückte Aussage über die Strafbarkeit der erfolgsqualifizierten Delikte. Das heißt, dass die Vorhersehbarkeit nur die notwendige, aber keine hinreichende Bedingung der erfolgsqualifizierten Delikte darstellt. Ohne objektive und subjektive Vorhersehbarkeit kann die Fahrlässigkeitsstrafbarkeit selbstverständlich nicht begründet werden. Das darf aber nicht darauf zurückgeführt werden, dass Fahrlässigkeit lediglich mit der subjektiven oder objektiven Vorhersehbarkeit anzunehmen wäre.

Mit anderen Worten kann ein erfolgsqualifiziertes Delikt ohne Vorhersehbarkeit der schweren Folge natürlich nicht verwirklicht werden; was aber nicht bedeutet, dass sich allein mit der Vorhersehbarkeit der schweren Folge die Strafbarkeit der erfolgsqualifizierten Delikte begründen lässt. Letztendlich sind die erfolgsqualifizierten Delikte als Delikte mit der Struktur „Vorsatz plus Fahrlässigkeit" zu verstehen. Hinsichtlich der schweren Folge müssen alle Elemente der Fahrlässigkeit einschließlich des tatbestandsspezifischen Gefahrzusammenhangs erfüllt sein, um dem Schuldprinzip gerecht zu werden.

## V.   Fazit

Das Strafgesetzbuch und Strafrechtssystem in Taiwan ist stark von japani-

---

35)   *Hsiao-Wen Wang*（王效文）(Fn. 27), S. 109.

schem und deutschem Strafrecht beeinflusst. Die Vorschriften im tStGB ähneln damit denen im japanischen und deutschen Strafgesetzbuch. In den drei Ländern werden viele Rechtsbegriffe und dogmatische Strukturen gleich benutzt. Dennoch zeigen die drei Länder vereinzelt auch eine verschiedene Begriffsbildung und dogmatische Entwicklung. Es ist deswegen sinnvoll, Strafrechtsregelungen und Strafrechtsdogmatik anderer Länder rechtsvergleichend zu untersuchen.

Im vorliegenden Aufsatz wurden anhand der Rechtsvergleichung mit dem deutschen Strafrecht die taiwanesische Strafrechtsdogmatik und Rechtsprechung in Bezug auf erfolgsqualifizierte Delikte vorgestellt. Insbesondere wurden die Anforderungen an die Fahrlässigkeit im Kontext der Erfolgsqualifikation und der Begriff des tatbestandsspezifischen Gefahrzusammenhangs problematisiert. Daran ist zu erkennen, dass die Forschung am auswärtigen Strafrecht für die Entwicklung der nationalen Strafrechtslehre von großem Interesse ist.

# Das erfolgsqualifizierte Delikt im deutschen Strafrecht
## Struktur – Regelungstechnik – Legitimation *

Arndt SINN

## I. Einleitung

Unter erfolgsqualifizierten Delikten verstand man in der Vergangenheit solche Straftatbestände, bei denen eine Strafschärfung eintritt, wenn durch eine an sich schuldhafte, in der Regel vorsätzliche Handlung ein unverschuldeter schwererer Erfolg herbeigeführt wurde[1]. Derartige verschuldensunabhängige Straftatbestände existieren unter der Geltung des Schuldprinzips heute nicht mehr. So stellt § 18 StGB auch klar, dass in den Fällen, in denen das Gesetz an eine besondere Folge der Tat eine schwerere Strafe knüpft, sie den Täter oder den Teilnehmer nur dann treffe, wenn ihm hinsichtlich dieser Folge wenigstens Fahrlässigkeit zur Last fällt. Erfolgsqualifizierte Delikte sind also Vorsatz-Fahrlässigkeitskombinationen, die in beachtlicher Anzahl im deutschen Strafgesetzbuch zu finden sind[2].

Der Ursprung des erfolgsqualifizierten Delikts geht auf die Versari-Haftung des alten kanonischen Rechts im 13. Jhd. zurück[3]. „Versanti in re illicita imputantur omnia, quae sequuntur ex delicto." - Alle Folgen der Straftat werden denjenigen zugerechnet, die eine rechtswidrige Handlung begangen haben, was auch den Zufall einschloss. Damit im Zusammenhang stehen auch die Lehren vom dolus generalis und dolus indirectus sowie die Lehre Feuerbachs zur culpa dolo determinata. Die Lehren zum dolus generalis und dolus indirectus sind im Sinne der Versari-Lehre solche, die eine objektive Haftung für einen über die ursprüngliche Absicht hinausgehenden Erfolg begründen[4]. Demgegenüber ist die culpa dolo determinata der Vorläufer des erfolgsqualifizierten Delikts, wie

---

\*   Der Beitrag basiert auf dem Lehrbuch *Gropp/Sinn* Strafrecht Allgemeiner Teil, 5. Aufl. 2021. Einzelne Passagen wurden neu strukturiert und ergänzt.

1)   *Arthur Kaufmann*, Das Schuldprinzip, 1961, 240.

2)   Vgl. etwa die Aufzählung bei *Sternberg-Lieben/Schuster*, in: Schönke/Schröder Strafgesetzbuch, 30. Aufl. 2019, § 18 Rn. 1.

3)   Vgl. *Ambos* GA 2002, 455; *Schubarth* ZStW 85 (1973), 754 ff. (757).

4)   Vgl. *Schubarth* ZStW 85 (1973), 754 ff. (758 f.).

es in Deutschland bekannt ist[5]. Culpa dolo determinata bedeutet die vom Vorsatz bestimmte oder begründete (objektive) Fahrlässigkeit[6].

## II. Die Struktur des erfolgsqualifizierten Delikts

Das erfolgsqualifizierte Delikt hat eine komplexe Struktur: Es setzt sich aus einer *Grundstraftat* und einer *qualifizierenden Folge* (Veränderung in der Außenwelt) zusammen. Grundstraftat z. B. in § 227 ist die Körperverletzung nach §§ 223–226. Die qualifizierende Veränderung in der Außenwelt (Erfolg) besteht im Tod des Verletzten und muss nach § 18 zumindest fahrlässig herbeigeführt worden sein. Es handelt sich bei den durch eine besondere Folge der Tat qualifizierten strafbaren Handlungen somit zunächst um *Vorsatz-Fahrlässigkeits-Kombinationen*, die der Gesetzgeber in § 11 II den Vorsatzstraftaten zugeordnet hat und die somit grundsätzlich nach den Regeln der Vorsatzstraftat zu behandeln sind. Deshalb ist auch der Versuch einer durch eine besondere Folge qualifizierten Straftat anerkannt (vgl. dazu VII.). In der Regel ist – wie bei § 227– bereits die tatbestandsmäßige Verwirklichung der „Veränderung in der Außenwelt" der Grundstraftat für sich besehen eine Straftat (§§ 223 bis 226) und die Fahrlässigkeitskomponente wirkt strafschärfend (sog. *uneigentliche* Vorsatz-Fahrlässigkeits-Kombinationen)[7]. Es ist aber auch möglich, dass die Fahrlässigkeitskomponente selbst im Hinblick auf den Vorsatz-Bestandteil *strafbegründend* wirkt (sog. *eigentliche* Vorsatz-Fahrlässigkeits-Kombinationen). So ist etwa die grob verkehrswidrige und rücksichtslose Nichtbeachtung der Vorfahrt erst dann strafbar, wenn dadurch zumindest fahrlässig Leib oder Leben eines anderen Menschen oder fremde Sachen von bedeutendem Wert gefährdet werden (§ 315c I Nr. 2 a, III Nr. 1)[8].

## III. Der erweiterte Strafrahmen und dessen Legitimation

### 1. Die Strafrahmenerweiterung

Im Vergleich mit der tateinheitlichen Begehung der vorsätzlich verwirklichten Grundstraftat und der fahrlässig herbeigeführten Folge wird die durch

---

5) Vgl. *Ambos* GA 2002, 455 f.
6) Vgl. *Ambos* GA 2002, 456.
7) Vgl. *Jescheck/Weigend* AT, 5. Aufl. 1996, § 26 II 1; vgl. auch *Rengier,* Erfolgsqualifizierte Delikte und verwandte Erscheinungsformen, 1986.
8) Vgl. *Jescheck/Weigend* AT (Fn. 7) § 26 II 1 a.

die besondere Folge qualifizierte Straftat erheblich höher bestraft. So sieht etwa die Körperverletzung mit Todesfolge (§ 227) einen Strafrahmen von drei bis 15 Jahren Freiheitsstrafe vor.

*Bsp.: A schießt B mit Körperverletzungsvorsatz in den Bauch, B stirbt jedoch an der Schussverletzung.*

Werden hingegen Körperverletzung (z. B. § 224 I Nr. 2) und fahrlässige Tötung (§ 222) in sonstiger Weise durch eine Handlung verwirklicht, dann ist der Strafrahmen nach § 52 II 1 aus § 224 zu entnehmen. Er beträgt somit sechs Monate bis 10 Jahre.

*Bsp.: A schießt auf B. Die Kugel durchschlägt den Körper des B und verletzt dadurch den C, der sich hinter dem B versteckt hatte, tödlich.*

## 2. Legitimation der Strafrahmenerweiterung

Rechtspolitisch ist diese Erhöhung des Strafrahmens unter dem Aspekt des Gleichheitssatzes zu Recht auf Kritik gestoßen[9]. Man versucht, dieser Kritik durch die Formulierung von Umständen zu begegnen, die auf ein erhöhtes Maß an Strafwürdigkeit der Tat hindeuten. *De lege ferenda* wird erwogen, durchgehend zumindest eine leichtfertige Herbeiführung der schweren Folge zu verlangen[10]. Bereits *de lege lata* strebt man eine Restriktion dahingehend an, dass sich in der qualifizierenden Folge eine gerade in der vorsätzlichen Grundstraftat angelegte spezifische, besonders naheliegende Gefahr realisiert und der Täter das entsprechende Risiko zumindest hätte erkennen können[11]. Erst wenn diese Verbindung zwischen Grundstraftat und der qualifizierenden Folge vorliegt, ist eine Verurteilung wegen des erfolgsqualifizierten Delikts möglich und der erhöhte Strafrahmen verhältnismäßig. Umstritten ist aber, zwischen welchen Elementen der Grundstraftat und der qualifizierenden Folge dieser Zusammenhang herzustellen ist, denn die Grundstraftat, soweit sie vollendet ist, besteht aus einem Handlungs- und einem Erfolgsteil (Veränderung in der Außenwelt). Dementsprechend kann der Zusammenhang auch zwischen der Handlung oder der Veränderung in der Außenwelt („Erfolg") und der qualifizierenden Folge hergestellt werden.

---

9) Vgl. *Roxin/Greco* AT 1, 5. Aufl. 2020, § 10/110 f.; *Küpper* ZStW 111 (1999), 801 ff.; zur noch deutlicheren Schieflage vor dem 6. StrRG *Paeffgen* JZ 1989, 221, *Wolter* JuS 1981, 168 ff.

10) Vgl. *Paeffgen* JZ 1989, 222; *Roxin/Greco* AT 1 (Fn. 9) § 10/110.

11) *Wolter* JuS 1981, 169.

Das erfolgsqualifizierte Delikt

Grunddelikt    →    qualifizierende Folge

Handlung + Erfolg 1    +    Erfolg 2 (qualifizierende Folge)

## IV. Der spezifische Gefahrzusammenhang zwischen Grundstraftat und qualifizierender Folge

Im RStGB von 1871 wurde die Strafschärfung der durch eine besondere Folge qualifizierten strafbaren Handlung allein an die *Verursachung* der besonderen *Folge* geknüpft[12]. Dies führte jedoch zu unverhältnismäßig harten Strafen, wenn etwa die schwere Folge nicht auf der *spezifischen* Gefährlichkeit der Vorsatz*handlung* beruhte, sondern das Ergebnis *zufälliger, nicht einmal vorhersehbarer* Umstände war, wie etwa im sog. *Gesichtsschlag-Fall*[13]:

*Frei nach BGH 2 StR 391/51 BGHSt 1, 332: Als B gerade beim sonntäglichen Frühschoppen in der Gartenwirtschaft sitzt, nimmt ihm gegenüber der Durchreisende D Platz. Man kommt sich näher und diskutiert über Gott und die Welt. Alsbald jedoch wird die Diskussion heftig. Als D die Argumente ausgehen, versetzt er B mit der flachen rechten Hand einen kräftigen Schlag gegen die linke Gesichtshälfte. B bleibt zunächst völlig erstarrt sitzen. Bald aber senkt sich sein Körper nach rechts, und er kippt vom Stuhl. Dabei gleitet die Geldbörse des B aus seiner Jackentasche und fällt in den Kies. D nutzt die sich ihm bietende Gelegenheit, zu Geld zu kommen, nimmt die Geldbörse des röchelnd am Boden liegenden B an sich und verschwindet unerkannt.*

*Der regungslos am Boden liegende B wird vom Gaststättenpersonal nach wenigen Minuten gefunden. Der herbeigerufene Notarzt kann jedoch nur noch seinen Tod feststellen. Bei der Obduktion stellt sich heraus, dass B durch den Schlag des D eine Gehirnerschütterung erlitten hatte, die zum Einriss von Blutadern der weichen Hirnhäute und dadurch zu seinem alsbaldigen Tode führte.*

---

12)    *Jescheck/Weigend* AT (Fn. 7) § 26 II 1; zur historischen Entwicklung insgesamt vgl. z. B. *Chr. Köhler,* Beteiligung und Unterlassen beim erfolgsqualifizierten Delikt am Beispiel der Körperverletzung mit Todesfolge ( § 227 I StGB), 2000, S. 6 ff.; *Sowada* Jura 1994, 643 (644).

13)    Vgl. auch *Jescheck/Weigend* AT (Fn. 7) § 26 II 1.

## 4. Kapitel Erfolgsqualifiziertes Delikt

Um dem abzuhelfen, wurde § 18 (= § 56 a.f.) durch das 3. StRÄG vom 4.8.1953[14] dahin geändert, dass die erhöhte Strafe den Täter nur trifft, wenn er die Folge *wenigstens fahrlässig* herbeigeführt hat[15].

Heute ist sich die Lehre zumindest darin einig, dass der Anwendungsbereich der durch eine besondere Folge qualifizierten strafbaren Handlung über § 18 hinaus möglichst eng zu halten ist[16]. Keine Einigkeit besteht jedoch hinsichtlich der Frage, worin die strafbarkeitsbegrenzenden unrechts- und schulderhöhenden Umstände im Einzelnen bestehen sollen.

Ein Teil der Lehre[17] interpretiert die Formulierung in § 18 „besondere Folge der Tat" dahingehend, dass die *Veränderung in der Außenwelt* der Grundstraftat („Erfolg") die Grundlage für die qualifizierende Folge (besondere Folge) bilden muss (sog. Letalitätsthese). Der Tod des Verletzten muss danach auf der Tödlichkeit der Verletzung beruhen. Der spezifische Gefahrzusammenhang ist demnach zwischen dem Erfolg (Veränderung in der Außenwelt) der Grundstraftat und der qualifizierenden Folge herzustellen.

Ein anderer Teil der Lehre hält diesen Ansatz für zu eng und knüpft an die spezifische Gefährlichkeit der Verwirklichung der *gesamten Grundstraftat* an und bezieht damit die zur Veränderung in der Außenwelt führende Tathandlung mit in den spezifischen Gefahrzusammenhang ein. Auch die Rechtsprechung[18], die zunächst eher konturlos die Unmittelbarkeit und die Vorhersehbarkeit als Verknüpfung zwischen der Verwirklichung der Grundstraftat und der besonderen Folge verlangte[19], fordert nunmehr auf Grund zweifelhafter und z. T. heftig kritisierter Ergebnisse[20], dass sich in der qualifizierenden Folge gerade diejenige Gefahr realisiert, die die spezifische Gefährlichkeit der Grundstraftat bildet[21].

---

14) BGBl. I S. 735 ff.

15) Vgl. auch *Küpper* ZStW 111 (1999), 797 ff.; *Paeffgen*, in: Kindhäuser/Neumann/Paeffgen/ Saliger Strafgesetzbuch, 6. Aufl. 2023, Vor § 18 Rn. 1 ff.; krit. *Chr. Köhler* (Fn. 12), S. 32 ff.

16) Näher *Chr. Köhler* (Fn. 12), S. 106 ff., 138; vgl. auch *Sowada* Jura 1994, 646 mwN; zu Unsicherheiten bei der Begriffsbestimmung *Duttge* FS Herzberg, 2008, S. 309 ff.

17) Vgl. *Küpper* Der „unmittelbare" Zusammenhang zwischen Grunddelikt und schwerer Folge beim erfolgsqualifizierten Delikt, 1982, S. 98, 101, 109 jew. ff.; *Paeffgen* JZ 1989, 225 ff.

18) Vgl. die Nachweise bei *Sowada* Jura 1994, 643 ff. Fn 47.

19) RG III 746/10 RGSt 44, 137/139; BGH 1 StR 14/60 BGHSt 14, 112; 1 StR 216/64 BGHSt 19, 382/387; 3 StR 146/71 BGHSt 24, 213 ff.; 4 StR 143/78 BGHSt 28, 18/20; 5 StR 407/81 NStZ 1982, 27; vgl. hierzu auch *Sowada* Jura 1994, 646 ff.

20) Vgl. die Analyse der Rechtsprechung durch *Roxin/Greco* AT 1 (Fn. 9), § 10/111 ff.

21) Vgl. BGH 4 StR 375/16 NJW 2017, 2211 ff.; 2 StR 150/83 BGHSt 32, 25/28; BGH 1 StR 109/20 m. Anm. *Kudlich* JA 2020, 785; zum Gefahrzusammenhang bei Körperverletzung

Das erfolgsqualifizierte Delikt im deutschen Strafrecht Struktur – Regelungstechnik – ...

Dass die Rechtsprechung dabei auf die *generelle Gefährlichkeit* der Grundstraftat abstellt, zeigt folgender berühmter Hochsitz-Fall BGH 2 StR 226/82 BGHSt 31, 96 ff.:

*„Der Angeklagte A warf am 13.11.1980 im Wald bei W den Hochsitz um, auf dem sein Onkel, der später verstorbene D, saß, um die Jagd auszuüben. Der Abstand zwischen der Sitzfläche des Hochsitzes und dem Waldboden betrug etwa 3,50 m. D fiel herunter und brach sich dabei den rechten Knöchel. Der Bruch wurde in den Städtischen Kliniken D operativ behandelt und mit Metallschrauben sowie einer Metalllasche stabilisiert. Am 2.12.1980 wurde D aus dem Krankenhaus entlassen. Weder hierbei noch vorher waren ihm blutverflüssigende Mittel gegeben oder Anweisungen darüber erteilt worden, wie er sich zuhause verhalten solle. Auch eine Nachbehandlung fand nicht statt. Zuhause war der Verletzte fast ausschließlich bettlägerig. Am 19.12.1980 wurde er mit akuter Atemnot in die Städtischen Kliniken W eingeliefert, wo er noch am Morgen desselben Tages verstarb. Todesursache war – wie die Obduktion ergab – Herz-Kreislauf-Versagen infolge des Zusammenwirkens einer doppelseitigen Lungenembolie mit einer herdförmigen Lungenentzündung in beiden Lungenunterlappen; Embolie und Lungenentzündung hatten sich in Abhängigkeit zu dem verletzungsbedingten längeren Krankenlager entwickelt. Darüber hinaus wurden bei dem Verstorbenen altersbedingte Verschleißerscheinungen am Herz- und Kreislaufsystem festgestellt."*

Während das Landgericht als Tatgericht Zweifel hatte, dass der Tod des D ausschließlich oder mindestens überwiegend auf die der zugefügten Körperverletzung eigentümlichen Gefahren zurückgehe, nahm der BGH einen solchen Zusammenhang an. Denn der Begriff der „Körperverletzung" innerhalb der Grundstraftat umfasse *auch das Handeln des Täters, das zu der Körperverletzungsfolge geführt* hat. Liege der tatsächliche Geschehensablauf, der Körperverletzung und Todesfolge miteinander verknüpft, nicht außerhalb jeder Lebenswahrscheinlichkeit wie etwa bei der außergewöhnlichen Verkettung unglücklicher Zufälle, dann könne sich im Tod des Opfers jene Gefahr verwirklicht haben, die bereits der Körperverletzungshandlung anhaftete; dies gelte auch dann, wenn diese Gefahr in der zunächst eingetretenen Verletzungsfolge

---

durch Unterlassen mit Todesfolge BGH 1 StR 354/16 NJW 2017, 418 ff. m. Anm. *Berster*; BGH 1 StR 109/20 BeckRS 2020, 18287; *Otto* Grundkurs Strafrecht, 7. Aufl. 2004, § 11 Rn. 9 mit Rspr.-Nachweisen.

4. Kapitel Erfolgsqualifiziertes Delikt

als solcher noch nicht zum Ausdruck gekommen war. So verhalte es sich hier: Der Angeklagte habe, indem er den Hochsitz umwarf, um seinen Onkel zu verletzen, eine Handlung begangen, die für das Opfer das Risiko eines tödlichen Ausgangs in sich barg. Die Gefahr für das Leben des Verletzten habe sich im tödlichen Ausgang niedergeschlagen. Daran ändere es nichts, dass die zunächst verursachte Verletzung (Knöchelbruch) für sich genommen nicht lebensbedrohlich erschien. Der Tod des Verletzten sei auf Grund eines Geschehensablaufs eingetreten, der *nicht außerhalb jeder Lebenswahrscheinlichkeit* lag. Dass eine Sprunggelenkfraktur zu einem längeren Krankenlager des Verletzten führt, stelle sich nicht als ein außergewöhnlicher Verlauf dar[22]. Das Landgericht habe deshalb prüfen müssen, ob der Angeklagte bei der Vornahme der Körperverletzungshandlung selbst, also vor Eintritt der Verletzungsfolge, vorhergesehen habe oder zumindest habe vorhersehen können, dass seine Handlung den Tod des Opfers nach sich ziehen werde.

Deshalb verwies der BGH den Fall zur neuerlichen Verhandlung an das Landgericht zurück.

Die Entscheidung ist im Hinblick darauf zu Recht auf Kritik gestoßen, dass nicht die generelle Gefährlichkeit des Sturzes, sondern das *Fehlverhalten der Ärzte* zum Tode des Verletzten geführt hatte[23]. Denn wenn man schon auf die Gefährlichkeit der Grundstraftat abstellen will, so müsste es die konkrete Gefährlichkeit sein, die sich auch in der besonderen Folge der Tat realisiert. Die besondere Gefährlichkeit des Sturzes tritt im Tod des Verletzten aber nicht in Erscheinung. Dies bedeutet, dass eine Strafbarkeit aus der durch eine besondere Folge qualifizierten Strafvorschrift über die Voraussetzungen des § 18 hinaus nur möglich ist, wenn dem Täter der Grundstraftat die besondere Veränderung in der Außenwelt auch *als sein Werk objektiv zurechenbar* ist[24].

Das Abstellen auf die Realisierung der spezifischen Gefahr der Grundstraftat – sei es deren Handlung oder die sich daraus ergebende Veränderung in der Außenwelt – in der schweren Folge ist allerdings nur eine von mehreren Fallgruppen, ohne dass sich mit hinreichender Deutlichkeit ein System erkennen ließe. Es dürfte daher kaum möglich sein, eine abschließende Antwort auf die Zurechnungsvoraussetzungen der durch eine besondere Folge der Tat qualifizierten Straftaten zu formulieren[25]. Es empfiehlt sich aber, jedes erfolgsquali-

---

22) Vgl. BGH 2 StR 226/82 BGHSt 31, 96 (100).

23) Vgl. *Roxin/Greco* AT 1 (Fn. 9) § 10 Rn. 116.

24) Vgl. *Paeffgen* JZ 1989, 226; zur Rolle der objektiven Zurechnung insbesondere auch bei Eigenverantwortlichkeit des selbstschädigenden Opferverhaltens *Kühl* Jura 2002, 814.

25) Vgl. auch *Kühl* Jura 2002, 811 f.; *Sowada* Jura 1994, 645.

fizierte Delikt daraufhin zu untersuchen, ob der Handlungsteil oder die Veränderung in der Außenwelt die deliktstypische Gefährlichkeit der Grundstraftat beschreiben. So ist beim Raub mit Todesfolge (§ 251) der Handlungsteil (Gewalt oder Drohung mit gegenwärtiger Gefahr für Leib und Leben) deliktstypisch gefährlich und typischerweise nicht die Wegnahme einer fremden beweglichen Sache. Demgegenüber besteht bei Körperverletzungen die deliktstypische Gefährlichkeit darin, dass sich die Köperverletzungsfolge als tödlich erweist, weshalb bei § 227 zwischen der zugefügten Verletzung und dem Eintritt der qualifizierenden Folge der spezifische Gefahzusammenhang herzustellen ist[26].

Die Erfolgsqualifikation kann auch durch ein Unterlassen verwirklicht werden. Bei einer Körperverletzung durch Unterlassen mit Todesfolge (§§ 227, 13) ist der Gefahzusammenhang dann zu bejahen, wenn der Garant bereits in einer ihm vorwerfbaren Weise den lebensgefährlichen Zustand herbeigeführt hat, aufgrund dessen der Tod der zu schützenden Person eintritt.

# V. „Wenigstens fahrlässige" Verursachung der qualifizierenden Folge

Hinsichtlich des Zusammenhangs der qualifizierenden Folge mit der Grundstraftat ist zu beachten, dass die unwerterhöhenden Umstände, insbesondere die Gefahrerhöhung bzw. Sorgfaltspflichtverletzung, mit der Begehung der vorsätzlichen Grundstraftat regelmäßig schon vorliegen. Dementsprechend wird sich bei durch eine besondere Folge qualifizierten Straftaten die Prüfung zumeist auf die Vorhersehbarkeit der besonderen Folge beziehen[27]. Teilweise wird darüber hinaus in Rücksicht auf das Schuldprinzip *zu Recht* gefordert, dass beim Täter hinsichtlich der der Grundstraftat innewohnenden spezifischen Gefahr Vorsatz und hinsichtlich des Zusammenhangs mit der qualifizierenden Veränderung in der Außenwelt (Folge 2) konkrete Vorhersehbarkeit gegeben sein muss[28].

Hinsichtlich der qualifizierenden Folge schreibt § 18 vor, dass dem Täter *wenigstens Fahrlässigkeit* zur Last fallen muss. Wie bereits erwähnt, geht § 18

---

26) So auch *Roxin/Greco* AT 1 (Fn. 9) § 10 Rn 115; differenzierend auch *Fischer*, in: Fischer Strafgesetzbuch, 71. Aufl. 2024, § 18 Rn. 7; *Hertel* Jura 2011, 391 ff.

27) *Jescheck/Weigend* AT (Fn. 7) § 26 II; BGH 3 StR 146/71 BGHSt 24, 213.

28) *Wessels/Beulke/Satzger* AT, 53. Aufl. 2023, Rn. 1148; *Stein*, in: Systematischer Kommentar zum Strafgesetzbuch Bd. 1, 10. Aufl. 2023, § 18 Rn. 31 („Vorsatznähe hinsichtlich der Folgenherbeiführung"); *Wolter* JuS 1981, 168 ff. (170 ff.); *Rengier* (Fn. 7), S. 151; vgl. auch *Küpper* ZStW 111 (1999), 796.

4. Kapitel Erfolgsqualifiziertes Delikt

auf den durch das Gesetz vom 4.8.1953[29] eingefügten § 56 zurück. Während sich die Praxis bis dahin mit der bloßen Kausalität zwischen der Handlung und der qualifizierenden Veränderung in der Außenwelt im Sinne einer condicio sine qua non begnügt hatte, erfüllte § 56 a.f. eine Forderung des Schrifttums auf Einschränkung der strafrechtlichen Verantwortlichkeit.

Sofern das Gesetz eine *leichtfertige* Herbeiführung der besonderen Tatfolge voraussetzt – hiervon macht der Gesetzgeber zunehmend Gebrauch –, ist eine gesteigerte auf die besondere Folge bezogene Gefahrerhöhung bzw. Sorgfaltspflichtverletzung zu fordern[30].

Selbst die *vorsätzliche* Herbeiführung der qualifizierenden Folge durch den Täter erfüllt die Voraussetzungen der durch die besondere Folge qualifizierten Straftat, weil § 18 „wenigstens" Fahrlässigkeit verlangt[31].

# VI. Beteiligung mehrerer Personen[32]

Sind an der Verwirklichung der Grundstraftat mehrere Personen beteiligt, trifft nach dem Wortlaut des § 18 nur denjenigen die Strafschärfung der durch die besondere Folge qualifizierten Straftat, der hinsichtlich der schweren Folge wenigstens fahrlässig gehandelt hat. Ist z. B. für den Täter, nicht aber für den Anstifter, der Tod des Opfers vorhersehbar gewesen, so ist der Täter nach § 227, der Anstifter dagegen nach §§ 223, 26 strafbar. Im umgekehrten Fall ist der Täter gem. § 223, der Anstifter gem. §§ 227, 26 strafbar[33]. Die Beteiligungsform richtet sich somit nach der Mitwirkung an der Grundstraftat, die Haftung des Beteiligten für die schwere Folge ausschließlich nach *seiner* Fahrlässigkeit[34].

---

29) BGBl. I S. 735.

30) Vgl. *Wessels/Beulke/Satzger* AT (Fn. 28) Rn. 1148.

31) Vgl. BGH GSSt 1/92 BGHSt 39, 100, *Kühl* Jura 2002, 811; sog. *Konkurrenzlehre,* im Gegensatz zur *Exklusivitätslehre,* nach der eine vorsätzliche Verursachung der schweren Folge die Anwendbarkeit der Erfolgsqualifikation ausschließen soll, vgl. dazu *Paeffgen* JZ 1989, 223 mwN.

32) Ausführlich zur Teilnahme an der durch eine besondere Folge qualifizierten Straftat *Kudlich* JA 2000, 511 ff.; *Chr. Köhler* (Fn. 12), S. 140 ff.

33) Vgl. *Wessels/Beulke/Satzger* AT (Fn. 28) Rn. 1150; *Jescheck/Weigend* AT (Fn. 7) § 54 III 2.

34) Vgl. *Chr. Köhler* (Fn. 12), S. 57; *Sowada* Jura 1995, 644 ff.

## VII. Versuch bei der durch eine besondere Folge qualifizierten (erfolgsqualifizierten) Straftat[35]

Gem. § 11 II ist auch die durch eine besondere Folge qualifizierte Straftat eine *vorsätzliche* Tat, was eine Versuchsstrafbarkeit möglich macht[36]. Die dogmatische Kombination eines Versuchs mit einer durch eine besondere Folge qualifizierten Straftat ist daher grundsätzlich anerkannt[37], wobei im Einzelnen folgende Fallgruppen unterschieden werden: Vollendung der Grundstraftat und Versuch der besonderen Folge (1.), Versuch der Grundstraftat und Eintritt der besonderen Folge (2.) sowie Versuch der Grundstraftat und Versuch der besonderen Folge (3.).

### 1. Vollendung der Grundstraftat und Versuch der besonderen Folge („Versuch der Erfolgsqualifikation")

Ein sog. „Versuch der Erfolgsqualifikation" liegt vor, wenn der Täter bei der vollendeten Grundstraftat die besondere Folge in seinen Vorsatz aufgenommen hat, ihr Eintritt aber ausbleibt[38]. Der Versuch der Erfolgsqualifikation steht dann mit der vollendeten Grundstraftat in Tateinheit[39].

### 2. Versuch der Grundstraftat und Eintritt der besonderen Folge („erfolgsqualifizierter Versuch")[40]

Schwieriger ist die Entscheidung in den Fällen des sog. „erfolgsqualifizierten Versuchs": Der Täter führt die besondere Folge fahrlässig bzw. leichtfertig schon durch den Versuch der Grundstraftat herbei.

Auszuscheiden sind hier zunächst die Fälle, in denen der Versuch der Grundstraftat als solcher nicht strafbar ist (z. B. § 221 III)[41]. Denn dann wäre die besondere Folge *nicht strafschärfend* i. S. v. § 18, sondern straf*begründend*. Im Übrigen differenziert die h. M. hier zu Recht nach der Struktur der Strafvorschrift: Wenn die besondere Folge mit der Tat*handlung* verknüpft ist, ist Raum

---

35) Vgl. auch *Hardtung* Versuch und Rücktritt bei den Teilvorsatzdelikten des § 11 Abs. 2 StGB, 2002; *Jescheck/Weigend* AT (Fn. 7) § 49 VII; *Kühl* FS Gössel, 2002, S. 191 ff.; *Laue* JuS 2003, 743 ff.

36) Vgl. *Kühl* FS Küper, 2007, S. 297.

37) Vgl. *Baumann/Weber/Mitsch/Eisele* AT § 22 Rn. 81 f.; *Rengier* (Fn. 7), S. 234 ff.

38) Vgl. BGH 3 StR 99/01 NStZ 2001, 534; *Wessels/Beulke/Satzger* AT (Fn. 28) Rn. 999.

39) BGH 1 StR 640/66 BGHSt 21, 194.

40) Umfassend zum erfolgsqualifizierten Versuch *Küper* FS Herzberg, 2008, S. 323 ff.

41) A.A. Otto Grundkurs Strafrecht, 7. Aufl. 2004, § 18 Rn. 88 f. mwN.

4. Kapitel Erfolgsqualifiziertes Delikt

für einen erfolgsqualifizierten Versuch[42], denn dann knüpft die Folge an einen Sachverhalt an, dessen spezifische Gefahr sich in ihr realisiert hat[43]. Ein durch die Folge qualifizierter Versuch scheidet indessen aus, wenn die Qualifikation nach der Konzeption der Strafvorschrift auf der *Veränderung in der Außenwelt* der Grundstraftat aufbaut (z. B. § 313 II i. V. m. § 308 III)[44].

## 3. Versuch der Grundstraftat und Versuch der besonderen Folge („Versuch des erfolgsqualifizierten Delikts")

Auch der „Versuch eines erfolgsqualifizierten Delikts" in der Form, dass sowohl die Grundstraftat als auch die qualifizierende Folge im Versuchsstadium steckenbleiben, ist anerkannt[45]. Über die unter b) genannten Voraussetzungen hinaus ist jedoch erforderlich, dass für beide Komponenten bereits das unmittelbare Ansetzen bejaht werden kann.

# VIII. Schluss

Das erfolgsqualifizierte Delikt gehört wohl zu den anspruchsvollsten dogmatischen Konstruktionen im deutschen Strafrecht. In der Lehre ist es weitgehend anerkannt und zur Vermeidung von Verstößen gegen das Schuldprinzip oder die Verhältnismäßigkeit werden unterschiedliche Konzepte angeboten. Auf der Grundlage von Erfolgsqualifikationen können bestimmte Unrechtssachverhalte genauer erfasst werden, als dies mit einer Konkurrenzlösung des Vorsatzdelikts einerseits und des Fahrlässigkeitsdelikts andererseits möglich wäre. Darin liegt ein Bestimmtheitsgewinn, der auch von den Kritikern des erfolgsqualifizierten Delikts nicht geleugnet wird[46]. Ob dieser Gewinn an Bestimmtheit durch die mit den Merkmalen des erfolgsqualifizierten Delikts einhergehenden Unsicherheiten bei der Rechtsanwendung „mehr als aufgewogen"[47] wird, ist aber die falsche Frage. Denn Bestimmtheit ist nicht verhandelbar und ein Gewinn an Bestimmtheit keine abwägbare Größe. Die nicht zu übersehenden praktischen

---

42) So z. B. bei § 178, vgl. RG 3 D 705/35 RGSt 69, 332, oder bei § 251, vgl. RG II 1320/28 RGSt 62, 422, BGH 1 StR 51/96 BGHSt 42, 158, BGH 4 StR 204/98 NStZ 1998, 511; zu § 227 instruktiv BGH 5 StR 42/02 BGHSt 48, 34 im sog. *Glasscheiben*-Fall mit Bespr. *Laue* JuS 2003, 743; vgl. dazu auch *Engländer* GA 2008, 669 ff.

43) Beim Versuch der Körperverletzung mit Todesfolge fordert *Engländer* GA 2008, 683 f. mit bedenkenswerten Argumenten als Grundstraftat eine *das Leben gefährdende* Körperverletzungshandlung nach § 224 I Nr. 5.

44) Vgl. auch *Wessels/Beulke/Satzger* AT (Fn. 28) Rn. 1001.

45) Vgl. *Jescheck/Weigend* AT (Fn. 7) § 49 VII 2 b mwN.

46) So *Ambos* GA 2002, 481.

47) *Ambos* GA 2002, 482.

und theoretischen Schwierigkeiten[48] lassen sich mit Forschung, Lehre und dem Wissenstransfer in die Praxis beherrschen.

---

48) Vgl. *Ambos* GA 2002, 482.

## 5. Kapitel  Notwehr

# Zur Einschränkung des Notwehrrechts durch Provokation

Chih-Jen Hsueh

## I. Einleitung

Notwehr ist im deutschen, japanischen und taiwanischen Strafgesetzbuch einer der gesetzlichen Rechtfertigungsgründe für die Straftat. § 23 Satz 1 tStGB lautet: „Eine Handlung, die unerlässlich ist, um ein Recht, ein eigenes oder das eines anderen, gegen einen unmittelbar drohenden und rechtswidrigen Angriff abzuwehren, ist nicht strafbar." Der Satz 2 betrifft den *Notwehrexzess*. Dort heißt es: „Bei Begehung einer das Maß der Abwehr überschreitenden Handlung kann nach den Umständen des Falles die Strafe gemildert oder von Strafe abgesehen werden." Nach allgemeiner Auffassung ergibt sich die Straflosigkeit einer Tat aus der rechtfertigenden Wirkung der Notwehr. Eine tatbestandsmäßige Tat wird grundsätzlich durch Notwehr gerechtfertigt, wenn sie ein erforderliches Mittel darstellt, um einen gegenwärtigen und rechtswidrigen Angriff abzuwehren. Gleichwohl ist in Rechtsprechung und Literatur, vor allem unter Übernahme der deutschen Strafrechtsdogmatik, auch anerkannt, dass die rechtfertigende Wirkung der Notwehr bei einigen Fallgruppen ausgeschlossen ist, wenn die Abwehrhandlung den sog. sozialethischen Einschränkungen oder der Gebotenheit der Notwehr nicht entspricht.

Eine der klassischen und umstrittenen Fallgruppen der sozialethischen Einschränkung der Notwehr bildet die „Notwehrprovokation", die in diesem Beitrag thematisiert wird. Dabei handelt es sich um solche Notwehrfälle, in denen der Angegriffene durch absichtlich provozierendes oder sonst vorwerfbares Vorverhalten veranlasst hat, dass er einen gegenwärtigen und rechtswidrigen Angriff des anderen in erforderlicher Weise abwehrt. Umstritten ist jedoch, ob überhaupt und unter welchen Voraussetzungen das Notwehrrecht des Provokateurs, und zwar des späteren Angegriffenen, wegen seines provozierenden Vorverhaltens ausgeschlossen oder eingeschränkt wird.

Im Folgenden werde ich zunächst die Diskussion über die Notwehrprovokation in Taiwan nachzeichnen (II.). Davon ausgehend ist meine eigene These

5. Kapitel Notwehr

Schritt für Schritt zu entwickeln. Ich gehe auf die grundlegende Problematik ein, dass die Einschränkung des Notwehrrechts durch Provokation im Hinblick auf das Gesetzlichkeitsprinzip und den Grundgedanken der Notwehr nicht unbedenklich ist. Die rechtfertigende Wirkung der Notwehr sollte folglich nicht durch die Provokation des Angegriffenen ausgeschlossen werden. Mit anderen Worten bleibt das vollständige Notwehrrecht des Provokateurs erhalten (III.). Deshalb kommt die Strafbarkeit des Angegriffenen nur in Betracht, wenn sein provozierendes Vorverhalten im Hinblick auf die durch Abwehr vermittelte Rechtsgutsverletzung rechtswidrig und schuldhaft einen Straftatbestand erfüllt. In diesem Fall stimme ich der Lehre von der *„actio illicita in causa"* (a.i.i.c.) zu (IV.). Zum Schluss fasse ich das Ergebnis dieses Beitrags zusammen (V.).

## II.  Lehre und Rechtsprechung in Taiwan

In Taiwan hat sich vor allem das Schrifttum unter Rezeption der deutschen Strafrechtsdogmatik mit der rechtlichen Beurteilung der Notwehrprovokation befasst[1]. Die herrschende Lehre erkennt die Notwehrprovokation als einen Fall des Rechtsmissbrauchs an[2], in dem die Abwehrhandlung sozialethisch einge-schränkt werden oder – in Übertragung der Terminologie des deutschen Straf-rechts – geboten sein muss. Im Folgenden ist der derzeitige Diskussionsstand darzustellen.

Bei der Notwehrprovokation sind zwei Konstellationen zu unterscheiden: Bei der einen Konstellation geht es um die Absichtsprovokation, bei der der Angegriffene den Angreifer absichtlich provoziert, um diesen „unter dem Deck-mantel der Notwehr" verletzen zu können. Die andere Konstellation bildet die sonst vorwerfbare Provokation, die nicht von der „Deckmantel"-Absicht getragen ist, sondern dahinter lediglich bedingter Vorsatz oder Fahrlässigkeit steht[3]. Obwohl die Unterscheidung der beiden Konstellationen der Notwehr-provokation grundsätzlich anerkannt ist[4], hat die Lehre sich bisher jedoch wenig mit der entscheidenden Frage auseinandergesetzt, welche objektive

---

1)  Überblick über die Notwehrdogmatik in Fällen der „sozialethischen" Einschränkung in Deutschland *Kühl*, Strafrecht Allgemeiner Teil, 8. Aufl., 2017, § 7 Rn. 157 ff.

2)  Vgl. *Shan-Tien Lin*, Strafrecht Allgemeiner Teil I, 10. Aufl., 2008, S. 331 f.; *Chang-Jen Huang*, Strafrecht Allgemeiner Teil, 2. Aufl., 2009, S. 57 f.; *Yu-Hsiung Lin*, Strafrecht Allgemeiner Teil, 7. Aufl., 2019, S. 254 ff.; *Huang-Yu Wang*, Strafrecht Allgemeiner Teil, 5. Aufl., 2019, S. 290 ff.

3)  Vgl. *Su-Kai Lin*, in: Lin/Huang/Wang (Hrsg.) Festschrift für Jheng-Hao Liao, Band I, 2016, S. 75 ff.; *Heng-Da Hsu*, Angle Criminal Law Review, Nr. 2, 2016, S. 101 ff.

4)  Kritik an dieser Unterscheidung jedoch in der deutschen Lehre *Bockelmann*, FS Honig, 1970, S. 23 f.

148

Beschaffenheit ein provozierendes Vorverhalten aufweisen muss, um die sozialethische Einschränkung der Abwehrhandlung anzunehmen. So wird es noch nicht problematisiert, ob für die Provokation – wie die überwiegende Lehre ohnehin vertritt – die sozialethische Vorwerfbarkeit des Vorverhaltens schon genügt, oder es sich doch um eine rechtswidrige Handlung handeln muss[5]. Für den ersteren Fall bleibt in der Lehre ebenfalls ungeklärt, was man unter „sozialethische Vorwerfbarkeit" genau versteht. Es ist allenfalls teilweise gefordert, dass erstens zwischen dem provozierten Angriff und dem provozierenden Vorverhalten ein zeitlich und räumlich enger Zusammenhang besteht, und zweitens der Angriff als eine adäquate Folge der vom Täter begangenen Pflichtverletzung erscheint[6]. Man kann damit festhalten, dass die Einzelheiten über die Qualität des provozierenden Vorverhaltens in diesem Zusammenhang noch zu klären bleiben.

Abgesehen von den Unklarheiten über die Qualität des provozierenden Vorverhaltens ist die Unterscheidung zwischen Absichtsprovokation und sonst vorwerfbarer Provokation maßgeblich für die Rechtsfolge. Nach h. M. lässt sich das Notwehrrecht des Provokateurs bei der Absichtsprovokation verneinen, während es bei sonst vorwerfbarer Provokation nur eingeschränkt wird. Im letzteren Fall gilt die sog. Drei-Stufen-Theorie, die vom Angegriffenen verlangt, dem Angriff zunächst auszuweichen. Ist das Ausweichen unmöglich, soll das Notwehrrecht insoweit eingeschränkt werden, dass der Angegriffene, wenn es möglich ist, zunächst Schutz- und erst dann Trutzwehr üben soll[7]. Demgegenüber vertritt eine Minderauffassung, dass das Notwehrrecht bei Absichtsprovokation nicht ganz ausgeschlossen wird, sondern nur nach der sog. Drei-Stufen-Theorie eingeschränkt wird, es bei sonstiger vorwerfbarer Provokation jedoch erhalten bleibt[8]. Letztlich lehnt eine weitere Minderheitsauffassung jede Einschränkung des Notwehrrechts durch Provokation ab, ohne jedoch zugleich klarzustellen, ob der Provokateur sich wegen seines Vorverhaltens für die Rechtsgutsverletzung des Angreifers strafbar macht[9]. Nach alledem wird über die Rechtsfolge der Notwehrprovokation im Schrifttum uneinheitlich

---

5) Im Gegenteil ist diese Problematik stark umstritten in Deutschland vgl. *Kühl*, Strafrecht Allgemeiner Teil, 8. Aufl., 2017, § 7 Rn. 214 ff.

6) *Su-Kai Lin*, in: Lin/Huang/Wang (Hrsg.) Festschrift für Jheng-Hao Liao, Band I, 2016, S. 84 f.

7) Nur *Yu-Hsiung Lin*, Strafrecht Allgemeiner Teil, 7. Aufl., 2019, S. 256; *Huang-Yu Wang*, Strafrecht Allgemeiner Teil, 5. Aufl., 2019, S. 290.

8) *Heng-Da Hsu*, Angle Criminal Law Review, Nr. 2, 2016, S. 112 ff.

9) *Jung-Chien Huang*, Grundlegende Strafrechtswissenschaft Band I, 4. Aufl., 2012, S. 250 f.; *Tien-Yi Chang*, Criminal Law Journal, Vol. 45 Nr. 4, 2001, S. 104 f.

5. Kapitel   Notwehr

entschieden.

Während die überwiegende Lehre für die Einschränkung oder sogar den Ausschluss des Notwehrrechts durch Provokation spricht, lehnt die ständige Rechtsprechung jede Einschränkung des Notwehrrechts des Provokateurs ab. Das Oberste Gericht hat schon im Jahr 1929 ohne nähere Begründung entschieden, dass eine Tat durch Notwehr gerechtfertigt werden kann, wenn diese Tat der Abwehr eines gegenwärtigen und rechtswidrigen Angriff dient, unabhängig davon, ob der Angriff vom Angegriffenen provoziert wurde[10]. Seit 2002 ist allerdings eine neuere Entwicklung zu beobachten, denn einige Urteile von Tatsachengerichte – vermutlich unter Einflussnahme der überwiegenden Lehre – weichen von der ständigen höchstrichterlichen Rechtsprechung ab. Danach sollte das Notwehrrecht eingeschränkt werden, wenn der Angegriffene in voraussehbarer Weise den gegenwärtigen und rechtswidrigen Angriff durch sein zurechenbares Vorverhalten ausgelöst habe. Der Grund für die Einschränkung des Notwehrrechts sei das Verbot des Rechtsmissbrauchs. Außerdem sei das Bedürfnis nach Verteidigung der Rechtsordnung gemindert. Folglich habe der Angegriffene zunächst nach Möglichkeit dem Angriff auszuweichen, und wenn das Ausweichen unmöglich sei, dürfe er das Notwehrrecht in Anspruch nehmen[11]. In diesen Urteilen der Tatsachengerichte sind die Voraussetzungen und die Rechtsfolgen bei der Notwehrprovokation jedoch nicht völlig klar. So fehlt es an einer genauen Definition von der „Zurechenbarkeit" des provozierenden Vorverhaltens. Ob man die Zurechenbarkeit in diesem Zusammenhang als gleichbedeutend wie „sozialethische Vorwerfbarkeit" oder „Rechtswidrigkeit" begreift, bedarf näherer Erläuterung. Außerdem ist es fraglich, ob der Angegriffene sich bei Unmöglichkeit des Ausweichens auf das volle Notwehrrecht berufen dürfte, oder, wie die sog. Drei-Stufen-Theorie befürwortet, zunächst Schutz- und dann Trutzwehr üben sollte.

Zusammenfassend herrscht also über die rechtliche Beurteilung der Notwehrprovokation in Taiwan keine Einigkeit. Es lässt sich nur die Tendenz feststellen, und zwar: Während die höchstrichterliche Rechtsprechung und die Minderheit der Literatur gegen die Einschränkung des Notwehrrechts durch Provokation sprechen, befürworten neuere Entscheidungen von Tatsachengerichten und die herrschende Lehre aufgrund des Verbots des Rechtsmissbrauchs die Einschränkung des Notwehrrechts des Provokateurs. Allerdings bleibt weiterhin zu

---

10)   Entscheidung des Obersten Gerichts 18-Shan-Zi-228.
11)   Beispielhaft Entscheidung des New Taipei Amtsgerichts 100-Yi-Zi-3073. Eine Zusammenstellung der relevanten Entscheidungen bei *Chih-Jen Hsueh*, Academia Sinica Law Journal, Nr. 28, 2021, S. 6 f.

klären, was das provozierende Vorverhalten ausmacht und welche Konsequenz es für das Notwehrrecht des Provokateurs hat.

## III. Kritik an der Einschränkung des Notwehrrechts des Provokateurs aufgrund seiner Provokation

Im Rahmen der rechtlichen Beurteilung der Notwehrprovokation hat sich die überwiegende Lehre mit den Anwendungsproblemen beschäftigt, und zwar die Unterscheidung innerhalb der Notwehrprovokation und die in der jeweiligen Fallgruppe zugewiesene Rechtsfolge. Bevor man sich mit diesen Anwendungsprobleme auseinandersetzt, hat man sich nach hier vertretener Auffassung allerdings zuerst zu vergewissern, ob überhaupt die Einschränkung oder sogar der Ausschluss des Notwehrrechts des Provokateurs rechtsstaatlich und strafrechtsdogmatisch zu begründen ist. In rechtsstaatlicher Hinsicht kommt es zunächst darauf an, ob das Gesetzlichkeitsprinzip im Strafrecht die Strafbarkeit eines Täters erlaubt, die daraus resultiert, dass der gesetzliche Rechtfertigungsgrund der Notwehr durch eine sog. sozialethische Einschränkung nicht zur Geltung kommt. Es stellt sich außerdem in strafrechtsdogmatischer Hinsicht die Frage, ob die Einschränkung des Notwehrrechts bei der Notwehrprovokation mit den Notwehrgrundgedanken begründbar ist.

### 1. Verstoß gegen das Gesetzlichkeitsprinzip

Zunächst ist der Frage nachzugehen, ob das Gesetzlichkeitsprinzip dem entgegensteht, den gesetzlichen Rechtfertigungsgrund der Notwehr gemäß § 23 tStGB durch eine sogenannte sozialethische Einschränkung außer Kraft zu setzen. Das strafrechtliche Gesetzlichkeitsprinzip wird in Taiwan nicht nur einfachgesetzlich in § 1 Satz 1 tStGB erwähnt, sondern auch vom Verfassungsgericht in mehreren Entscheidungen als ein ungeschriebener Verfassungsgrundsatz anerkannt[12]. Demnach ist der Gesetzgeber verpflichtet, alle strafbarkeitsbegründenden Voraussetzungen einer Tat gesetzlich zu bestimmen (Bestimmtheitsgebot). Außerdem ist dem Strafrichter bei der Rechtsanwendung eine Analogie der Strafbarkeitsbestimmung zulasten des Täters verboten (Analogieverbot). In der Lehre ist jedoch umstritten, ob das Gesetzlichkeitsprinzip auch für die gesetzlichen Rechtfertigungsgründe gelten soll, weil deren Funktion nicht wie die der Straftatbestände die Begründung der Strafbarkeit des Täters ist, sondern der Ausschluss der Strafbarkeit. Dies wird von einem Teil der Lite-

---

12) Zuletzt Entscheidung des taiwanischen Verfassungsgerichts 112-Hsien-Pan-8 (2023).

ratur verneint, weil die gesetzlichen Rechtfertigungsgründe auch in anderen Rechtsgebieten, z. B. im Zivilrecht, wo kein Gesetzlichkeitsprinzip gelte, zur Anwendung kommen könnten. Aufgrund der Einheit der Rechtsordnung unterlägen die gesetzlichen Rechtfertigungsgründe keinem Gesetzlichkeitsprinzip im Strafrecht. Daher sei eine teleologische Restriktion eines gesetzlichen Rechtfertigungsgrundes uneingeschränkt erlaubt, auch wenn es zur Ausdehnung der Strafbarkeit des Täters führe[13].

Dieser Standpunkt ist nach hier vertretener Auffassung abzulehnen[14]. Denn die gesetzlichen Rechtfertigungsgründe entscheiden ebenso wie die strafbarkeitsbegründenden Voraussetzungen einer Tat über die Strafbarkeit des Täters. Wenn der Anwendungsbereich eines gesetzlichen Rechtfertigungsgrunds ohne jeden gesetzlichen Anknüpfungspunkt teleologisch reduziert wird, führt es zur Strafbarkeit des Täters, die gesetzlich nicht bestimmt ist. Insoweit wirkt sich die teleologische Restriktion eines gesetzlichen Rechtfertigungsgrundes nicht anders aus als eine Analogie eines Straftatbestands des Besonderen Teils des Strafgesetzbuchs. Der Bürger soll in den beiden Konstellationen gleichermaßen vor der sich daraus ergebenden unvorhersehbaren Bestrafung durch den Staat geschützt werden. Auch besteht vor allem im Zivilrecht kein Bedarf, die gesetzlichen Rechtfertigungsgründe an das strafrechtliche Gesetzlichkeitsprinzip zu binden. Aus der Einheit der Rechtsordnung ist auch nicht zwingend zu folgern, dass die gesetzlichen Rechtfertigungsgründe deshalb auch im Strafrecht keinem Gesetzlichkeitsprinzip unterliegen. Denn die Einheit der Rechtsordnung erfordert es nicht, dass die gesetzlichen Rechtfertigungsgründe in allen Rechtsgebieten einheitlich behandelt werden. Vielmehr ist daran festzuhalten, dass das Gesetzlichkeitsprinzip insoweit für die gesetzlichen Rechtfertigungsgründe gilt, als sie über die Strafbarkeit einer Tat entscheiden. In der Folge ist einem Strafrichter verboten, den Anwendungsbereich eines gesetzlichen Rechtfertigungsgrundes teleologisch zu reduzieren, ohne dafür jeden gesetzlichen Anknüpfungspunkt zu finden.

Davon ausgehend lässt sich die Frage beantworten, ob die von der h. M. befürwortete sozialethische Einschränkung des Notwehrrechts gegen das Gesetzlichkeitsprinzip verstößt. Es kommt zunächst darauf an, ob sich für das Erfordernis der Gebotenheit der Abwehrhandlung ein Anknüpfungspunkt im Gesetzeswortlaut des § 23 tStGB findet. Wie erwähnt lautet § 23 tStGB: „Eine

---

13) Vgl. *Roxin/Greco*, Strafrecht Allgemeiner Teil 1, 5. Aufl., 2020, § 5 Rn. 42.

14) *Chih-Jen Hsueh*, Academia Sinica Law Journal, Nr. 16, 2015, S. 45 f.; ebenso *Engländer*, in: Matt/Renzikowski (Hrsg.), Strafgesetzbuch Kommentar, 2. Aufl., 2020, Vor § 32 Rn. 10 f.

Handlung, die unerlässlich ist, um ein Recht, ein eigenes oder das eines anderen, gegen einen unmittelbar drohenden und rechtswidrigen Angriff abzuwehren, ist nicht strafbar. Bei Begehung einer das Maß der Abwehr überschreitenden Handlung kann nach den Umständen des Falles die Strafe gemildert oder von Strafe abgesehen werden." Dem gesetzlichen Wortlaut des § 23 Satz 2 tStGB lässt sich allenfalls entnehmen, dass die Abwehrhandlung eine irgendwie geartete Grenze der Notwehr einzuhalten hat. Wie die Grenze der Abwehrhandlung inhaltlich zu bestimmen ist, kann man allerdings aus dem Wortlaut dieser Vorschrift nicht herleiten. Die Reichweite des Wortlauts des gesetzlichen Merkmals „die Grenze der Notwehr" erlaubt grundsätzlich auch die von der h. M. vertretene Auslegung, dass die Abwehrhandlung sowohl die Erforderlichkeit als auch die Gebotenheit im Sinne der sozialethischen Einschränkung aufweisen muss. Wer bei der Ausübung des Notwehrrechts die sozialethische Einschränkung überschritten und sich damit strafbar gemacht hat, darf nicht behaupten, dass seine Strafbarkeit nicht gesetzlich bestimmt ist.

Auch wenn die Gebotenheit der Abwehrhandlung sich noch innerhalb der Grenze des gesetzlichen Wortlauts des § 23 Satz 2 tStGB bewegt, stellt sich die weitere Frage, ob das Kriterium der Gebotenheit der Abwehrhandlung dem Bestimmtheitsgebot für die Auslegung der Strafvorschrift durch die Gerichte genügt[15]. Ich halte dies für sehr fragwürdig[16]. Zunächst lässt sich die Zahl der Fallgruppen der Gebotenheit nicht ohnehin beschränken. Außer den „klassischen" Fallgruppen – darunter auch der Fall der Notwehrprovokation – gibt es in der Lehre immer weitere neuartige Fälle, für die die Einschränkung der Notwehr unter dem Prüfungspunkt der Gebotenheit diskutiert wird[17]. Allerdings sind die Legitimation, Voraussetzungen und Rechtsfolge der Gebotenheit der Notwehr in fast jeder Fallgruppe zu bestreiten. Als Paradebeispiel für die Unbestimmtheit des Kriteriums der Gebotenheit ist der hier behandelte Fall der Notwehrprovokation zu nennen. So ist es von vornherein umstritten, ob für das provozierende Vorverhalten die sozialethische Vorwerfbarkeit genügt und, wenn es zu bejahen ist, was darunter genau zu verstehen ist. Auch wenn man für die Provokation ein rechtswidriges Vorverhalten verlangt, ist auch bisher unklar geblieben, wann das Verhältnis zwischen der vom Täter begangenen Pflichtver-

---

15) Das Bestimmtheitsgebot gilt auch für die Strafrechtsauslegung siehe BVerfGE 126, 170 (187 ff.); Interpretation des taiwanischen Verfassungsgerichts No. 792; *Chih-Jen Hsueh*, NTU Law Journal, Vol. 44 Nr. 2, 2015, S. 651 ff.

16) Ausführlich *Chih-Jen Hsueh*, Chung-Hsing University Law Review, Nr. 32, 2022, S. 21 ff.; ebenso in Deutschland *Sinn*, FS Wolter, 2013, S. 503 ff.; für die Regelung durch den Gesetzgeber vertretend *Burchard*, StV 2019, S. 637 ff.

17) Dazu *Kühl*, Strafrecht Allgemeiner Teil, 8. Aufl., 2017, § 7 Rn. 265.

letzung und dem provozierten Angriff noch als adäquat zu bewerten ist. Schließlich herrscht keine Einigkeit darüber, ob und unter welchen Umständen das provozierende Vorverhalten des Täters dazu führt, dass sein Notwehrrecht nicht nur eingeschränkt, sondern ganz ausgeschlossen ist[18]. Vor diesem Hintergrund ist für einen Normadressat schwer vorherzusehen, in welcher Konstellation die begangene Tat eines Provokateurs noch wegen Notwehr gerechtfertigt werden kann. Die oben gezeigte Unbestimmtheit hinsichtlich der Gebotenheit der Abwehrhandlung ergibt sich ersichtlich daraus, dass der gesetzliche Wortlaut des § 23 Satz 2 tStGB überhaupt keine Orientierungshilfe für die Gerichte bei der Rechtsanwendung bietet. Ohne den Zugriff des Gesetzgebers wäre das Verringern der Unbestimmtheit der gesetzlichen Reichweite des Notwehrrechts bei der Rechtsanwendung durch die Gerichte nicht zu erwarten.

Insoweit ist daran festzuhalten, dass sich die Gebotenheit der Abwehrhandlung zwar noch innerhalb der möglichen Grenze des Gesetzeswortlauts des § 23 Satz 2 tStGB befindet, jedoch kein hinreichend bestimmtes Kriterium für die Strafbarkeit einer Tat enthält. Von der Voraussehbarkeit des Normadressaten hinsichtlich der Strafbarkeit einer Tat ist schwerlich zu sprechen. Die Einschränkung des Notwehrrechts eines Provokateurs unter dem Gesichtspunkt der Gebotenheit verstößt gegen das Bestimmtheitsgebot des strafrechtlichen Gesetzlichkeitsprinzips.

## 2.   Unbegründetheit angesichts der Grundgedanken der Notwehr

Unabhängig davon, dass die Einschränkung des Notwehrrechts durch Provokation gesetzlich nicht hinreichend bestimmt und somit verfassungsrechtlich bedenklich ist, ist weiterhin zu hinterfragen, ob die Einschränkung des Notwehrrechts strafrechtsdogmatisch begründbar ist.

Die herrschende Lehre in Taiwan begründet die sozialethische Einschränkung des Notwehrrechts in allen Fallgruppen der Gebotenheit, auch im Fall der Notwehrprovokation, mit dem Gedanken des Rechtsmissbrauchs[19]. Es gibt wenige Stimmen, die sich auf die Grundgedanken der Notwehr berufen[20]. Nach der dualistischen Notwehrkonzeption bezweckt die Notwehr sowohl die Bewährung der Rechtsordnung als auch die Verteidigung der Individualrechts-

---

18)   Es zeigt sich nicht nur am oben beschriebenen Meinungsstand in Taiwan, sondern auch in der deutschen Lehre und Rechtsprechung. Im Einzelnen siehe *Gropp/Sinn*, Strafrecht Allgemeiner Teil, 5. Aufl. 2020, § 5 Rn. 176 ff.; *Kühl*, Strafrecht Allgemeiner Teil, 8. Aufl., 2017, § 7 Rn. 207 ff.

19)   Siehe die Literatur unter Fn. 2.

20)   In der deutschen Lehre *Roxin/Greco*, Strafrecht Allgemeiner Teil Band 1, 5. Aufl., 2020, § 15 Rn. 55 ff.

güter des Angegriffenen. In einigen Urteilen von Tatgerichten wird die Einschränkung des Notwehrrechts des Provokateurs darauf zurückgeführt, dass das Bedürfnis nach der Verteidigung der Rechtsordnung wegen des provozierenden Vorverhaltens gemildert wird. Demgegenüber argumentiert ein Teil der Literatur damit, dass die Individualrechtsgüter des Angegriffenen aufgrund seines provozierenden Vorverhaltens keinen vollumfänglichen Schutz verdienen[21]. Ob die angeführten Argumentationen überzeugend sind, bedarf näherer Erläuterungen.

Fraglich ist zuerst, ob das Verbot des Rechtsmissbrauchs die Gebotenheit der Abwehrhandlung zu begründen vermag. Das Verbot des Rechtsmissbrauchs wird in § 148 Abs. 1 tBGB gesetzlich geregelt, wonach die Ausübung eines Rechts unzulässig ist, wenn sie das Gemeinwohl der Öffentlichkeit verletzt oder vorrangig den Zweck hat, einem anderen Schaden zuzufügen. Obwohl es ein entsprechendes Verbot im Strafgesetzbuch nicht gibt, wird das Missbrauchsverbot allgemein als eine innere Schranke für die Ausübung jeden Rechts angesehen. Daher darf der Verteidiger bei Abwehr des rechtswidrigen Angriffs auch sein Notwehrrecht nicht missbrauchen. Wenn der rechtswidrige Angriff vom Verteidiger absichtlich oder in sonst verwerflicher Weise provoziert wurde, soll seine Notwehrbefugnis aufgrund des Verbots des Rechtsmissbrauchs ausgeschlossen oder eingeschränkt werden. Allerdings ist diese Annahme nicht unproblematisch[22]. Es ist davon auszugehen, dass die Provokation des Verteidigers nichts daran ändert, dass sich seine Verteidigung immerhin gegen einen rechtswidrigen Angriff richtet und damit auch die Rechtsordnung selbst und die Individualrechtsgüter des Betroffenen verteidigt. Im Hinblick darauf bedarf die Annahme, dass er bei der Ausübung seines Notwehrrechts vorrangig das Ziel habe, einem anderen Schaden zuzufügen, einer näheren Begründung. Dabei ist die Feststellung entscheidend, ob das provozierende Vorverhalten des Verteidigers die rechtsbewährende oder individualrechtsschützende Funktion der Notwehr beeinträchtigt hat. Das Verbot des Rechtsmissbrauchs kann allenfalls dann als Grundlage der Gebotenheit der Abwehrhandlung bei Notwehrprovokation angesehen werden, wenn dies mit den Grundgedanken der Notwehr überzeugend erklärt werden kann.

---

21) *Heng-Da Hsu*, Angle Criminal Law Review, Nr. 2, 2016, S. 113; *Chun-Jung Chen*, National Chung Chen University Law Journal, Nr. 39, 2013, S. 73 ff.

22) Kritisch auch *Heng-Da Hsu*, Angle Criminal Law Review, Nr. 2, 2016, S. 115; *Tzu-Ping Chen*, Strafrecht Allgemeiner Teil, 4. Aufl., 2017, S. 262. In Deutschland argumentieren mehrere Autoren gegen die Übertragbarkeit des Verbots des Rechtsmissbrauchs auf das Notwehrrecht z. B. *Renzikowski*, Notstand und Notwehr, 1994, S. 305; *Rönnau/Hohn*, in: Leipziger Kommentar zum Strafgesetzbuch, Band 3, 13. Aufl., 2019, § 32 Rn. 226.

Somit ist zu diskutieren, ob die Verteidigung gegen einen provozierten rechtswidrigen Angriff nicht oder nur im beschränkten Maß die Funktion der Rechtsbewährung der Notwehr erfüllt und somit das Notwehrrecht eines Provokateurs ganz ausgeschlossen oder eingeschränkt werden soll. Die Einschränkung des Notwehrrechts bei Notwehrprovokation ist im Hinblick auf das Rechtsbewährungsinteresse in der deutschen Lehre auf zwei Wegen zu begründen. Zum einen sei darauf hinzuweisen, dass sich das Bedürfnis nach Rechtsbewährung bei der Abwehr eines provozierten rechtswidrigen Angriffs verringern könne[23]. Zum anderen sei nicht zu übersehen, dass sich der Verteidiger durch sein provozierendes Vorverhalten schon außerhalb der Rechtsordnung befinde und daher nicht mehr qualifiziert sei, die Rechtsordnung zu bewähren[24].

Die beiden Argumentationen scheinen mir nicht überzeugend. Die Notwehr erfüllt ihre Funktion der Rechtsbewährung dadurch, dass der Verteidiger sich gegen einen rechtswidrigen Angriff verteidigt. Damit wird der Notwehrübende zum Statthalter des Rechts in Situationen, in denen der Staat das Recht nicht selbst schützen kann. Soweit ein rechtswidriger Angriff trotz des provozierenden Vorverhaltens vorliegt, besteht das Bedürfnis nach der Rechtsbewährung durch Notwehr nach wie vor. Diese Sichtweise wird außerdem dadurch bestätigt, dass eine Straftat, die von einem anderen provoziert ist, nicht straflos ist, sondern allenfalls milder bestraft wird. Dass der Staat nicht völlig auf die Bestrafung einer provozierten Straftat verzichtet, bedeutet, dass die Provokation keinen Einfluss auf das Bedürfnis des Staates nach Rechtsbewährung durch staatliche Bestrafung hat. Somit ist der Argumentation entgegenzusetzen, dass kein Bedürfnis nach Rechtsbewährung bei Abwehr eines provozierten rechtswidrigen Angriffs bestehe[25]. Ebenso wenig überzeugend ist die Argumentation, dass der Provokateur sich außerhalb der Rechtsordnung befinde und damit nicht mehr in der Lage sei, die Rechtsordnung durch Notwehr zu verteidigen. Geht man davon aus, dass ein Straftäter, der sich am weitgehendsten von der Rechtsordnung entfernt, noch im vollen Umfang das Notwehrrecht ausüben

---

23) *Jescheck/Weigend*, Lehrbuch des Strafrechts Allgemeiner Teil, 5. Aufl., 1996, § 32 III 3 a); *Roxin/Greco*, Strafrecht Allgemeiner Teil Band 1, 5. Aufl., 2020, § 15 Rn. 69; *von Scherenberg*, Die sozialethischen Einschränkungen der Notwehr, 2009, S. 200 f.

24) *Roxin*, ZStW 75 (1963), S. 566 f., 578 f.; *Kristian Kühl*, Strafrecht Allgemeiner Teil, 8. Aufl., 2017, § 7 Rn. 240; *Otto*, FS Würtenberger, 1977, S. 144.

25) *Neumann*, Zurechnung und „Vorverschulden": Vorstudien zu einem dialogischen Modell strafrechtlicher Zurechnung, 1985, S. 174; *Bitzilekis*, Die neue Tendenz der Einschränkung des Notwehrrechts, 1984, S. 171; im Ergebnis auch *Heng-Da Hsu*, Angle Criminal Law Review, Nr. 2, 2016, S. 116.

kann, bleibt von vornherein unklar, warum einem Provokateur, der absichtlich oder sonst verwerflich einen rechtswidrigen Angriff des anderen ausgelöst hat, seine Notwehrbefugnis vorenthalten wird. Wer durch ein provozierendes Vorverhalten einen rechtswidrigen Angriff ausgelöst hat, soll vielmehr für die Infragestellung des Rechts Verantwortlichkeit tragen, indem er als ein Garant aus Ingerenz verpflichtet ist, den rechtswidrigen Angriff zu beseitigen[26]. Im Ergebnis lässt sich die Einschränkung des Notwehrrechts eines Provokateurs nicht mit dem Grundgedanken der Rechtsbewährung der Notwehr erklären.

Dann kommen wir zu der weiteren Frage, ob sich die Einschränkung des Notwehrrechts eines Provokateurs daraus ergibt, dass die Verteidigung gegen einen provozierten rechtswidrigen Angriff nicht mehr oder im beschränkten Maß die Funktion des Individualrechtsschutzes der Notwehr erfüllt.

Nach Grundgedanken des Individualrechtsschutzes ist jedermann berechtigt, sich und seine Individualrechtsgüter verteidigen zu dürfen. Dieses „Urrecht" des Menschen auf Selbstverteidigung muss auch dem Staatsbürger in einem Rechtszustand mit staatlichem Gewaltmonopol erhalten bleiben, wenn der Staat seiner ihn erst legitimierenden Aufgabe – Schutz der Freiheit seiner Bürger gegen Übergriffe anderer Bürger – faktisch in bestimmten Situationen nicht nachkommen kann. Es stellt sich allerdings die Frage, wie sich die Schneidigkeit der Notwehr aus Sicht des Individualrechtsschutzes erklären lässt. Es gibt in der Lehre zwei Erklärungsversuche, die sich von einander nicht immer klar unterscheiden. Einerseits wird darauf abgestellt, dass die Rechtsgüter des Angreifers nicht schutzwürdig sind, weil er es jederzeit in der Hand hat, seinen Angriff sofort zu beenden, um die seine Rechtsgüter gefährdende Gegenwehr zu vermeiden[27]. Andererseits ist davon auszugehen, dass die schneidige Notwehr ein erforderliches Mittel darstellt, um die Integrität des subjektiven Rechts des Angegriffenen zu schützen[28].

Mit Blick auf die Schutz(un)würdigkeit des Angreifers erklärt sich nach Teilen der Literatur die Einschränkung des Notwehrrechts eines Provokateurs daraus, dass der Angreifer unter Einfluss der Provokation nicht mehr freiwillig darüber entscheiden kann, seinen Angriff sofort zu beenden und damit die Rechtsgüter des Angreifers mehr Schutz als sonst verdienen[29]. Diese Erklärung ist zwar nicht unplausibel. Allerdings hängt die Frage, ob der Angreifer seinen

---

26) *Mitsch*, GA 1986, S. 541.
27) *Frister*, Strafrecht Allgemeiner Teil, 10. Aufl., 2023, § 16 Rn. 30; *Mitsch*, GA 1986, S. 545.
28) Vgl. *Engländer*, Grund und Grenzen der Nothilfe, 2008, S. 67 ff.
29) *Kühl*, Strafrecht Allgemeiner Teil, 8. Aufl., 2017, § 7 Rn. 241; *Schöneborn*, NStZ 1981, S. 201 ff.

## 5. Kapitel Notwehr

Angriff noch freiwillig beenden kann oder nicht, im Einzelfall davon ab, wie stark das provozierende Vorverhalten des Verteidigers den Angreifer zum (weiteren) Angriff motiviert hat[30]. Wenn dem provozierten Angreifer noch zumutbar ist, seinen (weiteren) Angriff zu unterlassen, ist es bedenklich, hier eine höhere Schutzwürdigkeit des Angreifers als in üblichen Fällen anzunehmen und somit das Notwehrrecht des Provokateurs einzuschränken. Wenn demgegenüber dem provozierten Angreifer schon unzumutbar ist, seinen (weiteren) Angriff zu unterlassen, so dass bei ihm Schuldausschließung oder Entschuldigung angenommen wird, ergibt sich die Einschränkung des Notwehrrechts des Provokateurs daraus, dass es sich um einen schuldlosen Angriff handelt. Aus dieser Sicht geht es bei der Notwehrprovokation nicht um eine eigenständige Fallgruppe der Gebotenheit der Abwehrhandlung, sondern allenfalls um eine mögliche Konstellation des schuldlosen Angriffs. Ob man gegen einen schuldlosen Angriff Notwehr ausüben darf, ist dann eine Frage, die mit der Notwehrprovokation nichts zu tun hat[31].

Mit Blick auf den Schutz der Integrität des subjektiven Rechts des Angegriffenen erklärt sich nach Teilen der Literatur die Einschränkung des Notwehrrechts eines Provokateurs daraus, dass er wegen des provozierenden Vorverhaltens Mitverantwortlichkeit dafür tragen muss, dass er selbst vom anderen rechtswidrig angegriffen wird[32]. Der Provokateur hat zwar den von ihm ausgelösten Angriff vorausgesehen, aber war mit dem Angriff nicht einverstanden, sondern hat sich ernsthaft bemüht, sich vor dem Angriff zu schützen. Es ist deshalb in dieser Konstellation schwer von einer einverständlichen Fremdgefährdung beim Provokateur auszugehen[33]. Aber es ist fraglich, ob der angegriffene Provokateur die Integrität seines subjektiven Rechts nicht mehr im vollen Umfang beanspruchen darf, weil er mitverantwortlich für die Entstehung des Angriffs ist. Diese Frage ist nach hier vertretener Ansicht eher zu verneinen. Denn es handelt sich bei Notwehrsituationen – anders als bei Notstandssituationen – um einen Konflikt zwischen Recht und Unrecht. Der Angegriffene darf sein Notwehrrecht ausüben, weil er rechtlich keine Duldungspflicht hat, sein subjektives Recht vom anderen in rechtswidriger Weise beeinträchtigen zu lassen. Wenn das Vorverhalten des Provokateurs nicht dazu führt, dass der

---

30) Insoweit ebenso *Heng-Da Hsu*, Angle Criminal Law Review, Nr. 2, 2016, S. 113.

31) *Chih-Jen Hsueh*, Academia Sinica Law Journal, Nr. 28, 2021, S. 17 ff.

32) Vgl. *Kühl*, Strafrecht Allgemeiner Teil, 8. Aufl., 2017, § 7 Rn. 241; *Jakobs*, Strafrecht Allgemeiner Teil, 2. Aufl., 1993, 12/49; *Kindhäuser*, Gefährdung als Straftat, 1989, S: 118 f.; *Heng-Da Hsu*, Angle Criminal Law Review, Nr. 2, 2016, S. 119 f.; *Chun-Jung Chen*, National Chung Chen University Law Journal, Nr. 39, 2013, S. 91.

33) A.A. *Maurach/Zipf*, Strafrecht Allgemeiner Teil Teilband 1, 8. Aufl., 1992, § 26 Rn. 43.

Provozierte die Integrität seines subjektiven Rechts rechtlich nicht mehr achten muss, dann bleibt der Achtungsanspruch des Provokateurs gegenüber dem Provozierten immerhin unberührt[34]. Wenn der Provozierte einen rechtswidrigen Angriff auf den Provokateur vornimmt, sollte das Notwehrrecht des Provokateurs wie in üblichen Fällen erhalten bleiben, um die Integrität seines subjektiven Rechts zu schützen. Deshalb vermag die Mitverantwortlichkeit des Provokateurs für die Entstehung des rechtswidrigen Angriffs, die Einschränkung seines Notwehrrechts nicht zu erklären.

## 3. Fazit

Zusammenfassend ist festzuhalten, dass die von der herrschenden Lehre befürwortete sozialethische Einschränkung der Abwehrhandlung bei Notwehrprovokation sowohl gesetzlich unbestimmt als auch sachlich unbegründet ist. Die Notwehrprovokation als ein Fall der sozialethischen Einschränkung der Notwehr ist abzulehnen. Folglich kann die tatbestandsmäßige Abwehrhandlung des Provokateurs dann durch Notwehr gerechtfertigt werden, wenn sie ein erforderliches Mittel zur Abwehr eines gegenwärtigen und rechtswidrigen Angriffs ist. Somit sind zugleich alle oben gezeigten Anwendungsprobleme, die mit der sozialethischen Einschränkung der Abwehrhandlung bei Notwehrprovokation verbunden sind, erledigt.

## IV. Das Vorverhalten als Anknüpfungspunkt für die Strafbarkeit des Provokateurs – Plädoyer für die Lehre von der „actio illicita in causa"

Dass der Provokateur das Notwehrrecht hat, bedeutet nur, dass er sich nicht wegen der Abwehrhandlung für den eingetretenen Erfolg strafbar macht. Es schließt aber die Möglichkeit nicht aus, dass er wegen seines provozierenden Vorverhaltens für denselben Erfolg bestraft wird. Im deutschen Schrifttum wird teilweise die Lehre von der „actio illicita in causa" vertreten, wonach der Täter wegen des Vorverhaltens, das eine rechtfertigende Notwehrlage herbeiführt, bestraft werden kann, auch wenn seine Abwehr der Notwehrlage gerechtfertigt wird[35]. Beispiel: Wenn A den B in voraussehbarer Weise durch eine Beleidi-

---

34) Insoweit *Paeffgen/Zabel*, in: Kindhäuser/Neumann/Paeffgen/Saliger (Hrsg.), Nomos Kommentar Strafgesetzbuch, Band 1, 6. Aufl., 2023, Vor §§ 32 ff. Rn. 147 a.

35) Vgl. *Frister*, Strafrecht Allgemeiner Teil, 10. Aufl., 2023, § 16 Rn. 30; *Hardtung/Putzke*, Examinatorium Strafrecht Allgemeiner Teil, 2016, Rn. 608 f.; *Schmidhäuser*, Strafrecht Allgemeiner Teil (Studienbuch), 2. Aufl., 1984, 6/82; *Lindemann/Reichling*, JuS 2009, S. 496 ff.; *Schlehofer*, in: Erb/Schäfer (Hrsg.), Münchener Kommentar zum Strafgesetzbuch,

gung zu einem Angriff reizt, bei dessen Abwehr er ihn vorsätzlich verletzt, obwohl ihm ein Ausweichen möglich wäre, so wird die vorsätzliche Körperverletzung als gerechtfertigt angesehen; der A wird aber wegen fahrlässiger Körperverletzung verantwortlich gemacht, weil er durch seine Beleidigung den Enderfolg in rechtswidriger und vermeidbarer Weise verursacht hat. Gegen diese Lehre werden aber vielfach Einwände erhoben. Im Folgenden wird ein Versuch unternommen, diese Lehre zu bestätigen und die gegen sie erhobenen Einwände zu entkräften.

## 1. Vorverhalten als eine tatbestandsmäßige Tathandlung

Die Strafbarkeit des Provokateurs aufgrund des Vorverhaltens setzt insbesondere voraus, dass der eingetretene Erfolg schon wegen dieser Handlung objektiv zuzurechnen ist. Der eingetretene Erfolg ist dann der Handlung objektiv zurechenbar, wenn der Täter durch die Handlung ein rechtlich missbilligtes Risiko schafft und dieses Risiko sich in dem konkreten Erfolg verwirklicht. Ob die objektive Zurechnung des Enderfolgs zum Vorverhalten im Fall der Notwehrprovokation vorliegt, kommt auf die konkreten Umstände des Einzelfalls an. Darauf ist im Folgenden einzugehen.

Das Vorverhalten muss wegen ihrer Eignung, den tatbestandlichen Erfolg durch die Abwehr eines provozierten rechtswidrigen Angriffs herbeizuführen, rechtlich missbilligt sein. Wenn der Provokateur kein legitimes Interesse an der den Angreifer provozierenden Handlung hat, ist dies aber durchaus anzunehmen[36]. Im obigen Beispiel hat A kein Recht, den B zu beleidigen, und schafft damit ein rechtlich missbilligtes Risiko für die körperliche Integrität des B. Wenn dagegen der Provokateur ein anzuerkennendes Interesse an der Vornahme der den Angreifer provozierenden Handlung hat, so stellt die Gefahr der Verletzung des Angreifers durch die spätere Abwehr eines provozierten Angriffs kein rechtlich missbilligtes Risiko dar. Beispiel: A hat dem B Prügel für den Fall angedroht, dass dieser sich noch einmal in seiner Lieblingskneipe sehen lasse. B hat aber wieder die Kneipe betreten und A durch die spätere Abwehr des provozierten Angriffs verletzt. Da A kein Recht hat, dem B das Betreten der Kneipe zu verbieten, schafft B kein rechtlich missbilligtes Risiko für die körperliche Integrität des A.

---

Band 1, 4. Aufl., 2020, Vor § 32 Rn. 67 ff. Teilweise zustimmend *Perron/Eisele*, in: Schönke/Schröder, Strafgesetzbuch Kommentar, 30. Aufl., 2019, § 32 Rn. 57, 61; *Erb*, in: Erb/Schäfer (Hrsg.), Münchener Kommentar zum Strafgesetzbuch, Band 1, 4. Aufl., 2020, § 32 Rn. 229.

36)  Vgl. auch *Lindemann/Reichling*, JuS 2009, S. 500 f.

Der eingetretene Erfolg könnte aber deshalb dem Vorverhalten nicht zuzurechnen sein, weil es sich um einen Fall der Selbstgefährdung des Verletzten handelt. Denn in solchen Fällen wird die Verursachung des Erfolgs durch den rechtswidrigen Angriff des Provozierten, der letztlich wegen der Notwehrhandlung verletzt wird, vermittelt[37]. Die Selbstgefährdung des Verletzten durch seinen Angriff als Ausschlussgrund der objektiven Zurechnung ist aber in solchen Fällen schon dann nicht anzunehmen, wenn der Provokateur die Art und Weise des möglich zu erwartenden Angriffs verkennt. Bei diesem Fall handelt es sich nicht um eine eigenverantwortliche Selbstgefährdung, weil der Provokateur sich der Gefahr des Angriffs nicht bewusst aussetzt. Auch wenn der Provokateur die Gefahr des zu erwartenden Angriffs richtig eingeschätzt, ist die Ermöglichung einer Selbstgefährdung nach hier vertretener Ansicht nur insoweit als erlaubt zu bewerten, wie dies um der Handlungsfreiheit des Betroffenen Willen notwendig ist. Durch die rechtliche Missbilligung einer Notwehrprovokation wird jedoch allenfalls die Freiheit beeinträchtigt, sich zu einem rechtswidrigen Angriff provozieren zu lassen, und diese rechtlich erwünschte Beschneidung der Autonomie des Betroffenen gibt keinerlei Anlass, die Provokation als erlaubt anzusehen[38]. Im Ergebnis wird die objektive Zurechnung des Erfolgs aufgrund des Vorverhaltens nicht durch die Selbstgefährdung des Verletzten ausgeschlossen. Im obigen Beleidigungsfall erfüllt A somit durch sein Vorverhalten den objektiven Straftatbestand der Körperverletzung.

Ist der Enderfolg dem Vorverhalten des Provokateurs objektiv zuzurechnen, kommt die Strafbarkeit des Provokateurs darauf an, ob er hinsichtlich des Enderfolgs vorsätzlich oder fahrlässig gehandelt hat. Es ist anhand der Umstände des Einzelfalls zu überprüfen, ob er im Zeitpunkt des Vorverhaltens die Verwirklichung des objektiven Straftatbestands vorausgesehen und gebilligt hat. Hat er bei der Provokation die Tatbestandsverwirklichung nicht billigend vorausgesehen, wird er bei Voraussehbarkeit des Enderfolgs wegen Fahrlässigkeitsdelikts bestraft. Hat er jedoch bei der Provokation die Tatbestandsverwirklichung billigend vorausgesehen, macht er sich wegen Vorsatzdelikts

---

37) Es handelt sich dabei um den wichtigsten Einwand gegen die Lehre a.i.i.c. aus dem Schrifttum. Vgl. beispielsweise *Mitsch*, GA 1986, S. 543; *Neumann*, Zurechnung und „Vorverschulden": Vorstudien zu einem dialogischen Modell strafrechtlicher Zurechnung, 1985, S. 149; *Renzikowski*, Notstand und Notwehr, 1994, S. 303; *Rönnau/Hohn*, in: Leipziger Kommentar zum Strafgesetzbuch, Band 3, 13. Aufl., 2019, § 32 Rn. 251; *von Scherenberg*, Die sozialethischen Einschränkungen der Notwehr, 2009, S. 902.

38) *Frister*, Strafrecht Allgemeiner Teil, 10. Aufl., 2023, § 16 Rn. 15 f.; *Chih-Jen Hsueh*, Academia Sinica Law Journal, Nr. 28, 2021, S. 34 ff. Ähnlich *Jung-Chien Huang*, Grundlegende Strafrechtswissenschaft Band I, 4. Aufl., 2012, S. 315 ff.

5. Kapitel   Notwehr

strafbar, wenn die Provokation selbst schon als Beginn der Ausführung der Tathandlung anzusehen ist. Dies ist nicht unproblematisch, weil es der Täter bei der Provokation in der Regel noch in der Hand hat, ob durch die Abwehr des provozierten Angriffs ein Enderfolg beim Angreifer herbeigeführt wird. Dann hat der Täter bei Provokation mit der Ausführung der Tathandlung noch nicht begonnen. Die Vorstellung des Täters in diesem Zeitpunkt, dass er später durch Abwehr des provozierten Angriffs den Enderfolg verursachen werde, vermag die Vorsätzlichkeit der Tatbestandsverwirklichung nicht zu begründen[39]. Aber ist es auch im Einzelfall durchaus vorstellbar, dass der Täter bei Provokation schon die Herrschaft über den Geschehensablauf verloren und daher mit der Ausführung der Tathandlung begonnen hat. Im obigen Beispiel hätte A mit seiner Beleidigung schon mit der Ausführung der Tathandlung der Körperverletzung des B begonnen, wenn man annimmt, dass ihm schon bekannt ist, dass der sehr ehrsüchtige und gewalttätige B sofort auf die Beleidigung mit Pistolenschuss reagieren wird, bei dessen Abwehr die Körperverletzung des B erforderlich ist. In dieser Konstellation kann A mit Abschluss der beleidigenden Äußerung die Körperverletzung nicht mehr vermeiden, weil B gleich nach beleidigender Äußerung des A zum Schuss mit der Pistole ansetzt, zu dessen Abwehr mit einer Körperverletzung der A tatsächlich gezwungen ist, um sein eigenes Leben zu retten. Dann macht A sich wegen vorsätzlicher Körperverletzung strafbar.

Damit ist festzustellen, dass sich der Provokateur wegen des Vorverhaltens strafbar machen kann, wenn es nach den Umständen des Einzelfalls den vorsätzlichen oder fahrlässigen Straftatbestand in rechtswidriger und schuldhafter Weise verwirklicht. Das Vorverhalten, das eine rechtfertigende Notwehrlage herbeiführt, ist also ein tauglicher Anknüpfungspunkt für die Strafbarkeit des Provokateurs, dessen Abwehrhandlung durch Notwehr gerechtfertigt werden kann. Die These der Lehre von der „a.i.i.c." ist bestätigt.

## 2.   Einwände gegen die Lehre von „actio illicita in causa"?

Allerdings findet die Lehre von der „a.i.i.c." im Schrifttum wenig Beifall, sondern wird vielfach kritisiert. Ob die gegen sie erhobenen Einwänden überzeugen, ist im Folgenden zu erörtern. Im Ergebnis dürften alle Einwände gegen die „a.i.i.c." nach meiner Ansicht ausgeräumt werden.

Erstens wird an der Lehre von der „a.i.i.c." vielfach kritisiert, sie verstoße gegen das Analogieverbot, weil sie den möglichen Wortsinn des gesetzlichen

---

39)  Dieser Einwand stammt von *Küper*, Der „verschuldete" rechtfertigende Notstand: Zugleich ein Beitrag zur „actio illicita in causa", 1983, S. 61 ff.

## Zur Einschränkung des Notwehrrechts durch Provokation

Straftatbestands missachte, indem sie das Vorverhalten als eine tatbestandsmäßige Tathandlung ansehe[40]. Es sei z. B. vom Wortsinn des Tatbestands der Körperverletzung her unmöglich, eine beleidigende Äußerung als eine tatbestandsmäßige Tathandlung der Körperverletzung auszulegen. Diese Kritik verdient jedoch keine Zustimmung. Denn ein Straftatbestand bringt lediglich den Zustand der Rechtsgutverletzung oder -gefährdung zum Ausdruck, dessen Vorliegen der Gesetzgeber durch die zugrundeliegende Verbots- oder Gebotsnorm zu vermeiden versucht. Auf welche Weise der Täter den rechtsgutsverletzenden oder -gefährdenden Zustand herbeigeführt, spielt für das Vorliegen einer tatbestandsmäßigen Tathandlung keine Rolle. Dies gilt auch für die sog. verhaltensgebundenen Delikte. Denn dabei handelt es sich lediglich um Delikte, mit denen der Gesetzgeber nur die auf bestimmte Weise geschaffenen Rechtsgutverletzungen oder -gefährdungen verbieten möchte. Wer dagegen auf eine andere als tatbestandlich vorgeschriebene Weise das Rechtsgut verletzt oder gefährdet hat, hat tatbestandlos gehandelt. Entscheidend für eine tatbestandsmäßige Tathandlung ist also nur, dass der Täter irgendwie die auf gesetzlich vorgeschriebene Weise geschaffene Rechtsgutverletzung oder -gefährdung verursacht. Ob er unmittelbar oder eigenhändig die tatbestandlich vorgeschriebene Verhaltensweise ausgeführt hat, ist ohne Bedeutung. So kann eine beleidigende Äußerung unproblematisch auch als eine tatbestandsmäßige Tathandlung der Körperverletzung anzusehen sein, wenn sie in objektiv zurechenbarer Weise den Erfolg der Körperverletzung herbeiführt. Die Lehre von der „a.i.i.c." verletzt das Analogieverbot also nicht.

Des Weiteren wird an der Lehre von der „a.i.i.c." in Frage gestellt, dass sie zum Wertungswiderspruch zwischen „dem rechtswidrigen Vorverhalten" und „der rechtmäßigen Verteidigung" führe, denn die beiden Handlungen hätten ein und denselben Erfolg zur Folge, der nicht sowohl rechtswidrig als auch rechtmäßig sein könne[41]. Dieser Einwand ist unhaltbar. Der Erfolg als solcher, nämlich die Rechtsgutverletzung oder -gefährdung, wie der Tod eines Menschen oder die Schädigung einer Sache, ist lediglich ein empirisches

---

40) Dazu *Bitzilekis*, Die neue Tendenz der Einschränkung des Notwehrrechts, 1984, S. 154 f.; *Neumann*, Zurechnung und „Vorverschulden": Vorstudien zu einem dialogischen Modell strafrechtlicher Zurechnung, 1985, S. 150 f.; *Paeffgen/Zabel*, in: Kindhäuser/Neumann/Paeffgen/Saliger (Hrsg.), Nomos Kommentar Strafgesetzbuch, Band 1, 6. Aufl., 2023, Vor §§ 32 ff. Rn. 147 a; *Rönnau/Hohn*, in: Leipziger Kommentar zum Strafgesetzbuch, Band 3, 13. Aufl., 2019, § 32 Rn. 251.

41) Dazu *Neumann*, Zurechnung und „Vorverschulden": Vorstudien zu einem dialogischen Modell strafrechtlicher Zurechnung, 1985, S. 151 f.; *Rönnau/Hohn*, in: Leipziger Kommentar zum Strafgesetzbuch, Band 3, 13. Aufl., 2019, § 32 Rn. 251; *Roxin/Greco*, Strafrecht Allgemeiner Teil Band 1, 5. Aufl., 2020, § 15 Rn. 68.

Phänomen. Ein Erfolg ist nur dann strafrechtlich unrechtsbegründend, wenn dieser von einer Handlung eines Menschen in rechtswidriger Weise herbeigeführt wird. Entscheidend für die Unrechtsbegründung ist vielmehr die jeweilige Handlung, die in unerlaubter Weise die Rechtsgutsverletzung in Gang setzt. Die Bewertung, ob eine Handlung in unerlaubter Weise ein Rechtsgut verletzt, hängt von den Umständen im jeweiligen Zeitpunkt der Handlung ab. Wenn eine erste Handlung vermittelnd zu einer zweiten Handlung und dann zu ein und demselben Erfolg führt, müssen die beiden Handlungen nicht immer gleich behandelt werden. Dies lässt sich anhand einer der anerkannten Konstellationen mittelbarer Täterschaft bestätigen, in der der Hintermann mittels einer rechtmäßigen Handlung des Vordermanns in rechtswidriger und schuldhafter Weise den Straftatbestand verwirklicht. Insoweit ist noch niemanden bekannt, der die Differenz zwischen „rechtswidriger Handlung des Hintermanns" und „rechtmäßiger Handlung des Vordermanns" hinsichtlich ein und demselben Erfolg als widersprüchlich bemängelt.

Zuletzt wird gegen die Lehre von der „a.i.i.c." eingewendet, dass die Reaktion des Provozierten auf die rechtswidrige Provokation selbst eine Ausübung der Notwehrbefugnis wäre, gegen die der Provokateur nicht mehr mit Notwehr reagieren könnte[42]. Diese Kritik ist aber zu weitgehend. Denn die Lehre von der „a.i.i.c." hat nur die Rechtswidrigkeit der Provokation festgestellt. Darüber, ob die Provokation selbst schon einen gegenwärtigen Angriff darstellt, wenn der Provozierte darauf reagiert, hat die Lehre von der „a.i.i.c." keine Aussage getroffen. In unserem Beispielsfall ist klar, dass die beleidigende Äußerung des A schon abgeschlossen ist, als B zum Angriff provoziert wurde. Der Angriff des B ist also keine Abwehr gegen einen gegenwärtigen rechtswidrigen Angriff und kann somit nicht durch Notwehr gerechtfertigt werden. Also kann A unproblematisch gegen B Notwehr üben.

# V.  Ergebnis

1.  In Taiwan wird die Notwehrprovokation ebenso wie in Deutschland und Japan als eine der klassischen Fallgruppen einer sozialethischen Einschränkung des Notwehrrechts angesehen. Die Unterscheidung zwischen Absichtsprovokation und sonst vorwerfbarer Provokation ist im Schrifttum grundsätzlich anerkannt. Die Einzelheiten über Voraussetzungen und die Rechtsfolge der Notwehrprovokation sind aber nach

---

42)  *Roxin*, ZStW 75 (1963), S. 547; *Bockelmann*, FS Honig, 1970, S. 26.

wie vor umstritten.

2. Die sozialethische Einschränkung des Notwehrrechts bei der Notwehrprovokation ist aber nicht unproblematisch. Zum einen ist es im Hinblick auf das Gesetzlichkeitsprinzip fragwürdig, weil § 23 tStGB keine klare Bestimmung darüber enthält, unter welchen Voraussetzungen man die sozialethische Einschränkung einer Notwehr annehmen kann. Zum anderen kann man aus den beiden Funktionen der Notwehr, und zwar Rechtsbewährung und Individualrechtsschutz, die sozialethische Einschränkung der Notwehr schließen.

3. Nach Lehre von der „actio illicita in causa" ist hinsichtlich des Provokateurs ein uneingeschränktes Notwehrrecht anerkannt, aber dieser kann sich wegen der Provokation strafbar machen, wenn er damit eine tatbestandsmäßige Tathandlung in rechtswidriger und schuldhafter Weise begangen hat. Dieses Ergebnis ist nach hier vertretener Auffassung bestätigt.

# Grenzen der Notwehr:
# Über den aktuellen Diskussionsstand in Japan

Makoto IDA

## I. Einleitung

Das geltende jap. StGB (jStGB) von 1907 sieht in seinen Vorschriften der §§ 35 bis 37 eine Reihe von Rechtfertigungsgründen vor und enthält in §§ 38 ff. die Bestimmungen über die Schuld, d.h. Vorsatz, Tatsachenirrtum, Rechtsirrtum und Schuldfähigkeit. Unser StGB setzt also die *Differenzierung von Unrecht und Schuld* voraus, die das ihm vorausgehende StGB von 1880, das unter französischem Einfluss entstanden war, noch nicht kannte. Darüber hinaus steht hinter den Vorschriften des Allgemeinen Teils unseres StGB die *geordnete Systematik*, die den Fokus von der Vollendung zum Versuch, von der Einzelstraftat über die Real- und Idealkonkurrenzen zum Rückfall, von der Einzeltatausführung zu den drei Beteiligungsformen der Mittäterschaft, der Anstiftung und der Beihilfe richten. Auch wenn es dafür keine Belege gibt, ist es sicher, dass die Japaner diese Systematik, die stark an jene des – bereits 1903 ins Japanische übersetzten – Lehrbuchs von *Franz von Liszt* erinnern lässt, von der deutschen Strafrechtslehre übernommen haben.

Was die Notwehrbestimmung angeht, ist sie als ein *allgemeiner Rechtfertigungsgrund* gestaltet, der sich in seiner Anwendung *nicht* auf bestimmte Straftaten, wie etwa die Tötungs- und die Körperverletzungsdelikte, beschränkt. § 36 Abs. 1 jStGB bestimmt: „Eine Handlung, die unerlässlich ist, um ein Recht, ein eigenes oder das eines anderen, gegen einen unmittelbar drohenden und rechtswidrigen Angriff abzuwehren, ist nicht strafbar." Der Absatz 2 betrifft den *Notwehrexzess*. Dort heißt es: „Bei Begehung einer das Maß der Abwehr überschreitenden Handlung kann nach den Umständen des Falles die Strafe gemildert oder von Strafe abgesehen werden." Unter den einschlägigen ausländischen Gesetzen, die die japanischen Gesetzgeber damals berücksichtigten, besaßen Deutschland, die Niederlande und die Schweiz ähnliche Bestimmungen. Die japanische Regelung, die schließlich Gesetz wurde, hat fast den gleichen Inhalt wie die *niederländische Vorschrift*, bis auf die bloß fakultative

Grenzen der Notwehr: Über den aktuellen Diskussionsstand in Japan

Strafmilderung oder -aufhebung statt der obligatorischen Straflosigkeit für den Notwehrexzess.

Unter diesen zwei dreizeiligen Sätzen entwickelte sich in den letzten über 100 Jahren unsere ganze Notwehrdogmatik. Es gab verschiedene Streitpunkte, aber von herausragender Bedeutung für Lehre und Praxis war darunter die *Frage über die Grenzen der Notwehr*. Konkret gesagt geht es um die folgende Fragestellung: Wie und mit welcher Begründung sind die Fälle zu lösen, in denen eine *Notwehrlage*, d.h. ein unmittelbar drohender und rechtswidriger Angriff, zu bestehen scheint, wenn man nur auf den Zeitpunkt der „Abwehrhandlung" abstellt, aber unter *Berücksichtigung der zu ihr führenden gesamten Umstände* weder eine Notwehrrechtfertigung noch eine Strafmilderung wegen Notwehrexzesses als angebracht betrachtet werden kann? Erwähnenswert ist hier, dass in Japan – anders als in Deutschland – ein Notwehrexzess mit einer Strafmilderungs- oder -aufhebungsmöglichkeit auch dann in aller Regel bejaht wird, wenn ein unmittelbar drohender und rechtswidriger Angriff besteht und der Täter bei seiner Handlung gegen diesen *aus den sthenischen Affekten*, wie Zorn oder Hass, das zulässige Maß überschreitet.

## II. Ausgangsfall - Falltypus des gegenseitigen Kampfes

Als Ausgangsfall soll die Fallgestaltung, die einem Urteil des jap. Obersten Gerichtshofs (OGH) v. 7. Juli 1948 zugrunde lag, dienen. Der OGH lehnte für diesen Fall sowohl eine Rechtfertigung durch Notwehr als auch einen Notwehrexzess ab.

Fall 1: Nach einem Streit schlugen T und O aufeinander ein, wobei T schnell unterlegen war und rückwärts gegen einen Stacheldrahtzaun gedrückt wurde, während er von O mehrfach geschlagen wurde. T wurde auch von O in die Hoden und andere Körperteile getreten. In einem Wutanfall nahm T ein kleines Messer, das er bei sich trug, und versetzte dem O einen Hieb, wobei er diesem eine schwere Wunde zufügte, die schließlich zum Tod von O führte.

Bezüglich dieses Falls ist man wohl darüber einig, dass hier weder eine Notwehrrechtfertigung noch eine Strafmilderung wegen Notwehrexzesses in Betracht kommt. Die Frage ist, wie man dieses Ergebnis begründen soll. Zum Zeitpunkt der Ausführungshandlung von T gegen O lag doch ein unmittelbar drohender und rechtswidriger Angriff durch O und damit eine Notwehrlage,

167

vor. Wie kann man trotzdem die Anwendung des § 36 jStGB ablehnen?

Der OGH lehnte für diese Fallgestaltung die Anwendung des § 36 jStGB mit der folgenden Begründung ab: „Ein gegenseitiger Kampf kann in seinen bestimmten Momenten den Anschein einer Notwehr erwecken, aber *unter Berücksichtigung seines gesamten Geschehens* kann es sein, dass kein Raum für die Notwehr bleiben kann. . . [Für diesen Fall] gibt es keinen Raum für die Anwendung des § 36 StGB." Man kann hier von einer „ganzheitlichen Betrachtungsweise" reden. Wenn das Tatgeschehen als Ganzes – und nicht nur ein kleiner Teil davon – betrachtet wird, dann könne hier die Notwehrvorschrift nicht angewendet werden, weil ihre Anwendung gegen den Sinn und Zweck dieser Vorschrift verstoße. Dies ist aber keine gute Begründung. Wenn ein Jurastudent in einer Klausur so argumentiert, wird er keine gute Note bekommen. Wenn ich gezwungen wäre, hier das verneinende Ergebnis zu begründen, dann würde ich wie folgt argumentieren: In diesem Fall hatte ein *gegenseitiger Kampf bereits begonnen*, als der Angegriffene zum Gegenangriff überging, so dass zum Zeitpunkt der Tatausführung die Interessenlage *„Recht gegen Unrecht"*, die der Notwehrvorschrift zugrunde liegt, nicht mehr bestand, sondern nur mit *„Unrecht gegen Unrecht"* gekämpft wurde, was die Anwendung des § 36 jStGB unmöglich macht. Gibt es eine überzeugendere Begründung für die Lösung dieses Falles?

## III.  Zum Falltypus der selbst verschuldeten Notwehrlage

Die Problemsituation, in der unter Berücksichtigung der zu Abwehrhandlung führenden Umstände, d.h. das Geschehen im Vorbereitungsstadium, weder eine Notwehrrechtfertigung noch eine Strafmilderung wegen Notwehrexzesses als angebracht betrachtet werden kann, findet sich nicht nur in diesem *Falltypus des gegenseitigen Kampfes*. Auch in Fällen, in denen der Täter selbst verschuldet die Notwehrlage herbeigeführt hat, kann die Anwendung der Notwehrvorschrift problematisch werden. Es ist dabei wichtig, darauf hinzuweisen, dass die japanische Judikatur für den *Falltypus des selbst verschuldeten Angriffs* die Anwendung der Notwehrbestimmung nicht allein deshalb ablehnt, weil der Täter in selbstverschuldeter Weise einen rechtswidrigen Angriff verursacht hat. In den Fällen, in denen die *durch den Täter dem anderen zugeworfenen Worte* diesen zum Angriff provozierten, wird Notwehr *nicht* verneint. Anders liegt aber der Fall, in dem der Täter zuerst gegen den anderen *tätlich* wurde und dieser daraufhin den Täter angreift. Dem Beschluss des OGH v. 20. Mai 2008 lag der folgende Sachverhalt zugrunde.

Grenzen der Notwehr: Über den aktuellen Diskussionsstand in Japan

Fall 2: T und O gerieten auf der Straße in einen Streit. T schlug O plötzlich einmal mit seiner Faust ins Gesicht und rannte unmittelbar danach davon. O verfolgte T auf seinem Fahrrad, holte ihn auf dem etwa 90 Meter entfernten Fußweg ein und schlug, während O sich noch auf dem Fahrrad befand, mit seinem waagerecht ausgestreckten rechten Arm hart von hinten auf T ein. T fiel nach vorne, stand aber wieder auf und zückte einen speziellen Schlagstock, den er zur Selbstverteidigung bei sich trug, und schlug damit mehrmals auf O ein, der dadurch verletzt wurde.

Der OGH verneinte für diesen Fall die Anwendung der Notwehrvorschrift und begründete dieses Ergebnis wie folgt: „Der Angeklagte griff O an, bevor er von O angegriffen wurde. Der Angriff von O kann als eine Reihe von Ereignissen, die miteinander eng zusammenhängen, angesehen werden, die unmittelbar nach dem Angriff des Angeklagten stattfanden und durch diesen ausgelöst wurden, und der Angeklagte kann als derjenige angesehen werden, der diesen Angriff durch seine rechtswidrige Handlung selbst verursacht hat. Unter Berücksichtigung des Sachverhalts, einschließlich der Tatsache, dass das Ausmaß des Angriffs das Ausmaß der ersten Gewaltausübung durch den Angeklagten nicht wesentlich überstieg, kann die Verletzungshandlung des Angeklagten nicht als eine Handlung angesehen werden, die in einer Situation vorgenommen wurde, in der der Angeklagte berechtigt war, eine Art Gegenangriff zu unternehmen.“

Der OGH bezog sich bei seiner Argumentation nicht auf die einzelnen Notwehrvoraussetzungen des § 36 Abs. 1 jStGB, sondern *verneinte* überhaupt *die Notwehrlage* aus dem Grund, dass es sich *nicht* um eine Handlung in einer *Situation* handelte, *in der es gerechtfertigt war, eine Abwehrhandlung zu ergreifen*. Diese Schlussfolgerung halte ich für richtig und möchte dabei darauf hinweisen, dass dieser Fall im Grunde als identisch mit dem *Fall des gegenseitigen Kampfes* zu betrachten ist, den wir schon oben betrachtet haben. Wie im Fall 1, hatte im Fall 2 mit der ersten Gewaltausübung durch den T der gegenseitige Kampf bereits begonnen, als der T zum Gegenangriff überging. Es bestand nur die Interessenlage „*Unrecht gegen Unrecht*" zwischen ihnen. Die Anwendung der Notwehrvorschrift muss abgelehnt werden, weil sie die Interessenlage „*Recht gegen Unrecht*" voraussetzt.

5. Kapitel Notwehr

## IV. Zur zentralen Frage - der Falltypus des vorausgesehenen Angriffs

Die Fallkonstellation, die die japanische Praxis und Lehre am meisten beschäftiget hat, betrifft jedoch weder den gegenseitigen Kampf noch die selbst verschuldete Notwehrlage, sondern die Situation, in der ein *rechtswidriger Angriff des anderen vom Täter vorausgesehen* wurde und damit die Konfrontation mit ihm dadurch hätte vermieden werden können, dass er sich nicht in die Nähe des potenziellen Angreifers begibt oder seinen jetzigen Aufenthaltsort verlässt. Es war eine der wichtigsten Fragen der japanischen Notwehrrechtsdogmatik, wann und unter welchen Voraussetzungen die Anwendung der Notwehrvorschrift und damit auch die Annahme eines Notwehrexzesses ausgeschlossen werden darf, obwohl zum Zeitpunkt der Ausführungshandlung des Täters ein unmittelbar drohender und rechtswidriger Angriff vorhanden zu sein scheint. Zur Verdeutlichung der Problemlage soll das folgende Schulbeispiel dienen:

Fall 3: T wurde von O, zu dem er auch sonst kein gutes Verhältnis hatte, gebeten, über eine Angelegenheit zu sprechen, die schon seit einiger Zeit anhängig sei. Er dachte, dass er von dem jähzornigen O (wieder) angegriffen werden könnte, wenn die Dinge aus dem Ruder liefen. In einem solchem Fall, sagte er sich, habe er keine andere Wahl, als sich zu wehren. Er ging mit einem kleinen Messer in der Tasche zu dem Treffen. Zuerst verhielt sich O zivilisiert, dann wurde er aufgeregt, griff nach dem Obstmesser neben ihm und griff T an. T wich seelenruhig aus und obwohl es für ihn möglich gewesen wäre, zu entkommen, stach er O mit dem Messer, das er bei sich trug, in den Unterleib und fügte ihm damit schwere Verletzungen zu.

In der japanischen Judikatur gab es bis in die 1970er Jahre hinein für solche Fälle ein Nebeneinander von solchen Gerichtsentscheidungen, die die Anwendung der Notwehrvorschrift bejaht haben und solchen, die einen unmittelbar drohenden Angriff – aus normativer Sicht – verneint haben. Es wurde also ein Kriterium benötigt, um zwischen beiden zu unterscheiden. Von bahnbrechender Bedeutung war der *Beschluss des OGH vom 21. Juli 1977:* Der OGH stellte fest, dass der Umstand, dass ein Angriff selbstverständlich oder fast mit Sicherheit vorausgesehen war, nicht sofort die Notwehrvoraussetzung eines unmit-

170

Grenzen der Notwehr: Über den aktuellen Diskussionsstand in Japan

telbar drohenden Angriffs ausschließt, und fügte hinzu, dass das Vorliegen eines unmittelbar drohenden Angriffs dann verneint wird, wenn der Angegriffene den Angriff nicht nur vermied, sondern aus dem *Willen* heraus handelte, *ihn dazu zu nutzen, aktiv dem Angreifer Schaden zuzufügen.* Die damit aufgestellte These des OGH lautete: Die Notwehrvoraussetzung eines unmittelbar drohenden Angriffs werde erst dann verneint, wenn bei der Erwartung eines Angriffs ein *aktiver Schädigungswille* vorliegt. Danach wird im *Fall 3* eine Notwehrrechtfertigung bejaht, weil es dort an einem aktiven Schädigungswillen mangelt. Dagegen würde sie verneint werden, wenn der T vorher die Absicht gehabt hätte, diese Gelegenheit zur Schadenszufügung an A zu nutzen.

Hinzuzufügen ist, dass dieser aktive Schädigungswille von dem sogenannten *Verteidigungswillen* zu unterscheiden ist. Der Verteidigungswille muss, quasi als „Vorsatz der Notwehr", *im Ausführungsstadium* vorhanden sein und kann nach der japanischen Judikatur durchaus neben Zorn und Aggression bestehen. Beim aktiven Schädigungswillen hingegen geht es um den subjektiven Willen zur Schädigung des Angreifers *in der Vorbereitungsphase.*

Diese höchstrichterliche Rechtsprechung wurde anfänglich durch die Lehre sehr stark kritisiert: Die Notwehrrechtfertigung werde dadurch von der subjektiven Einstellung des Täters abhängig gemacht. Das geriete in Widerspruch mit dem grundsätzlich objektiven Charakter des Rechtswidrigkeitsurteils. Diese Kritik war aber rein dogmatischer Art und wurde in der Praxis kaum beachtet. Die Konstruktion durch den OGH hat andererseits erhebliche Vorteile: Denn die Notwehrlage wird danach nur dann verneint, wenn die Schädigungsabsicht eine *das ganze Tatgeschehen beherrschende Bedeutung* entfaltet. Diese Konstruktion lieferte somit einen relativ klaren Beurteilungsrahmen für die Frage, wann die Notwehrrechtfertigung im Fall des vorausgesehenen Angriffs ausnahmsweise eingeschränkt werden darf, und setzte somit einer *übermäßigen Einschränkung des bürgerlichen Notwehrrechts Schranken.*

Diese Rechtsprechung, die 40 Jahre lang die japanische Praxis beherrscht hatte, hat durch den *Beschluss des OGH v. 26. April 2017* eine starke Modifizierung erfahren. Warum ist die Modifizierung nötig geworden? Es hat sich herausgestellt, dass die Konstruktion der bisherigen Rechtsprechung zu *starr und inflexibel* war. Sie wirkte bei der Grenzziehung der Anwendbarkeit der Notwehrvorschrift allzu großzügig und zu wenig einschränkend. In der Praxis wurde diese (frühere) Rechtsprechung so gehandhabt, dass im Fall des vorausgesehenen Angriffs die Notwehrlage und damit die Anwendbarkeit der Notwehrvorschrift so lange bejaht werden musste, wie kein aktiver Schädigungswille vorlag. Wenn dem Gericht die Anwendung der Notwehrvorschrift

## 5. Kapitel Notwehr

nicht sachgerecht erschien, sind deshalb die Richter oft so weit gegangen, den aktiven Schädigungswillen *anhand von Indizien vermutend festzustellen*. Den Anlass zur Modifizierung der bisherigen Rechtsprechung gab der folgende Sachverhalt:

> Fall 4: Der Angeklagte war verärgert, weil ein Bekannter O (damals 40 Jahre alt) in seiner Abwesenheit wiederholt mit einem Feuerlöscher an seine Wohnungstür (6. Stock eines Mehrfamilienhauses) geklopft hatte, ihn in der Nacht mehr als zehn Mal anrief, ihn am Telefon anschrie und sagte, er und seine Freunde würden ihn angreifen. Dies alles geschah ohne triftigen Grund. Als O ihn eines frühen Morgens aufforderte, nach unten zu kommen, weil er sich vor seiner Wohnung befand, ging er mit einem Küchenmesser (Klingenlänge: ca. 13,8 cm), das er zu Hause hatte, auf die Straße vor seiner Wohnung, ging auf O zu, ohne irgendeine vorherige Warnung, wie z.B. das Vorzeigen des Messers, vorzunehmen. Er griff O an, der ihn zuvor mit einem Hammer attackiert hatte. Während er den Hammerangriff abwehrte, indem er seine Arme ausstreckte und seine Taille zurückzog, stach er O in Tötungsabsicht mit dem Küchenmesser einmal kräftig in die linke Seite der Brust, wodurch dieser getötet wurde.

Das vorinstanzliche Gericht, Obergericht Osaka, war der Ansicht, dass in diesem Fall ein aktiver Schädigungswille vermutend festgestellt werden könne: Die als Indizien dienenden Umstände, anhand deren man hier einen aktiven Schädigungswillen vermutend feststellen kann, waren:

*1.* T dachte nicht, über die Angelegenheit mit O zivilisiert besprechen zu können,

*2.* T hatte ein sehr gefährliches Messer, eine tödliche Waffe, bei sich,

*3.* T stach tief in die Brust von O innerhalb von nur etwa fünf Sekunden nach dessen Angriff,

*4.* T zeigte dem O nicht das Messer und nahm auch keine andere drohende Handlung gegenüber dem O vor.

In Fall 4 war jedoch der Angeklagte anhaltenden Provokationen und Angriffen von O ohne Grund ausgesetzt. Da der Angeklagte durch die Reihe von Provokationen und Angriffen verärgert war und sein Hauptziel darin bestand, diese zu unterbinden, kann schwerlich gesagt werden, dass er „aus dem Willen heraus handelte, den Angriff des Opfers dazu zu nutzen, dem Angreifer aktiv Schaden zuzufügen".

Der OGH modifizierte deshalb seine bisherige Rechtsprechung. Er äußerte sich dabei – zum ersten Mal in seiner Geschichte – zum *Wesen der Notwehr*: Die Notwehrvorschrift „erlaubt ausnahmsweise einen Gegenangriff einer Privatperson zur Beseitigung der Gefahrlage, wenn von ihr unter den dringenden Umständen eines unmittelbar drohenden und rechtswidrigen Angriffs nicht zu erwarten ist, bei den öffentlichen Behörden Rechtsschutz zu suchen". Allem Anschein nach hält der OGH in diesem Fall die Überlegung für entscheidend, dass es für den Angeklagten ausreichend Gelegenheit gab, einen Schutz durch die Polizei zu fordern, anstatt den Angreifer zu konfrontieren und den Angriff auf eine Weise zu stoppen, die zu tödlichen Verletzungen geführt hatte.

Die bisherige These des OGH, die Notwehrvoraussetzung eines unmittelbar drohenden Angriffs werde erst dann verneint, wenn bei der Voraussicht eines Angriffs ein aktiver Schädigungswille vorliegt, hat das Gericht damit durch die *Methode der die Gesamtumstände einbeziehenden umfassenden Beurteilung* ersetzt. Die Notwehrlage wird nach wie vor verneint, wenn ein aktiver Schädigungswille vorlag, sie wird aber auch in solchen Fällen verneint, in denen die Notwehr angesichts des oben erwähnten Wesens der Notwehr nicht zulässig ist. Bei dieser die Gesamtumstände einbeziehenden umfassenden Beurteilung sollen insbesondere folgende Umstände berücksichtigt werden: Die Beziehung zwischen dem Täter und dem Angreifer, der Inhalt des zu erwartenden Angriffs, der Grad der Voraussicht des Angriffs, die Leichtigkeit der Vermeidung des Angriffs, die Notwendigkeit, sich an den Ort des zu begeben, die Angemessenheit des Verbleibens am jetzigen Ort, der Stand der Vorbereitung des Gegenangriffs, der Unterschied zwischen dem realen und dem vorher zu erwartenden Angriff, die Umstände, unter denen der Täter sich mit dem Angriff konfrontiert sieht, der Inhalt des subjektiven Willens zu diesem Zeitpunkt, usw.

Der OGH bewertete im Ergebnis den vorliegenden Fall wie folgt: „Obwohl der Angeklagte fest damit rechnete, von O mit einer Waffe angegriffen zu werden, und obwohl er nicht auf die Aufforderung von O reagieren musste und leicht zu Hause hätte bleiben und polizeiliche Hilfe in Anspruch hätte nehmen können, bereitete er ein Küchenmesser vor, ging zu dem Ort, an dem O wartete, und als O ihn mit einem Hammer angriff, ging er auf O zu, ohne eine vorherige Warnung wie das Vorzeigen des Küchenmessers zu unternehmen, und stach O kräftig in die linke Brust. In Anbetracht der Gesamtumstände dieser Tat kann das Verhalten des Angeklagten nicht als erlaubt im Sinne des § 36 StGB angesehen werden und erfüllt nicht das Erfordernis des unmittelbar drohenden Angriffs".

In der Tat ist eine solche Argumentation jedenfalls überzeugender als die des vorinstanzlichen Gerichts, das einen aktiven Schädigungswillen vermutend festgestellt hat. Eine Quelle sagte mir, dass der Angeklagte mit der Feststellung des aktiven Schädigungswillen durch das Obergericht Osaka sehr unzufrieden war und seinen Verteidiger bat, gegen die Entscheidung Revision einzulegen. Es ist einerseits bedauerlich, dass die Kriterien für die Grenzen der Notwehr schwammig geworden sind und ihre Konturen verloren haben. Andererseits ist es unbestreitbar, dass die bisherige Rechtsprechung für diese Fallgruppen nicht mehr aufrechtzuerhalten war. Die umfassende Beurteilung anhand von Gesamtumständen durch den OGH ist immerhin besser, wenn man sämtliche Fälle, die zum *Falltypus des vorausgesehenen Angriffs* gehören, betrachtet.

Eines möchte ich hinzufügen: Solange die Interessenlage „Recht gegen Unrecht" noch besteht und das Interesse des Täters noch als schutzwürdig erachtet wird, kann der Gegenangriff noch erlaubt werden. Hätte der T im Fall 4 demonstrativ sein Messer gezeigt, um so den T durch Vorzeigen des Messers zur Aufgabe seines Angriffs mit dem Hammer zu bringen – diese Handlung erfüllt im Übrigen den Tatbestand der „Drohung mit einer Waffe" – oder hätte er ohne Tötungsabsicht die Hand, die den Hammer hielt, nur durch Schläge mit dem Messergriff gebrochen, wäre die Interessenlage Recht gegen Unrecht noch erhalten geblieben und die Notwehr zulässig gewesen.

## V.   Abschießende Bemerkungen

Ich komme nun zu den abschließenden Bemerkungen. In meiner Abhandlung ging es um die Fälle, in denen eine Notwehrlage zu bestehen scheint, wenn man auf den Zeitpunkt des Gegenangriffs abstellt, aber unter Berücksichtigung der zu ihm führenden gesamten Umstände weder eine Notwehrrechtfertigung noch eine Strafmilderung wegen Notwehrexzesses als angebracht betrachtet werden kann. In Japan haben sich bisher drei solcher Falltypen herausgebildet: der Falltypus des gegenseitigen Kampfes, der Falltypus des selbst verschuldeten Angriffs und der Falltypus des vorausgesehenen Angriffs. Sie sind jedoch noch nicht vollständig. In unserer Rechtsprechung findet sich darüber hinaus der *Falltypus der konkludenten Einwilligung in den Angriff.* Es werden sich im Lauf der Zeit bestimmt noch weitere Falltypen herausbilden.

Es ist möglich, dass meine Ausführungen den Eindruck erweckt haben, die deutsche Strafrechtswissenschaft wäre für die Entwicklung der japanischen Notwehrrechtsdogmatik ohne Bedeutung gewesen. Das war nicht der Fall. Nur hat sie in diesem Problembereich, wo es um die Grenzen der Notwehr ging, keinen direkten Einfluss auf die konkreten Problemlösungen durch die Praxis ausgeübt. Die Strafrechtspraxis folgt einer *inneren Logik.* Die Fälle, die in der japanischen Praxis auftreten, sind wohl ähnlich wie die taiwanesischen oder deutschen. Sie sind jedoch meistens in ihren wesentlichen Aspekten zu unterscheiden. So unterscheiden sie sich in ihrer Art, Struktur, in ihrem Gewicht im ganzen Kontext, ihren Akzentuierungen und soziokulturellen Hintergründen oft erheblich von denen, die in der ausländischen Praxis auftreten. Es war deshalb ein großer Fortschritt, dass die japanische Strafrechtslehre in den 1980er und insbesondere in den 1990er Jahren begonnen hat, ihre Forschungen an diese innere Logik und Fallstruktur der japanischen Praxis anzupassen. Wichtig ist dabei die anzuwendende Methode: Man sollte nicht vom vorher errichteten System oder Theoriegebäude her von oben nach unten deduktiv verfahren, sondern von den verschiedenen Fällen ausgehen und induktiv Lösungsprinzipien und ihre logischen Beziehungen herausarbeiten. Nur diese fallorientierte oder topische Methode kann eine produktive Zusammenarbeit zwischen Lehre und Praxis gewährleisten.

Die künftige Strafrechtsvergleichung bzw. die Strafrechtsvergleichung 2.0 darf sich daher nicht auf einen Vergleich von Gesetzestexten oder abstrakten Theorien beschränken. Sie muss als ihren wesentlichen Inhalt den Vergleich der inneren Logik der Falllösungen durch die Praxis einschließen.

# 6. Kapitel    Beteiligungslehre

# Beteiligung durch Unterlassen

Chen-Chung KU

## I. Einleitung

Ob ein Beteiligter wegen der Beteiligung an einer aktiven Tat durch Unterlassen als Täter oder Gehilfe qualifiziert werden soll, wird in Taiwan in den letzten Jahren in Bezug auf den folgenden sog. *Lebensgefährtin-Fall*[1) diskutiert.

*Fall 1: A und seine Lebensgefährtin B wohnen zusammen. Zwischen November und Dezember im Jahr 2013 hat A mehrmals C, der das minderjährige und leibliche Kind von B ist, geschlagen und auch absichtlich hungern lassen. Eines Tages wurde C erneut im Badezimmer von A gefesselt und heftig verprügelt. Dabei haben diese Taten zum Tod von C geführt. Obwohl B von Anfang an von den brutalen Taten des A wusste, versuchte sie bei der Gewaltausübung von A lediglich, ihn zum Verzicht auf die Gewaltanwendung gegenüber C zu überreden, aber verständigte weder die Polizei noch brachte sie C in ein Krankenhaus.*

Hierbei geht es insbesondere um die Zurechnungsbeziehung zwischen § 15 und §§ 28 ff. tStGB. In der taiwanesischen Praxis sowie Literatur finden sich verschiedene Lösungsansätze für die Strafbarkeit der Beteiligung durch Unterlassen, dabei scheint es aber noch immer nicht klar, ob oder wie man die beim aktiven Tun entwickelte Lehre von Täterschaft und Teilnahme auf das Unterlassungsdelikt anwenden kann, da Tun und Unterlassen im wesentlichen heterogene ontologische Strukturen aufweisen. Anschließend ist noch zu fragen, ob nicht ein einheitliches Zurechnungsprinzip für die Beteiligung durch Tun und Unterlassen gefunden werden kann, mit dem man trotz der heterogenen ontologischen Struktur die strafrechtliche Verantwortlichkeit für die Beteiligung durch Unterlassen begründen kann. Einige Fragen sind dabei zu unterscheiden: (1) Welche strafrechtliche Wertung verbindet sich mit dem jeweiligen Grund, der zur Zurechenbarkeit der Beteiligung durch Unterlassen führt? (2) Wodurch

---

1) Siehe tw. Oberlandesgericht, Urt. v. 6.10.2006-3. StR, Rn.14 ff.

zeichnet sich eine die Täterschaft begründende Tatherrschaft am Unterlassungsdelikt aus und wie kann man diese von der Tatherrschaft beim aktiven Tun unterscheiden? (3) Welche Rolle spielen § 15 (Garantenstellung) sowie § 28 (Mittäter), § 29 (Anstiftung), § 30 (Beihilfe) tStGB bei der Zurechnung von der Beteiligung durch Unterlassen?

Mit diesen Fragen ist gleichzeitig auch das Verhältnis von Täterschaft und Teilnahme verbunden, denn im taiwanesischen Strafgesetzbuch ist ebenfalls das dualistische Beteiligungssystem zwischen Täterschaft und Teilnahme niedergelegt. Es würde hier zu weit führen, die taiwanesische Strafrechtsdogmatik zu diesem Themenkomplex nachzuzeichnen. Für die Beantwortung der obigen Fragen soll es vielmehr genügen klarzustellen, dass die §§ 15 sowie 28 ff. tStGB als Zurechnungsnormen fungieren und die sich daraus ergebenden Verhaltensnormen als die notwendige Voraussetzung für die Unrechtszurechnung in Bezug auf die Beteiligung durch Unterlassen gelten.

Der nachfolgende Beitrag befasst sich einschränkend mit einer als schwierig einzustufenden Problematik aus dem Bereich der Beteiligung durch Unterlassen und bietet eine eigene konzeptionelle Unterscheidung zwischen Täterschaft und Teilnahme bei der Beteiligung durch Unterlassen an.

## II. Mittelbare Täterschaft und Mittäterschaft durch Unterlassen

Genauso wie beim aktiven Tun ist die Begehung einer Straftat durch Unterlassen eine der Grundformen tatbestandsmäßigen Verhaltens. Der Begriff der Tatherrschaft, die sich eigentlich durch die Finalität menschlicher Handlung auszeichnet[2], wird in Bezug auf das aktive Tun für die Bestimmung der Täterschaft entwickelt[3] und gilt insoweit als die Grundlage für die objektive Unrechtszurechnung. Mit anderen Worten ist die Täterschaft mit der Tatbestandsverwirklichung identisch. Zudem wird die Tatherrschaft als das entscheidende Kriterium für die Unterscheidung zwischen Täterschaft und Teilnahme verwendet. Wenn man dieses Tatherrschaftsprinzip auf das Unterlassen anwendet, dann wird nach h. M. diese die Täterschaft bestimmende Tatherrschaft im Hinblick auf die heterogene ontologische Struktur zwischen Tun und Unterlassen in die sog. *potentielle Tatherrschaft*[4] umformuliert, um auf die

---

2) *Welzel* ZStW 58 (1939), 541 ff.; *Roxin*, Täterschaft und Tatherrschaft, München 2006, 318 ff.

3) *Becker* HRRS 2009, 247.

4) Soweit geht es darum, inwieweit der Garant das Geschehen bei Erfüllung seiner Garantenpflicht hätte beherrschen können. Siehe *Heine/Weißer*, in: S/S-StGB Vorb. § 25 ff. Rn.102.

Beteiligung durch Unterlassen

unmittelbare Anwendung der finalen Tatherrschaftslehre bei der Bestimmung der Täterschaft verzichten zu können[5]. Dabei wären für jede Beteiligungsform verschiedene Zuordnungen möglich, welche aber auch zugleich umstritten sind, z.B. mittelbare Täterschaft sowie Mitttäterschaft durch Unterlassen.

## 1. Mittelbare Täterschaft durch Unterlassen

Teilweise wird vertreten, dass diese Beteiligungsform denkbar sei[6]. Um die Frage, ob der Hintermann als Unterlassenstäter bestraft werden kann, zu beantworten, kommt es nicht darauf an, wie der Vordermann selbst das Unrecht realisiert hat, sondern auf die Handlung vom Hintermann. Z. B. wenn der Vater X als Garant nicht den sich im Irrtum befindenden Y daran hindert, den Sohn O des X auf den Fluss zu werfen. Insoweit ist X ein mittelbarer Täter durch Unterlassen[7]. Dabei ist es jedoch problematisch, dass X nur die Unkenntnis von Y ausgenutzt, aber nicht selbst einen Irrtum bei Y erregt hat. Zwar wird der Vordermann allein durch die Unkenntnis nicht zum Werkzeug. Wenn der Hintermann den Vordermann also nicht durch einen überlegenen Willen oder überlegenes Wissen zum Werkzeug macht, dann ist nicht festzustellen, ob oder wie der X den Y steuernd beherrscht oder steuernden Einfluss auf ihn ausübt und so den Tatbestand durch ihn verwirklicht. Aus Sicht des Rechtsgüterschutzes macht es darüber hinaus auch keinen Unterschied, ob der O durch das Aufklären des Irrtums oder durch ein Verhindern der Tathandlung durch den X gerettet wird. Hierbei scheint der Begriff der mittelbaren Täterschaft schon überflüssig und X kann als ein unmittelbarer Täter durch Unterlassen betrachtet werden.

Außerdem ist der tatbestandsmäßige Erfolg ein Gegenstand der objektiven Zurechnung und dessen Realisierung ist als das Werk des Täter anzusehen, wenn sie ihm objektiv zurechenbar ist. Dieses ursprünglich beim Begehungsdelikt entwickelte Zurechnungsprinzip bestimmt die normative Reichweite der Tatherrschaft. Wenn es auch beim Unterlassen verwendet wird, dann wird die Tatherrschaft wiederum als die potentielle Tatherrschaft vom Garanten dargestellt[8]. D.h. zum einen erhält der Garant gemäß § 15 tStGB eine besondere Rettungspflicht und zum anderen ist ihm im konkreten Fall möglich, die Realisierung eines tatbestandsmäßigen Erfolgs zu vermeiden. Insoweit kann der

---

5) Vgl. nur *Freund*, in: MK-StGB § 13 Rn. 266. Der Grund liegt darin, dass der Unterlassende die Tatbestandsverwirklichung niemals in den Händen hält, sondern er lässt sie jeweils ablaufen, indem er auf eine Intervention verzichtet.

6) Vgl. BGHSt 48, 77; *Frister* AT 27. Kap. Rn. 47.

7) *Frister* AT 27. Kap. Rn. 48.

8) *Krüger* ZIS 2011, 4; *Dreher* JuS 2004, 17.

181

6. Kapitel   Beteiligungslehre

Täter entweder unmittelbar[9] oder mittelbar[10] durch die Verhinderung fremder Rettungshandlung den Tatbestandserfolg herbeiführen. Obwohl eine mittelbare Täterschaft durch Unterlassen wie beim aktiven Tun vorstellbar ist, handelt sie sich hierbei im Wesentlichen um eine Art der unmittelbaren Täterschaft[11]. Diesem Ergebnis ist grundsätzlich zuzustimmen. M. E. liegt das Argumentationsproblem der mittelbaren Täterschaft durch Unterlassen aber in der sog. potentiellen Tatherrschaft, nämlich:

–Erstens ist die objektive Erfolgszurechnung eng mit der Tatherrschaft verbunden, die mit der von der Selbstbestimmung ausgehenden sowie in der Handlung innewohnenden Tatmacht identisch ist. Eine solche Tatmacht muss der Reichweite des jeweiligen objektiven Tatbestands in Bezug auf die Verhaltensnorm entsprechen, und zwar wird sie bei der Unrechtszurechnung normativ bestimmt. Deshalb ist die Tatherrschaft nichts rein Empirisches. Im Vergleich dazu scheint unter der potentiellen Tatherrschaft in einer modifizierten Weise nichts anderes als die rein empirische Einflussmöglichkeit verstanden zu werden.

–Zweitens geht es bei der Bestimmung der Tatherrschaft erst um das tatbestandsmäßige Verhalten, aber die potentielle Tatherrschaft bezieht sich umgekehrt auf den tatbestandsmäßigen Erfolg. Insofern führt es zu einem Widerspruch der Zurechnungssysteme bei der Bestimmung der Täterschaft durch das aktive Tun einerseits und das Unterlassen andererseits.

## 2.   Mittäterschaft durch Unterlassen

Unter Mittäterschaft versteht man, dass mehrere Personen durch einen übereinstimmenden Willen eine Einheit bilden, die normativ als Zurechnungssubjekt anzusehen ist, und insoweit das gesamte Werk nicht nur dieser Einheit objektiv zurechenbar ist, sondern auch jedem einzelnen Beteiligten. Im Vergleich dazu scheint der Begriff der Mittäterschaft durch Unterlassen genauso überflüssig wie bei der mittelbaren Täterschaft[12], denn das gesamte Werk wird tatsächlich nur dem jeweiligen Einzelnen, aber nicht der Einheit zugerechnet, wenn jeder Beteiligte als Garant die gleiche Möglichkeit hatte, den Erfolg zu verhindern.

An der Mittäterschaft durch Unterlassen wird weiterhin von *Mosenheur*

---

9)   Z.B. der Garant X nimmt keine Rettungshandlung vor.

10)   Z.B. der Garant X verhindert Y, die Rettungshandlung vorzunehmen.

11)   Es gibt aber eine Ausnahme in dem Fall, in dem der Hintermann den Tatmittler mittels Gewalt oder durch Täuschung dazu veranlasst, untätig zu bleiben. Siehe *Gaede*, in: NK-StGB § 13 Rn. 27.

12)   Vgl. nur *Kühl* AT § 20 Rn. 268.

Beteiligung durch Unterlassen

kritisiert, dass aufgrund der wechselseitigen Zurechnung die mit der Personalität eng verbundene Garantenpflicht auf die anderen Beteiligten übertragen werde[13]. Dieser Einwand ist jedoch nicht richtig, denn die Garantenpflicht ist auf keinen Fall übertragbar. Dazu folgendes Beispiel: Wenn der Vater X und sein Freund Y gemeinsam beschließen, den Sohn O verhungern zu lassen, hat Y keine Garantenpflicht aus § 15 tStGB und die Garantenpflicht von X wird ebenfalls nicht auf Y übertragen, obwohl sich X und Y wegen des gemeinsamen Tatentschlusses in einer Personengemeinschaft befinden. Abgesehen davon wird die Mittäterschaft durch Unterlassen einschränkend anerkannt, nämlich mit Hilfe der Äquivalenztheorie, wenn jedes Unterlassen vom einzelnen Garanten nicht alternativ, sondern kumulativ die Realisierung des Erfolgs bewirkt[14], z. B. kann ein Feuerwehrmann seinen Pflichten nachkommen oder nicht, ohne den Tatbeitrag des anderen kann er den Erfolg nicht vermeiden[15]. Hierbei lässt die Begründung aber keine einheitliche Linie erkennen. Bei der Mittäterschaft im Sinne des 28 tStGB bilden die Täter ein einheitliches Zurechnungssubjekt, aber beim Unterlassen wird die Täterschaft stattdessen durch die Kausalitätsbeziehung begründet, die wiederum eigentlich auf der potentiellen Tatherrschaft beruht.

## 3. Zwischenergebnis

Die Berufung auf die potentielle Tatherrschaft ist nichts anders als ein Verweis auf die schlichte Tatsache, dass Tatherrschaft die Person hat, die bei mehreren Beteiligten die entscheidende Einflussmöglichkeit auf die Realisierung des tatbestandlichen Erfolgs hat. Deshalb ist die sich daraus ergebende Tatherrschaft tatsächlich als rein empirisch anzusehen. Hierbei geht es nicht mehr um die Erfüllung der personalen Zurechnungsvoraussetzung aus den §§ 15, 28 tStGB, sondern stets um die Abwägung der tatsächlichen Abwendungsmacht zwischen verschiedenen Beteiligten.

## III. Unterlassende als Täter oder Beihilfe

Des Weiteren sind seit langem die Schwierigkeiten bekannt, die mit der Frage einhergehen, ob ein Beteiligter als Täter oder lediglich als Gehilfe bestraft werden darf, wenn er sich durch Unterlassen an einer fremden Tat beteiligt. In der taiwanesischen Praxis und Literatur finden sich viele verschiedene Ansätze

---

13) *Mosenheuer*, Unterlassen und Beteiligung, Berlin 2009, 135 f.
14) *Ranft* FS Otto, S. 418.
15) *Gaede*, in: NK-StGB § 13 Rn. 27; *Ransiek* JuS 2010, 678.

6. Kapitel   Beteiligungslehre

dafür. Folgend werden nur einige dargestellt[16].

## 1. Der Standpunkt der taiwanesischen Judikatur

Im Zentrum der materiell-rechtlichen Regelung der Mittäterschaft steht § 28 tStGB, der den Mittäter wie folgend definiert: „Zwei oder mehr Personen begehen gemeinsam die Tat". Wenn man sich den einzelnen Merkmalen des § 28 tStGB zuwendet, darf die verfassungsrichterliche Auslegung Nr. 109 nicht vernachlässigt werden. Denn bis heute hat sie immer noch großen Einfluss auf die praktische Anwendung des § 28 tStGB. Nach dieser verfassungsrichterlichen Auslegung liegt die Mittäterschaft gemäß § 28 tStGB vor, wenn einer der Beteiligten aufgrund des zur gemeinsamen Tatbegehung gerichteten Willens die tatbestandsmäßige oder außertatbestandsmäßige Handlung vorgenommen hat, oder aufgrund des zur gemeinsamen Tatbegehung gerichteten Willen die bestimmte Straftat nur mit anderen Beteiligten geplant, aber selbst nicht durchgeführt hat. Die letztgenannte Form wird in Taiwan als Komplott-Mittäterschaft bezeichnet. Die Ansicht der Verfassungsrichter führt dazu, dass zum einen der jeweilige Beteiligte wegen seiner eigenen Tatentscheidung als Mittäter erfasst werden soll. Zum anderen wird er auch als Täter erfasst, wenn er vorsätzliche Hilfe zu einer vorsätzlich begangenen Straftat eines anderen geleistet hat, aber diese Hilfe wesentlich zu einer tatbestandsmäßigen Handlung gehört. In Bezug auf ein solches Ergebnis nennen wir diese These die sog. *„Entweder subjektive oder objektive Betrachtung".*

Hinsichtlich der Verantwortlichkeit der Beteiligung durch Unterlassen folgt der oberste Gerichtshof in seiner Rechtsprechung diesem Kriterium, aber in einer modifizierten Weise geht er von der extremen subjektiven Theorie von der inneren Haltung des Unterlassenden aus[17]. Wenn sich ein Garant vor der Tatausführung oder bei der Tatausführung aufgrund des zur gemeinsamen Tatbegehung gerichteten Willens mit anderen Beteiligten gemeinsam zusammengeschlossen hat und seine Unterlassung dementsprechend die Tatausführung ermöglicht hat, dann ist er der Mittäter. Im Gegensatz dazu ist ein Garant nur als Gehilfe anzusehen, wenn er nicht aufgrund des gemeinsamen Tatplans auf eine gebotene Rettungshandlung verzichtet und diese Unterlassung gerade die Tatausführung des anderen ermöglicht hat. Deshalb konnte es auf jeden Fall zur Ermöglichung oder Erleichterung der Tatausführung des anderen führen. Diese Auffassung vermag nicht zu überzeugen. Denn das Gericht bestimmt

---

16)   Übersicht über die Stellungnahmen in der taiwanesischen Literatur vgl. bei *Shu-Kai Lin* AT S. 489 ff.

17)   Vgl. tw. Höchster Gerichtshof, Urt. v. 13.1.2006 – 2. StR, Rn. 52 ff.

184

zuerst die Täterschaft bzw. Teilnahme anhand des subjektiven Willens des jeweiligen Beteiligten, und aufgrund dieses Bewertungsergebnisses wird eine unterlassene Handlung ohne weitere Begründung als ein Tatbeitrag eines Täters oder nur als eine Beihilfeleistung eingeordnet.

## 2. Stellungnahmen in der Literatur

### (1) Die Lehre vom Pflichtdelikt

Genauso wie in Deutschland gibt es eine verbreitete Auffassung in Taiwan, namentlich die Pflichtdeliktslehre, die maßgeblich von *Roxin* entwickelt wurde[18]. Danach wird der untätige Garant bei der Beteiligung am aktiven Tun eines anderen stets als Täter behandelt, denn die Verletzung der aus der Garantenstellung folgenden Erfolgsabwendungspflicht dient als Täterschaftskriterium und soll täterschaftsbegründend wirken[19]. Daher ist eine Graduierung der Unrechtszurechnung zwischen der Täterschaft und der Teilnahme nicht denkbar[20]. Wenn also eine Garantenpflicht besteht, dann ist der untätige Beteiligte beim aktiven Tun des anderen immer Täter. Diese Ansicht überzeugt jedoch nicht. Erstens geht es dabei um einen Missbrauch des Begriffs. Eine aus den Tatbeständen folgende Verhaltensnorm wie beim Tötungsdelikt (§ 271 tStGB) lautet, *„Du sollst einen anderen nicht töten."* Wenn jemand den Tatbestand eines Tötungsdelikts herbeigeführt hat, dann ist es nicht anders zu verstehen, als dass er die sog. Unterlassungspflicht verletzte, nämlich die Vermeidepflicht hinsichtlich der Verletzung von Rechtsgütern anderer Personen. Beim Totschlag durch Unterlassen gibt es ebenso eine Verhaltensnorm, die aus den Tatbeständen des Tötungsdelikts in Verbindung mit § 15 tStGB folgt, und sie lautet, *„Du sollst den Tod des anderen abwenden."* Mit diesem rechtlichen Gebot ist wiederum eine Handlungspflicht gemeint, nämlich die Rettungspflicht hinsichtlich des bedrohten Rechtsguts. Insgesamt handelt es sich eigentlich sowohl beim Begehungsdelikt als auch beim Unterlassungsdelikt immer um Pflichtdelikte. Zweitens kommt nach der Lehre vom Pflichtdelikt die Differenzierung zwischen Täterschaft und Teilnahme beim Unterlassungsdelikt nicht in Betracht, die vom Gesetz aber schon vorgesehen ist. Deshalb besteht vom dualistischen Beteiligungssystem aus gesehen kein Grund, dass die Handlungspflicht des Garanten nicht wie eine Unterlassungspflicht beim Begehungsdelikt gesehen werden kann. Kurz: die Zurechnung der Handlungs- und Unterlassungspflichtverletzung ist immer quantitativ[21], z. B. bei Totschlag

---

18) Vgl. *Roxin*, Täterschaft und Tatherrschaft, München 2015, 459 ff.
19) Vgl. nur *Heine/Weißer*, in: S/S-StGB Vorb. §§ 25 ff. Rn. 92.
20) *Krüger* ZIS 2011, 2.
21) *Krüger* ZIS 2011, 2.

6. Kapitel    Beteiligungslehre

(§§ 271 tStGB) und Beihilfe zum Totschlag (§§ 271, 30 tStGB) sowie bei Totschlag durch Unterlassen (§§ 271, 15 tStGB) und Beihilfe zum Totschlag durch Unterlassen (§§ 271, 15, 30 tStGB).

(2)  Die Differenzierung zwischen verschiedenen Garantenstellungen

In Taiwan wird teilweise eine Auffassung vertreten, die auf die Differenzierung zwischen verschiedenen Garantenstellungen abstellt. Der Obhuts- bzw. Beschützergarant wird grundsätzlich als Täter betrachtet und der Wächter- bzw. Sicherungsgarant als Teilnehmer[22]. Begründet wird diese These damit, dass ein Garant für ein bestimmtes Rechtsgut verantwortlich sei, egal aus welchen Ursachen der abzuwendende Erfolg stamme. Im Vergleich dazu soll ein Garant stets ein Teilnehmer sein, wenn er für eine Gefahrenquelle verantwortlich ist. Gegen diese Lehre wird eingewandt, dass es sich in den beiden Typen um eine Kategorie der Garantenstellung handelt. Diese Kategorie ist nur ein Ergebnis der Formulierung von verschiedenen Garantenstellungen, aber bedeutet nicht, dass die Erfolgsabwendungspflicht entsprechend qualitativ oder quantitativ sein muss. Außerdem sagt seine Stellung als Obhuts- bzw. Beschützergarant oder als Wächter- bzw. Sicherungsgarant nichts über den Täter aus, wenn man dessen Aufgabe in der Abwendung eines tatbestandsmäßigen Erfolgs beschreibt. Mit anderen Worten versteht man unter der Verhaltensnorm des Unterlassungsdelikts, dass der Garant ohnehin aus § 15 tStGB in Verbindung mit den jeweiligen Tatbeständen eines Begehungsdelikts zur Abwendung des tatbestandsmäßigen Erfolgs verpflichtet ist und dabei spielt es eigentlich keine Rolle, auf welchem Fundament die Garantenstellung beruht[23].

## 3.  Eigene Auffassung (gleichsam eines Fazits)

Eine Lösung der Beteiligungsproblematik beim unechten Unterlassungsdelikt setzt voraus, dass sie einerseits der besonderen Struktur des unechten Unterlassungsdelikts gerecht werden muss und sich andererseits nicht zu übergeordneten Prinzipien der Beteiligungslehre sowie der Unrechtszurechnung in Widerspruch setzen darf.

(1)  Unterlassung und Herrschaftsfähigkeit

Wenn man versucht, das Bild unserer Welt zu beschreiben, kommt es zuerst darauf an, wie wir Geschehnisse in der Welt beobachten. Für das Unterlassen möchte ich dies an einem Beispiel veranschaulichen: Ein altes Haus von X ist sehr staubig, denn X ist seit einem Jahr im Ausland. Nachdem X sein Haus

---

22)  Kritisch *Freund*, in: MK-StGB § 13 Rn. 268; *Heine/Weißer*, in: S/S-StGB Vorb. §§ 25 ff. Rn.102.

23)  Siehe schon *Haas* ZIS 2011, 395 f.

186

wegen der Auslandsreise verlassen hat, befindet sich es grundsätzlich in zwei Entwicklungssituationen; es bleibt sauber und es wird staubig. Aber bis wir das Haus von X besichtigen, wird noch nicht festgestellt, in welchem Zustand sich das Haus eigentlich befindet. *Das Haus kann gleichzeitig sauber und staubig sein.* Man kennt dieses Paradoxon als sog. *„Überlagerungszustände"*[24]. Mit anderen Worten bestätigen wir dann, dass der Zustand des Hauses staubig ist, nur wenn es im Moment von uns besichtigt wird. Insoweit kann das aktive Tun ohne Zweifel zur Veränderung unserer Welt führen, aber es ist auch vorstellbar, dass Untätigkeit Einflüsse auf die Zustandsveränderung unserer Welt hat. Verzichtet der Täter auf eine bestimmte Handlung und liegt auch kein Störfaktor vor, wird der gleiche Erfolg genauso wie beim aktiven Tun realisiert. Des Weiteren ist die Unrechtszurechnung nichts anderes als der Versuch, die eigene Tat vom zufälligen Geschehen abzugrenzen und auf der normativen Seite fokussiert darauf, ob die Verhaltenswirkung im konkreten Fall in der Reichweite von der aus der Verhaltensnorm folgenden Pflicht liegt. Demzufolge gelten solche Zurechnungsbeziehungen auch für die Herrschaftsfähigkeit in Bezug auf die Erfolgsabwendungspflicht oder die Handlungspflicht beim Unterlassen.

(2)  Normative Begründung zur fiktiven Tatherrschaft und mittelbaren Mitwirkung

Erstens lässt sich nach dem Wortlaut der §§ 28 ff. tStGB (Mittäter, Anstiftung, Beihilfe) nicht darauf schließen, dass diese Zurechnungsnormen nur für das Begehungsdelikt gelten. Wenn man vom Unterlassungsdelikt spricht, ist das dafür geltende Zurechnungsprinzip stets auf § 15 tStGB zurückzuführen. Wenn wir den Straftatbestand vom Tötungsdelikt gemeinsam mit § 15 tStGB auslegen, dann kommt eine Verhaltensnorm in Form eines Handlungsgebots zum Vorschein, z. B. *„Du sollst den Tod des anderen abwenden* (§§ 271, 15 tStGB).*"* Nur wenn der Träger der Erfolgsabwendungspflicht oder der Handlungspflicht bestimmt wird, dann kann man anschließend feststellen, ob er bei der Beteiligung an einer Tat als Mittäter, Anstifter, oder Gehilfe bestraft werden soll.

–*Täterschaft und normative Fiktion der Tatherrschaft*: Es wurde bereits gezeigt, dass die Tatherrschaft der Reichweite der aus der Verhaltensnorm folgenden Pflicht entsprechen muss. Dementsprechend spielt das Handlungsgebot des unechten Unterlassungsdelikts auch die entscheidende Rolle bei der Bestimmung der Tatherrschaft des Garanten. Beispielsweise hat B

---

24)  *Jensen*, Erkenntnis-Konstruktivismus-Systemtheorie, Wiesbaden 1999, 309 ff.

6. Kapitel   Beteiligungslehre

als Garantin (§ 15 I tStGB) im Ausgangsfall *während der Gewaltausübung von A* vorsätzlich gegen das Gebot verstoßen, den Taterfolg (Tod des C) abzuwenden und soweit wird sie von Rechts wegen so behandelt, als ob sie durch aktives Verhalten den Tatbestand des Tötungsdelikts erfüllt hat, obwohl dies eigentlich nicht der Fall ist[25].

–*Teilnahme und mittelbare Mitwirkung*: Für die Teilnahme, also Anstiftung und Beihilfe, gilt auch § 15 tStGB, damit das Beteiligungsunrecht, nämlich die Verletzung der Erfolgsabwendungspflicht, dem jeweiligen untätigen Garanten zugerechnet werden kann. Aber anders als die oben erwähnte normative Fiktion der Tatherrschaft ist unter dem Unrecht der Teilnahme beim Unterlassen zu verstehen, dass der jeweilige Beteiligte als ein Garant *nur mittelbar* durch den geleisteten Tatbeitrag den tatbestandsmäßigen Erfolg realisieren lassen hat[26]. Beispiel: X als ein beauftragter Wachmann eines Unternehmens hat zufällig erfahren, dass Y einige Tage später planmäßig das Türschloss des Lagerraums zerstören und so Sachen stehlen will. X hat schon lange gewusst, dass das Türschloss eigentlich kaputt ist und jeder ohne Schwierigkeit in den Raum eintreten kann. Um Y die wertvollen Sachen in diesem Lagerraum stehlen zu lassen, hat X sich dafür entschieden, den Betreiber über den Defektzustand vom Türschloss nicht zu informieren.

---

25)  Vgl. *Haas* ZIS 2011, 396.

26)  In der Literatur wird die Anstiftung durch Unterlassen mangels einer psychischen Einwirkung abgelehnt, aber die Beihilfe kommt nur in Betracht, wenn der Garant eine von dem jeweiligen Straftatbestand vorgesehene Täterqualität nicht aufweist oder es an einer im jeweiligen Delikt vorausgesetzten Absicht fehlt. Siehe *Gaede*, in: NK-StGB § 13 Rn. 28; sowie *Freund*, in: MK-StGB § 13 Rn. 267.

# Grundlage der Zurechnung bei Mittäterschaft: Diskussionslage in Japan

Takuma SATO

## I. Einführung

Der vorliegende Beitrag soll einen Überblick über die Grundlage der Zurechnung bei mittäterschaftlicher Begehung im japanischen Strafrecht und den entsprechenden Diskussionsstand geben. Dabei werde ich als erstes auf die gesetzliche Grundlage der Mittäterschaft und deren Reichweite in der Praxis eingehen (II.). Sodann sollen die derzeit in der Literatur vertretenen Ansichten über den Grund der gegenseitigen Zurechnung bei Mittäterschaft vorgestellt (III., IV.) und kritisch eingeordnet werden (V.).

## II. Gesetzliche Grundlage und Reichweite in der Praxis

### 1. Gesetzliche Grundlage

Das japanische StGB (jStGB) geht genauso wie das Strafrecht in Deutschland und der Republik China (Taiwan) von einem dualistischen Beteiligungssystem aus, das zwischen Täterschaft und Teilnahme differenziert. Im japanischen StGB finden sich keine Vorschriften über den Täterbegriff, sondern nur über die „Beteiligung (§§ 60‑65 jStGB)".

§ 60 jStGB enthält die Begriffsbestimmung der Mittäterschaft: „Begehen zwei oder mehr Person eine Straftat gemeinschaftlich, so wird jeder als Täter bestraft". Die Literatur unterscheidet Teilnahme im engeren und weiteren Sinne. Während die Anstiftung (§ 61 jStGB) und die Beihilfe (§ 62 jStGB) in die erste Kategorie eingestuft werden, wird Mittäterschaft unter die Letztere subsumiert. Diese Einordnung resultiert daraus, dass Mittäterschaft sowohl die Eigenschaft der Täterschaft als auch die der Teilnahme aufweist.

§ 60 jStGB nominiert nach herrschender Meinung das Rechtsprinzip der „Gesamthaftung trotz Verwirklichung nur eines Teils der Tat [一部実行全部責任]". Jeder Mittäter haftet also auch dann für die Gesamtheit der Tatbestandsverwirklichung, wenn er nur einen Teil der Tat in der eigenen Person verwirklicht[1].

## 2. Reichweite der Mittäterschaft in der Praxis

Die Mittäterschaft setzt nach herrschender Meinung (a) die gemeinsame Tatausführung und (b) den gemeinsamen Tatentschluss voraus[2]. Dabei sind nach der japanischen Strafrechtsjudikatur beiden Voraussetzungen weit zu fassen, sodass der Anwendungsbereich des § 60 jStGB in der Strafrechtspraxis sehr groß ist.

(a)  gemeinsame Tatausführung

Die Rechtsprechung erkennt seit langem die Rechtsfigur der „konspirativen Mittäterschaft [共謀共同正犯]" an. Hiernach gelten nicht nur die Tatausführenden, sondern auch diejenigen als Mittäter, die sich im Vorbereitungsstadium an der ausdrücklichen oder konkludenten Verabredung zur gemeinsamen Tatbegehung beteiligen[3]. Die herrschende Lehre ging hingegen lange Zeit davon aus, dass die Mittäterschaft die Durchführung eines Teils der eigentlichen Ausführungshandlung voraussetze[4]. Trotz dieser Einwände hielt die Rechtsprechung an ihrer Auslegung fest, sodass die Anzahl der Befürworter der „konspirativen Mittäterschaft" seit den 80er Jahren des letzten Jahrhunderts stetig anwuchs und diese Rechtsfigur mittlerweile auch in der Wissenschaft überwiegend anerkannt ist[5].

(b)  gemeinsamer Tatentschluss

Eine Besonderheit der japanischen Strafrechtspraxis ist, dass sie auch bei der vertikalen Beziehung zwischen einem Bandenchef und den Bandenmitgliedern unter Umständen den gemeinsamen Tatentschluss bejaht. Das japanische Strafrecht kennt zwar die Rechtsfigur der mittelbaren Täterschaft, ihr Anwendungsbereich ist jedoch viel enger als in Deutschland. So ist zum Beispiel der

---

1)  Statt vieler *Ida*, Strafrecht Allgemeiner Teil [講義刑法学・総論], 2. Aufl., 2018, S. 504.

2)  Statt vieler *Ida* (Fn. 1), S. 514.

3)  Urteil des Daishinin (der Oberste Gerichtshof von 1885 bis 1947) v. 3.3.1896, Keiroku [刑録] Bd. 2. 10; Urteil des Daishinin v. 28.5.1936, Daishinin-Keishū [大審院刑集] Bd. 15, 715; Urteil des OGH v. 5.11.1947, Keishū Bd. 1, 1; Urteil des OGH v. 28.5.1958, Keishū Bd. 12, 1718.

4)  Zum Beispiel *Dandō*, Grundzüge des Strafrechts, AT [刑法綱要総論], 2. Aufl., 1979, S. 371; *Dandō* erkannte jedoch danach diese Rechtsfigur an. Siehe die Meinung vom Richter *Dandō* im Urteil des BGH v. 16.7.1982 Keishū [刑集] Bd. 36 Nr. 6, 695.

5)  Eine umfassende Studie zur geschichtlichen Entwicklung der Rechtsprechung und der Mittäterschaftslehre findet sich bei *Huang*, Hogakukyokaizassi [法学協会雑誌] Bd. 134 (2017) Nr. 2, S. 13 ff., Nr. 3, S. 474 ff., Nr. 4, S. 600 ff., Nr. 5, S. 821 ff., Nr. 6, S. 899 ff., Nr. 9, S. 1719 ff.

Gedanke der Organisationsherrschaft[6] in Japan nicht rezeptiert. Ein Schreibtischtäter wird in der japanischen Strafrechtpraxis als Mittäter der von einem „Vordermann" begangenen Tat bestraft. Diese Anwendung der Regelung zur Mittäterschaft auch auf vertikale Täterbeziehungen ist dabei sowohl in der Praxis als auch in der Wissenschaft herrschend.

# III.  Ansichten zur Legitimierung der Gesamthaftung bei der Mittäterschaft

Wie gezeigt, ist die Rechtsfigur der Mittäterschaft vor dem oben genannten Hintergrund in Japan in Wissenschaft und Praxis etabliert. Dabei haben sich zwei Lager zur dogmatischen Legitimierung der Gesamthaftung bei der Mittäterschaft herausgebildet[7].

## 1.  Lehre von Subjekt des gemeinsamen Willens

Ein Teil der Literatur stellt auf den Aspekt der Mittäterschaft als Gruppendelikt ab. Diese Meinung geht davon aus, dass die Teilnahme im weiteren Sinne eine Deliktsform sei, die sich nicht allein nach den Prinzipien von Alleintäterschaft erklären lasse. Der Kern der Teilnahme im weiteren Sinne liege darin, dass mehrere Personen als Einheit eine Straftat begehen, wobei sie sich einem gemeinsamen Willen unterwerfen (gemeinsames Willenssubjekt). Deswegen sei die Tathandlung eines Beteiligten durch Vermittlung des gemeinsamen Willenssubjekts den anderen zuzurechnen. Die Unterscheidung zwischen Mittäterschaft und Beihilfe richte sich nach der Bedeutsamkeit der Rolle jedes Beteiligten in der Gruppe[8]. Der Lehre vom gemeinsamen Willenssubjekt wird (zu Recht) kritisch entgegengehalten, dass sie das Prinzip der persönlichen (individuellen) Schuld untergrabe[9].

## 2.  Kausalistische Lehre

Seit den 80er Jahren des letzten Jahrhunderts ist in der japanischen Strafrechtslehre die auf der Verursachungstheorie basierte Mittäterschaftslehre[10]

---

6)  *Roxin* GA 1963, 193.

7)  Siehe auch *Yamanaka*, Einführung in das japanische Strafrecht, 2018, S. 273 ff.

8)  *Magata*, Zur Entwicklung des japanischen Strafrechts, in: Hilgendorf (Hrsg.), Ostasiatisches Strafrecht, 2010, S. 36.

9)  *Nishida*, Zur konspirativen Mittäterschaft, in: Hilgendorf/Ida (Hrsg.), Strafrechtswissenschaft als Ordnungsfaktor, 2022, S. 231.

10)  *Hirano*, Strafrecht, Allgemeiner Teil, Teil II [刑法総論 II], 1975, S. 381; *Ōkoshi*, Wiedererwägung der Beteiligungslehre [共犯論再考], 1989, S. 55 ff.; *Nishida* (Fn. 9), S. 225 ff.

verbreitet. Nach dieser Lehre wird die gegenseitige Zurechnung der Tatbeiträge jedes Beteiligten im Rahmen der Mittäterschaft dadurch legitimiert, dass aus der Verabredung der gemeinsamen Tatausführung eine Situation **gegenseitiger psychischer Unterstützung** entstehe[11]. Es handele sich also um eine Kausalitätskonstellation, die mit der psychischen Beihilfe vergleichbar sei. Was die (Mit-) Täterschaft angeht, so werde sie durch den wesentlichen Beitrag zur Tatbestandsverwirklichung begründet. Diese Wesentlichkeit könne sich aus der Durchführung eines Teils der eigentlichen Ausführungshandlung, einer bedeutsamen Vorbereitungshandlung oder der Beteiligung an der Erstellung des Tatplans ergeben[12].

Die in Deutschland herrschende Tatherrschaftslehre findet auch in Japan viele Befürworter[13]. Die in Japan vertretene Tatherrschaftslehre legt jedoch ein kausalistisches Verständnis zugrunde. Die funktionale Tatherrschaft fungiert nach dieser Lehre lediglich als Maßstab für die Wesentlichkeit des Beitrags jedes Beteiligten[14].

Die kausalistische Mittäterschaftslehre gilt derzeit als die überwiegende Ansicht in der japanischen Literatur. Im Folgenden soll zuerst auf ihre Anwendung in besonderen Fallbearbeitungskonstellationen und anschließend auf die Kritik, die dieser Lehre entgegengebracht wird, eingegangen werden.

## IV.  Anwendung der kausalistischen Mittäterschaftslehre

### 1.  Mittäterexzess

Nach der kausalistischen Mittäterschaftslehre ist zunächst die Frage zu beantworten, ob die Tatbestandsverwirklichung des Ausführenden den anderen Teilnehmenden objektiv zuzurechnen ist. Wenn die objektive Zurechnung bejaht wird, stellt sich die Frage nach dem Vorsatz[15]. Die Prüfung der Zurechnung soll an folgendem Beispiel illustriert werden:

---

11)  *Ida* (Fn. 1), S. 480, 506. Ein Teil der Literatur ist der Meinung, dass die psychische Kausalität für die Mittäterschaft nicht unentbehrlich ist, sondern sie selbst beim einseitigen physischen Beitrag bejaht werden kann, sofern dieser wesentlich ist (einseitige Mittäterschaft). Beispielsweise *Hirano* (Fn. 10), S. 390 ff. Die überwiegende Meinung lehnt jedoch die Rechtsfigur der einseitigen Mittäterschaft ab.

12)  Vgl. *Nishida* (Fn. 9), S. 236.

13)  *Ida* (Fn. 1), S. 478 ff.; *Hashimoto*, Strafrecht, Allgemeiner Teil〔刑法総論〕, 2015, S. 238; *Matsubara*, Strafrecht, Allgemeiner Teil〔刑法総論〕, 3. Aufl. 2022, S. 401; *Takahashi*, Strafrecht, Allgemeiner Teil〔刑法総論〕, 5. Aufl. 2022, S. 456.

14)  *Ida* (Fn. 1), S. 480, 506.

15)  *Ida* (Fn. 1), S. 518 f.

192

Grundlage der Zurechnung bei Mittäterschaft: Diskussionslage in Japan

Beispiel (1): X, Y und Z haben sich verabredet, in die Wohnung von A, der vor einigen Tagen eine Menge Geld gewonnen hat, einzubrechen und das Geld wegzunehmen. Die Ausführenden Y und Z scheitern jedoch an den Sicherheitsvorkehrungen, die A getroffen hat, und schaffen es daher nicht, die Wohnung des A zu betreten. Frustriert fassen Y und Z einen neuen Tatentschluss, steigen in die Wohnung des B ein und nehmen dessen Bargeld weg. Ein Diebstahl zum Nachteil des B war nicht Gegenstand der ursprünglichen Planung von X, Y und Z gewesen.

Nach der kausalistischen Lehre ist der Wohnungseinbruchsdiebstahl bei B, der von Y und Z durchgeführt wurde, dem X nicht zurechenbar. Die von der ursprünglichen Tatverabredung geschaffene Gefahr konnte sich infolge des von Y und Z gefassten neuen Tatentschlusses nicht im Erfolg realisieren. Damit hat sich X nicht wegen des Wohnungseinbruchsdiebstahls in Mittäterschaft strafbar gemacht.

Beispiel (2): X, Y und Z haben sich verabredet, in die Wohnung von A, der vor einigen Tagen eine Menge Geld gewonnen hat, einzubrechen und das Geld wegzunehmen. Als die Ausführenden Y und Z in die Wohnung des A einsteigen, bemerkt dieser die beiden Täter. Y und Z verabreden spontan, A zu überfallen und das Geld zu nehmen.

Im Gegensatz zum ersten Beispiel, kann die Verwirklichung des Raubtatbestands dem X objektiv zugerechnet werden. Aufgrund der inhaltlichen Nähe von Diebstahls- und Raubdelikten, ist es nicht selten, dass aus dem Diebstahl gegenüber einem Opfer durch den Einsatz von Raubmitteln ein Raub gegenüber demselben wird. Infolgedessen stellt sich bei X die Frage nach dem Vorsatz.

## 2. Abstandnahme von Mittäterschaft

Nach dem kausalistischen Ansatz bemisst sich die Frage nach den Möglichkeiten einer Abstandnahme vom gemeinsamen Tatentschluss danach, ob die psychische Auswirkung des vorangegangenen Tatbeitrags bis zur Vollendung fortbesteht oder sie sich durch die Lossagung so erheblich verringert, dass die Tatbestandsverwirklichung dem Ausgestiegenen nicht mehr zugerechnet werden kann[16]. Es ist nicht wesentlich, ob der Ausstieg im Vorbereitungs- oder Versuchsstadium stattfindet. Die mittäterschaftliche Haftung scheidet selbst dann nicht immer aus, wenn ein Mittäter im Vorbereitungsstadium von der weiteren Tatausführung Abstand nimmt, nachdem er den anderen Mittäter

---

16) *Ida* (Fn. 1), S. 562 f.

darüber informierte.

Beispiel (3)[17]: Der Bandenchef X weist die Bandenmitglieder Y und Z an, A zu töten. Als Y und Z dem A vor dessen Wohnung auflauern, ruft X die beiden telefonisch an und teilt ihnen mit, dass der Tatplan hinfällig ist und A nicht getötet werden soll. Y und Z antworten, dass sie damit einverstanden seien. Sie töten A aber trotzdem.

Bei diesem Beispiel ruft X die beiden Ausführenden an, bevor die Tötung ins Versuchsstadium eintritt. Nach der kausalistischen Lehre scheidet die mittäterschaftliche Haftung von X jedoch nicht aus. Angesichts der Stärke der psychischen Auswirkung der ursprünglichen Anweisung von X ist es notwendig, dass X positive Maßnahmen ergreift, um die Tötung zu verhindern.

Beispiel (4)[18]: X hat mit Y und Z verabredet, A zu überfallen und dessen Geld wegzunehmen. Am Tag der Tat bricht Y zuerst zur Vorbereitung der Tatausführung in die Wohnung von A ein, während X und Z draußen auf das Signal von Y warten, nach dessen Erhalt auch X die Wohnung betreten soll. Bevor Y das Signal gegeben kann, erscheinen die Nachbarn des A auf der Straße. Z, der Schmiere steht, bemerkt dies und teilt Y telefonisch mit, dass die Tat aufgegeben werden soll. Y befolgt diese Anweisung nicht, sodass X und Z gemeinsam den Ort verlassen. Y setzt allein den Tatplan fort und vollendet den Raub.

Nach der herrschenden Versuchslehre handelt es sich hier um eine Abstandnahme im Vorbereitungsstadium[19]. Die mittäterschaftliche Haftung von X und Z scheidet aber nicht aus. Denn das von der Verabredung umfasste Tatgeschehen ist so weit fortgeschritten, dass dessen Gefahr für die Tatbestandsverwirklichung nicht allein durch die Mitteilung des Ausstiegs per Telefon neutralisiert werden konnte.

## 3. Sukzessive Mittäterschaft

Ob einer Person, die sich erst in der Vollendungsphase[20] einvernehmlich an der Tat beteiligt, bereits verwirklichte Tatbestandsmerkmale rückwirkend mittäterschaftlich zugerechnet werden können, ist in der japanischen Strafrechtswissenschaft heftig umstritten. Im Lager der kausalistischen Lehre

---

17) Vgl. Urteil des DG v. 2.11.1976 Hanreijihō [判例時報] Nr. 845, 127.

18) Vgl. Beschluss des OGH v. 30.6.2009 Keishū Bd. 63, Nr. 5, 475.

19) In der japanischen Strafrechtspraxis beginnt der Versuch eines Raubes mit dem Beginn der Anwendung von Gewalt oder Drohung als Mittel zur Ermöglichung der Wegnahme einer Sache.

20) Die sukzessive Mittäterschaft in der Beendigungsphase wird in Japan überwiegend abgelehnt. Siehe *Ida* (Fn. 1), S. 546.

werden hierzu überwiegend zwei Ansichten vertreten. Eine Ansicht lehnt die Rechtsfigur der sukzessiven Mittäterschaft grundsätzlich ab und beruft sich dabei darauf, dass ein Hinzutretender auf keinen Fall zur gesamten Tatbestandsverwirklichung beitragen könne: Wer beispielweise im Rahmen eines geplanten Betrugs nach der Täuschungshandlung durch eine Person zur Tat hinzutritt, könne keinesfalls zur Erfüllung des Tatbestandsmerkmal „Täuschung" beitragen[21]. Demgegenüber spricht sich die andere Ansicht dafür aus, sukzessive Mittäterschaft nur bei solchen Delikten anzunehmen, bei denen ein Hinzutretender zur Rechtsgutsbeeinträchtigung noch beitragen kann: Bei Betrug, Erpressung oder Raub könne jemand, der erst im Verlauf des Tatgeschehens hinzutritt, zu deren Vollendung beitragen. Bei Köperverletzungen, die durch eine Reihe von gewaltsamen Einwirkungen vorgenommen werden, ist dem Täter nur der Köperverletzungserfolg zuzurechnen, der nach seinem Hinzutreten verursacht wird. Entsprechendes gilt bei den erfolgsqualifizierten Delikten[22].

Der OGH orientierte sich an der kausalistischen Lehre, als er im Beschluss vom 06.11.2012 die sukzessive Mittäterschaft der Köperverletzung verneinte[23]. Er nahm jedoch im Beschluss vom 11.12.2017[24] von dieser Lehre Abstand, in dem er die sukzessive Mittäterschaft beim Betrug lediglich aus den folgenden Gründen bejahte: Der nach der Täuschungshandlung hinzutretende Angeklagte sei an der Entgegennahme der Beute beteiligt gewesen[25], die zusammen mit der Täuschungshandlung den Kern des Betruges bildet. Diese Entscheidung erwähnte nicht den kausalen Zusammenhang zwischen der Handlung des Angeklagten und der Tatbestandverwirklichung, sondern sie leitete die mittäterschaftliche Haftung des Angeklagten daraus ab, dass beim Betrug die Entgegennahme der Beute mit der Täuschungshandlung untrennbar verbunden sei.

## 4. Exkurs: Beteiligung durch Unterlassung an einem Begehungsdelikt

In Japan herrscht über die Frage der Behandlung von Fällen, in denen sich

---

21) *Matubara* (Fn. 13), S. 449.
22) *Ōsuka u.a.*, Grundkurs Strafrecht［基本刑法］, Allgemeiner Teil, S. 393.
23) Keishū Bd. 66, Nr. 11, 1281.
24) Keishū Bd. 71, Nr. 10, 535.
25) Der Betrug (§ 246 jStGB) wird mit dem Erlangen einer vermögenswerten Sache (Abs. 1) oder eines vermögenswerten Interesses (Abs. 2) vollendet. Deswegen kann eine nach der Täuschungshandlung hinzutretende Person, die an der Entgegennahme der Beute beteiligt, zur Vollendung des Betrugs beitragen. Zum Tatbestand des Betrugs im japanischen Strafrecht siehe *Yamanaka* (Fn. 7), S. 350 ff.

6. Kapitel Beteiligungslehre

ein Garant durch Unterlassung an einem Begehungsdelikt beteiligt, weitgehend Einigkeit: Der Garant wird der überwiegenden Meinung nach als Gehilfe angesehen, es sei denn, eine Verabredung zur Tatbegehung zwischen dem Begehungstäter und dem Garanten wird festgestellt – in diesem Fall handelt es sich um konspirative Mittäterschaft. Der Grund dafür liegt darin, dass der Begehungstäter aus kausalistischen Gründen einen unmittelbaren Beitrag zur Tatbestandsverwirklichung leistet, während der Unterlassene lediglich mittelbar dazu beiträgt. Ein Elternteil, das die tödliche Misshandlung seines Kindes durch das andere Elternteil nicht verhindert, macht sich also wegen Beihilfe zur Körperverletzung mit Todesfolge (§ 205 jStGB) strafbar[26].

Die Pflichtdeliktslehre ist zwar in Japan bekannt[27], ihre Befürworter sind aber in der Minderheit. Die in Deutschland herrschende Unterscheidung zwischen Beschützer- und Überwachergarantenstellung wurde nicht übernommen.

## V. Kritische Bemerkung

### 1. Schwierigkeit der Feststellung des kausalen Beitrags zur Tatbestandsverwirklichung

Gegen die kausalistische Mittäterschaftslehre wurden in jüngster Zeit Einwände erhoben[28]. Wie oben gezeigt, stellt die derzeitig überwiegende Mittäterschaftslehre bei der Fallbearbeitung auf den kausalen Beitrag des einzelnen Beteiligten zur Tatbestandsverwirklichung ab. Es ist aber zweifelhaft, ob dieser Ansatz durchsetzbar ist. Zur Illustration soll folgender Fall dienen:

Beispiel (5): X greift zusammen mit Y den O auf dem Parkplatz (erster Angriff) an, um ihm einen Denkzettel zu geben. Die Gewaltanwendung durch Y ist so heftig ist, dass X denkt, Y gehe zu weit. Um den Angriff gegen O zu beenden, bringt X das Opfer zu einer Bank und fragt es, ob es ihm gut ginge. Dies macht Y wütend und nach einer verbalen Auseinandersetzung mit X schlägt er diesen so heftig, dass er in Ohnmacht fällt. Y lässt X zurück und bringt O mit dem PKW zu einem anderen Ort, wo Y mit anderen Beteiligten weiter auf O einschlägt (zweiter Angriff).

---

26) *Matsubara* (Fn. 13), S. 500.

27) *Matsumiya*, Strafrecht, Allgemeiner Teil [ 刑法総論講義 ], S. 308.

28) *Itō*, Kōeihzasshi [刑法雑誌] Bd. 62 Nr. 2, 223 ff.; *Higuchi* FS-Inoue [井上正仁先生古稀祝賀論文集], S. 135 ff; *ders.*, Kenshū [研修] Nr. 844, 2018, S. 3 ff.

In einem ähnlichen Fall ging das Obergericht Nagoya[29] davon aus, dass das mittäterschaftliche Verhältnis zwischen X und Y mit der Ohnmacht, die auf den Schlag von Y folgte, ausgelöscht wurde. Diese Entscheidung ist sachgerecht. Es ist jedoch fraglich, ob auch die kausalistische Mittäterschaftslehre zu demselben Ergebnis geführt hätte, denn die ursprüngliche Verabredung gab Y den Anreiz, eine Reihe von Angriffen zu begehen.

## 2. Ausweitung von Mittäterschaft

Außerdem lässt sich festhalten, dass die kausalistische Mittäterschaftslehre der uferlosen Ausweitung von mittäterschaftlicher Zurechnung nicht entgegenwirken kann. Ich möchte im Folgenden zwei umstrittene OGH-Entscheidungen vorstellen. In beiden Fällen wurde Mittäterschaft aufgrund einer konkludenten Verabredung bejaht.

(1) SWAT-Fall[30]

Im Jahre 2003 erschien eine bemerkenswerte OGH-Entscheidung. Zum Verständnis des Falls ist es wichtig zu wissen, dass die Erklärung des gegenseitigen Einvernehmens, auf dem eine Verabredung fundiert, auch konkludent erfolgen kann. Der Angeklagte war der Anführer einer große japanische Mafia-Gruppierung in Westjapan. Sie verfügte über Leibwächterkräfte, die ausschließlich den Angeklagten bewachten und als „SWAT" bezeichnet wurden. Die SWAT waren mit Handfeuerwaffen ausgerüstet, um Angreifer abwehren zu können und hatten die Aufgabe, während der gesamten Zeit, in der der Angeklagte unterwegs war, bei ihm zu bleiben und ihn zu bewachen. Zwischen dem Angeklagten und den Leibwächtern bestand konkludentes Einvernehmen darüber, dass jeder Leibwächter die einzelne Bewachungsaufgabe nicht auf Anweisung des Angeklagten, sondern unter Berücksichtigung seines Gefühls situationsabhängig wahrnehmen sollte. Eines Tages reiste der Angeklagte nach Tokio. Dabei führten die Leibwächter, die ihn begleiteten, geladenen Pistolen mit sich. Der OGH stellte den gemeinsamen Tatentschluss zwischen dem Angeklagten und den Leibwächter zum Besitz der Schusswaffen fest und verurteilte den Angeklagten wegen des mittäterschaftlichen begangenen Besitzes der Schusswaffen.

(2) FC 2-Fall

Im Jahre 2021 erschien eine noch umstrittenere OGH-Entscheidung[31]. Die Angeklagten verwalteten und betrieben eine pornografische Website, die „FC

---

29) Urteil des OG Nagoya v. 29.8.2002 Hanreijihō Nr. 1831, 158.

30) Beschluss des OGH v. 1.5.2003 Keishū Bd. 57 Nr. 5, 507.

31) Beschluss des OGH v. 1.2.2021 Keishū Bd. 75 Nr. 2, 123.

2" genannt wurde. Sie forderte öffentlich auf, auf dieser Webseite pornografische Inhalte zu posten. Wer einen solchen Inhalt auf diese Website posten wollte, musste sich als Mitglied registrieren. In Übereinstimmung mit diesem System postete der Mitglied A pornografische Videos. Außerdem übertrugen die Mitglieder B, C und D jeweils über diese Website live sexuelle Handlungen. A, B, C und D waren den Angeklagten weder persönlich bekannt, noch stellten sie bei der Tat direkten Kontakt zu den Angeklagten her. Der OGH stellte dennoch die konkludente, gegenseitige und einvernehmliche öffentliche Zurschaustellung unzüchtiger Inhalte[32] (A) sowie öffentliche Unzucht[33] (B, C und D) fest und verurteilte die Angeklagten wegen mittäterschaftlicher Begehung.

Meiner Meinung nach ist die OGH-Entscheidung für den SWAT-Fall angesichts der besonderen Organisationsstruktur der betreffenden Mafia-Gruppierung zuzustimmen. Im Vergleich dazu ist die Entscheidung für den FC 2-Fall fragwürdig. Die Website, die von den Angeklagten angeboten wurde, stellte zwar eine unentbehrliche Voraussetzung für die Taten dar; die psychologische Verbindung zwischen den Tätern war aber äußerst schwach. Unter Berücksichtigung des Gesichtspunkts der Kausalität und der Wesentlichkeit der Tatbeiträge ist es jedoch schwierig, gegen diese Entscheidung zu argumentieren.

# VI. Ausblick

Ein Teil der Literatur wendet gegen die kausalistische Mittäterschaftslehre ein, dass sie der uferlosen Ausweitung der Mittäterschaft, die durch die Rechtsprechung vorgenommen wird, nicht entgegenwirken kann. Dieser Gegenmeinung nach soll der Täter als ein Mittäter qualifiziert werden, wenn er (1) zumindest einen Teil einer Ausführungshandlung übernimmt, oder wenn (2) durch die Verabredung zwischen ihm und den anderen Beteiligten eine gegenseitige „psychische Fesselungslage" entstanden ist und daraufhin ein Beteiligter die Ausführungshandlung vornimmt[34]. Gegen diese Ansicht kann der Einwand erhoben werden, dass sie keinen einheitliche Legitimierungsgrund für das Rechtsprinzip der „Gesamthaftung trotz Verwirklichung nur eines Teils der Tat" anbietet. Die japanische Beteiligungslehre befindet sich meiner Einschätzung nach in einer Übergangsphase. Hier bedarf es also einer noch tiefgreifenderen Debatte.

---

32)  § 175 Abs. 1 S. 1 jStGB.
33)  § 174 jStGB.
34)  Siehe Fn. 28.

# Autorenverzeichnis

*Prof. Kazushige Doi, LL.M. (Marburg)*
- geb. 1982 in Hōfu, ist Associate Professor für Strafrecht an der Universität Kitakyūshū, Japan. Seine Forschungsfelder betreffen die Kronzeugenregelung und die Urteilsabsprache in Japan und in deutschsprachigen Ländern, die Systematisierung des Sanktionenrechts sowie das Katastrophenrecht und Fahrlässigkeitsdelikt.

*Prof. Dr. Robert Esser*
- geb. 1970 in Tönisvorst, ist seit 2007 ordentlicher Professor für Deutsches, Europäisches und Internationales Strafrecht und Strafprozessrecht sowie Wirtschaftsstrafrecht an der Universität Passau, Deutschland. Er leitet die dem Lehrstuhl angegliederte Forschungsstelle Human Rights in Criminal Proceedings (HRCP). Seine Forschungsschwerpunkte liegen im europäischen und internationalen Menschenrechtsschutz mit strafrechtlichem Bezug, Strafrecht der Europäischen Union, Völkerstrafrecht, Medienstrafrecht sowie in ausgewählten Fragestellungen des Wirtschaftsstrafrechts.

*Dr. Jan Grotheer*
- geb. 1945 in Hannover, war Richter in Hamburg, zuletzt (1997 - 2010) Präsident des Finanzgerichts Hamburg. Er war ehrenamtlich Mitbegründer und langjähriger (1995 – 2019) Präsident der Deutsch-Japanischen Juristenvereinigung (DJJV). Gegenwärtig ist er Ehrenpräsident der DJJV. Im Jahr 2013 wurde ihm für seine Verdienste von der japanischen Regierung der Orden „Order of the Rising Sun, Gold Rays with Neck Ribbon" verliehen.

*Prof. Dr. Heng-da Hsu*
- geboren 1977 in Kaohsiung, ist ordentlicher Professor für Strafrecht und Kriminalpolitik an der National Taiwan University in Taipei, Taiwan. Er promovierte an der Johann Wolfgang Goethe-Universität Frankfurt am Main mit Unterstützung eines DAAD-Nachwuchswissenschaftler-Stipendiums. Seine Forschungsschwerpunkte liegen in der Strafrechtsdogmatik, der Kriminalpolitik sowie in der postmodernen Reflexion der Strafrechtswissenschaften.

*Prof. Dr. Chih-Jen Hsueh*
- geb. 1976 in Tainan, ist ordentlicher Professor für Strafrecht und Strafprozessrecht an der Juristischen Fakultät der National Taiwan Universi-

ty in Taipei, Taiwan. Seine Forschungsinteressen betreffen die verfassungsrechtliche Problematik des Straf- und Strafprozessrechts, die Lehre von den Rechtfertigungsgründen, die Vermögensabschöpfung und die Wiederaufnahme des Strafverfahrens.

*Prof. Prof. h.c. Dr. Dres. h.c. Makoto Ida*
– geb. 1956 in Tokio, ist ordentlicher Professor an der Chuo University Law School in Tokio, Japan. Er war u.a. Mitglied des Science Council of Japan, Vorsitzender des Religious Juridical Persons Council des Kulturministeriums und Vorsitzender der Legislativkommission am Justizministerium. Gegenwärtig ist er u.a. Berater des Justizausbildungsinstituts des Obersten Gerichtshofs, ständiger Mitarbeiter des „Goltdammer's Archiv für Strafrecht" und seit Februar 2024 Vorsitzender der Kommission „Runder Tisch über die Todesstrafe". Ihm wurden der Philipp Franz von Siebold-Preis, der Eugen-und-Ilse-Seibold-Preis, der Verdienstorden der Bundesrepublik Deutschland sowie der Orden Shiju Hōshō (Medaille am violetten Band) durch den japanischen Kaiser verliehen. Forschungsschwerpunkte: Allgemeine Lehren des Strafrechts.

*Prof. Dr. Chen-Chung Ku*
– geb. 1977 in Hsin-Chu, ist ordentlicher Professor für Strafrecht an der Juristischen Fakultät der Cheng-Kung Universität, Tainan, Taiwan. Seine Forschungsschwerpunkte liegen im Umweltstrafrecht, dem Medizinstrafrecht sowie in den strafrechtlichen Grundlagenproblemen.

*Prof. Dr. Takuma Sato*
– geb. 1977 in Chiba, ist ordentlicher Professor für Strafrecht und Strafprozessrecht an der juristischen Fakultät der Keio-Universität, Tokio, Japan. Seine Forschungsinteressen betreffen die Bereiche der Versuchslehre, der strafrechtlichen Vermögensabschöpfung sowie des Persönlichkeitsschutzes im Kontext von Video- und Bildaufnahmen.

*Prof. Dr. Prof. h.c. Arndt Sinn*
– ist Inhaber des Lehrstuhls für Deutsches und Europäisches Straf- und Strafprozessrecht, Internationales Strafrecht sowie Strafrechtsvergleichung an der Juristischen Fakultät der Universität Osnabrück, Deutschland. Er ist Gründer und Direktor des Zentrums für Europäische und Internationale Strafrechtsstudien (ZEIS) . Zu seinen Forschungsschwerpunkten gehören die Grundlagen des Strafrechts sowie die Organisierte und transnationale Kriminalität.

*Prof. Dr. Makoto Tadaki*
– geb. 1956 in Fukushima, ist ordentlicher Professor für Strafrecht und

Dekan der Graduate School of Law an der Chuo-Universität, Tokio, Japan. Er war von 2008 bis 2014 der Direktor des Japanischen Instituts für Rechtsvergleichung der Chuo-Universität. Seine Forschungsschwerpunkte liegen im Medizinrecht sowie an der Schnittstelle zwischen Bioethik und Recht.

*Prof. Dr. Makoto Takizawa*

– geb. 1973 in Tokio, ist ordentlicher Professor an der Chuo University Law School in Tokio, Japan. Seine Forschungssschwerpunkte liegen in der Erforschung der Stellung und der Rolle des Verlezten einer Straftat im Strafverfahren, in der Bekämpfung der Cyberkriminalität und der Funktion der Rechtsvergleichung im Strafprozess. Er ist seit 2013 Direktor der Japanese Association of Victimology.

*Prof. Dr. Hsiao-Wen Wang*

– geb. 1969 in Taipei, ist ordentlicher Professor für Strafrecht und Rechtsphilosophie an der juristischen Fakultät der National Cheng Kung University, Tainan, Taiwan. Seine Forschungsschwerpunkte liegen in den Grundlagen des Strafrechts, dem Allgemeinen und Besonderen Teil des Strafrechts sowie im Wirtschaftsstrafrecht und der Rechtsphilosophie.

*Prof. Dr. Jiuan-Yih Wu*

– geboren 1973 in Tainan ist ordentlicher Professor für Strafrecht, Strafprozessrecht sowie Jugendstrafrecht an der National University of Kaohsiung, Kaohsiung, Taiwan. Seit 2024 ist er Dekan des College of Law. Er ist Gründer und Leiter des Center for Comparative Research in Criminal Law (CrimLaw), College of Law. Er hat an der Universität Trier promoviert und an der Universität Heidelberg den „Master of Laws" (LL.M.) erworben. Seine Forschungsinteressen betreffen die Bereiche des Besonderen Teil des Strafrechts, des Strafprozessrechts, des Strafverfahrens gegen Jugendliche sowie das Verhältnis zwischen Technik und Strafrecht.